U0404776

新编经济学系列教材

经济统计学简明教程

李洁明　祁新娥　著

復旦大學出版社

内　容　提　要

本书对经济统计的基本原理及方法作了阐述。全书共分八章,即绪论、统计调查、统计整理、综合指标、动态数列、统计指数、抽样调查、相关分析。从实用的角度出发,本书尽量做到经济学和统计学的结合,结构紧凑合理,内容简明扼要。每章后附有习题练习,并有参考答案,学习指导性强。

本书既可作为大专以上高等院校的教材,也可供广大经济、管理工作者阅读、参考。

目　　录

第一章 绪　论

第一节　统计学的性质和特点

“统计”一词一般有三种涵义，即统计工作、统计资料和统计学。

统计工作是指对社会经济现象数量方面进行搜集、整理和分析工作的总称，它是一种社会调查研究活动。统计资料是统计部门或单位进行工作所搜集、整理、编制的各种统计数据资料的总称。统计学是关于统计过程的理论和方法的科学。统计的三种涵义具有密切的联系：统计工作是人们的统计活动，是主观反映客观的认识过程；统计资料是统计工作的结果。统计工作与统计资料是过程与成果的关系。统计学是统计工作经验的总结和概括；反之，统计学所阐述的理论和方法又是指导统计工作的原则和方法。因此，统计学和统计工作之间存在着理论和实践的辩证关系。

统计学是研究大量社会现象（主要是经济现象）的总体数量方面的方法论科学。这里所指的方法论包括指导统计活动的原理原则，统计过程所应用的核算和分析的方法以及组织方法。人们通过对社会现象中各种数量关系的研究来认识社会现象发展的规律性。统计学描述的规律主要是平均数规律（即大量变量对平均数的偶然性离差会相互抵消，它们的集体性规律通过平均数表现出来），不了解平均数规律或者说不懂得统计学揭示的规律，就不能深入掌握经济规律。值得注意的是,统计学在研究社会现象时,首先从定性研究开始,然后进行定量分析,最后达到认识社会现象的本质、特征或规律,这就是质—量—质的统计研究过程和方法。

统计学的特点可以归纳为以下四个方面。

(1) 数量性。统计学的认识力首先表现在它以准确的和无可争辩的事实为基础,同时,这些事实用数字加以表现,具有简短性和明显性。数量性的特点,是统计学研究对象的重要特点,这一特点也可把它和其他实质性的社会科学(如政治经济学)区别开来。

统计学的特点是用大量数字资料说明事物的规模、水平、结构、比例关系、差别程度、普遍程度、发展速度、平均规模和水平、平均发展速度等。例如,国家统计局发表的关于2001年国民经济和社会发展公报时指出:全年国内生产总值95 933亿元,比上年增长7.3%。其中,第一产业增加值14 610亿元,增长2.8%;第二产业增加值49 069亿元,增长8.7%;第三产业增加值32 254亿元,增长7.4%。全年城镇居民人均可支配收入6 860元,农村居民人均收入2 366元。城乡居民储蓄存款余额为73 762亿元,比上年增长14.7%。进出口总额全年5 098亿美元,比上年增长7.5%,进出口相抵,实现贸易顺差226亿美元。还有其他领域的许多统计数字。这些统计数字都从各方面表明我国当前社会经济发展和深化改革的基本情况。

应当注意,统计学不是单纯地研究社会现象的数量方面,而是在质与量的密切联系中研究现象的数量方面。唯物辩证法的质与量的辩证统一关系是:没有质量就没有数量,没有数量也就没有质量,量变引起质变,质变又能促进新的量变。这种质与量相互关系的哲学观点,是统计学研究社会现象数量关系的准则。

(2) 总体性。统计学研究社会现象的数量方面指的是总体的数量方面。从总体上研究社会现象的数量方面,是统计学区别于其他社会科学的一个主要特点。

社会现象是各种社会规律相互交错作用的结果，它呈现出一种复杂多变的情景。统计学对社会现象总体数量方面的调查研究，用的是综合研究方法，而不是对单个事物的研究，但其研究过程是从个体到总体，即必须对足够大量的个体（这些个体都表现为一定的差别、差异）进行登记、整理和综合，使它过渡到总体的数量方面，从而把握社会现象的总规模、总水平及其变化发展的总趋势。比如，了解市场物价情况，统计着眼于整个物价指数的变动，而不是某一种商品价格的变动，但物价统计必须从了解每种有关商品（即代表规格品）的价格变动情况开始，才能经过一系列的统计工作过程，达到对于物价总体数量变动情况的认识。

（3）具体性。统计学研究的数量方面是指社会现象的具体的数量方面，而不是抽象的数量关系，这是它不同于数学的重要特点。

任何社会现象都是质量和数量的统一。一定的质规定一定的量，一定的量表现一定的质。因此，必须对社会现象质的规定性有了正确认识后，才能统计它们的数量。数学研究抽象的数量关系和空间形式，而统计则反映一定时间、地点条件下具体社会现象的数量特征，它是从定性认识开始，搞定量研究的。比如，只有对工资、利润的科学概念有确切的了解，才能正确地对工资、利润进行统计。

统计研究社会现象的具体性特点，把它和研究抽象数量关系的数学区别开来，但要注意，统计在研究数量关系时，也要遵守数学表明的客观现象量变的规律，并在许多方面运用数学方法。

（4）社会性。统计学研究社会现象，这一点与自然技术统计学有所区别。

自然技术统计学研究自然技术现象（如天文、物理、生物、水文等现象），自然现象的变化发展有其固有的规律，在其变化进程中，通常表现为随机现象，即可能出现可能不出现的现象。而统计学的研究对象是人类社会活动的过程和结果,人类的社会活动都是人们有意识、有目的的活动,各种活动都贯穿着人与人之间的关系,除了随机现象之外,还存在着确定性的现象,即必然要出现的现象。所以,统计学在研究社会现象时,还必须注意正确处理好这些涉及人与人之间关系的社会矛盾。

第二节 统计工作的基本任务和统计工作过程

一、统计工作的基本任务

统计工作在经济建设中的重要性是不言而喻的。列宁曾有过一句名言:“统计是社会认识的最有力的武器之一。”我国著名经济学家马寅初说过:“学者不能离开统计而研究,政治家不能离开统计而施政,企业家不能离开统计而执业”。这是因为素有领导“数字秘书”之称的统计,是党和国家制定政策、编制计划的基础,实行科学管理的工具。作为认识武器和管理工具的统计,必须以江泽民同志“三个代表”的重要思想为指导,坚持与时俱进、创新求实,为我国实现社会主义现代化,建成高度文明、高度民主的社会主义国家服务,这就是我国实现统计工作的根本方向。

统计工作的基本任务应围绕着为社会主义现代化建设服务这个根本方向。1983 年 12 月公布施行的,并根据 1996 年 5 月八届全国人大常委会第 19 次会议修正的《中华人民共和国统计法》,其中第 2 条明确规定:“统计的基本任务是对国民经济和社会发展情况进行统计调查、统计分析,提供统计资料和统计咨询意见,实行统计监督。”1989 年 8 月,国务院批准的国家统计局《关于加强统计工作,充分发挥统计监督作用的报告》中明确指出:“要深化统计体制改革,切实加强对统计工作的集中统一领导,进一步把统计部门建设成为社会经济信息的主体部门和国民经济核算的中心,成为国家重要的咨询和监督机构。"概言之,统计的基本任务就是服务与监督两个方面。这两个方面是相辅相成、不可分割的:监督是服务的必要条件,也是服务的一种方式;服务则是监督的目的,监督是为了更好地服务。对服务和监督,只强调任何一个方面,都是片面的和错误的。当前,改革在呼唤振兴统计事业,统计工作也在强烈呼唤改革。在社会主义市场经济的条件下,统计工作的具体任务可归纳为以下四项。

(1) 全面、准确、及时地提供有关社会经济发展情况的资料,为国家制定政策和检查政策贯彻情况提供依据。

党和国家的各项方针政策,是在调查研究客观实际的基础上制订的。制订方针政策的实质,就是从现实情况出发,调整生产关系和上层建设,以利于生产力的发展和经济基础的巩固。现代社会是信息社会,统计工作要全面、及时地提供有关政治、经济、文教、科研等各方面基本情况的资料,统计资料就是信息,统计信息是管理社会所必须的基本的信息,是社会主义市场经济运行的"晴雨计"。党政领导从客观的具体的统计数据出发,来制订各项正确的方针政策,保证生产力的迅速发展。

在实施各项方针政策时,统计仍要进行深入的调查研究,检查方针政策的贯彻执行情况及其效果,揭露违反方针政策的不良现象,使党政领导能及时了解情况和问题,以便采取有力措施,推动各项工作向前发展。随着社会的发展,人类社会更离不开统计。

(2) 为科学编制计划提供依据,对计划执行情况进行统计检查和监督。

在社会主义市场经济条件下,政府计划仍然是宏观调控的一个重要手段。计划与财政和银行协调配合又相互制约、共同指导和调节经济运行,以保障国民经济长期、稳定、协调发展。科学地编制政府的经济发展计划，首先必须搜集全面、准确的经济信息。统计信息日益成为社会经济信息的主体，它为编制计划提供依据。在掌握了大量统计信息之后，就要据此作出科学的分析和预测，以反映客观经济变化发展的真实情况和未来可能发生的情况，使计划的编制建立在积极、稳妥、可靠的基础之上，尽可能反映客观经济规律的要求。

政府在编制了经济发展计划之后，就要选择达到计划目标的措施或手段，以及具体实施计划。可供选择的措施或手段之一，便是统计检查和监督。在计划执行过程中，要随时检查。检查计划的内容，不仅是计算计划完成的百分比，还要通过分析研究，指出超额完成和未完成计划的原因。同时，在检查计划过程中，如果发现计划本身编制得不合理，则要提出建议，并作适当的调整。为了加强执行计划的责任心，维护统计数字的真实性，还必须进行统计监督。通过统计监督，可以有效地把企业微观经济活动纳入国家宏观经济发展战略和计划的轨道，克服市场经济活动的自发性和盲目性，从而实现国民经济的持续、稳定和高速的发展。

(3) 为加强各部门、各地区和各单位的经济管理提供所需要的统计资料和分析资料。

随着社会经济和科学技术的发展，劳动者对统计知识和统计信息越来越重视，这对参与企业的经济管理十分有利。各部门、各地区、各单位在某一时期经济运行的真实情况，正是通过统计工作做到让人心中有数。

运用统计资料可以逐日、逐旬地公布生产进度，以便随时总结经验，发现存在的问题；运用统计资料，及时对企业生产经营和市场行情作出科学的分析与预测，为企业经营管理决策提供“优质服务”；运用统计资料，还可以开展统计评比，以促使群众主动关心企业命运，参加企业管理，从而为企业推进技术革新、不断提高劳动生产率和经济效益创造有利条件。

(4) 为积累统计资料和开展社会科学研究提供依据。

统计要加强国内外统计资料的搜集、整理和分析,做好统计资料的积累工作。

一方面,统计要注意积累历史资料,认真总结我国社会主义革命和建设的经验和教训,加强社会现象数量关系的综合分析研究,反映我国社会经济发展的特点和规律性,为各门社会科学的理论研究提供客观的数字资料。同时,为提高我国对外开放水平的需要,通过提供的统计数据,让国际社会来认识中国。

另一方面,统计要加强国外经济发展各方面统计资料的了解和研究,吸取其合理、科学的部分,结合我国的实际情况,使之为我所用。

二、统计工作的过程

统计工作是对社会进行调查研究以认识其本质和规律性的一种工作,这种调查研究的过程是我们对客观事物的一种认识过程。就一次统计活动来讲,一个完整的认识过程一般可分为统计调查、统计整理和统计分析三个阶段。

统计调查就是根据一定的目的,通过科学的调查方法,搜集社会经济现象的实际资料的活动,主要有统计调查方案的设计等。此为统计工作过程的第一阶段,是认识客观经济现象的起点,也是统计整理和统计分析的基础。

统计整理是对调查来的大量统计资料加工整理、汇总、列表的过程。它是统计工作过程的第二阶段,也即处于统计工作的中间环节,起着承前启后的作用。

统计分析是将加工整理好的统计资料加以分析研究,采用各种分析方法,计算各种分析指标,来揭示社会经济过程的本质及其发展变化的规律性。这是统计工作的第三阶段,通过第三阶段,事物由感性认识上升到理性认识。

统计工作过程的三个阶段并不是孤立、截然分开的，它们是紧密联系的一个整体，其中各个环节常常是交叉进行的。例如，小规模的调查，常把调查和整理结合起来；在统计调查过程中就有对事物的初步分析；在整理和分析过程中仍须进一步调查。

统计工作的各个阶段都有一些专门的方法。在统计调查阶段主要有统计报表制度、重点调查、典型调查、抽样调查、普查等方法；在统计整理阶段，包括统计分布、统计分组、分配数列、统计表、统计图的制作技术等；在统计分析阶段，方法更是多种多样，主要有综合指标法、动态数列法、指数法、抽样法、相关分析法等。这些具体方法既包括一些数理统计方法，也包括一些社会经济统计方法，将在本书以后各章中系统介绍。

第三节 统计学中的几个基本概念

一、总体与总体单位

总体，亦称统计总体，是指客观存在的、在同一性质基础上结合起来的许多个别单位的整体。构成总体的这些个别单位称为总体单位。例如，所有的工业企业就是一个总体，这是因为在性质上每个工业企业的经济职能是相同的，即都是从事工业生产活动的基本单位，这就是说，它们是同质性的。这些工业企业的集合就构成了统计总体。对于该总体来说，每一个工业企业就是一个总体单位。

确定总体与总体单位，必须注意两个方面。

(1) 构成总体的单位必须是同质的，不能把不同质的单位混在总体之中。例如，研究工人的工资水平，就只能将靠工资收入的职工列入统计总体的范围。同时，也只能对职工的工资收入进行考察，对职工由其他方面取得的收入就要加以排除，这样才能正确反映职工的工资水平。

(2) 总体与总体单位具有相对性,随着研究任务的改变而改变。同一单位可以是总体也可以是总体单位。例如,要了解全国工业企业职工的工资收入情况,那么全部工厂是总体,各个工厂是总体单位。如果旨在了解某个企业职工的工资收入情况,则该企业就成了总体,每位职工的工资就是总体单位了。

二、标志与指标

标志是用来说明总体单位特征的名称。标志可分为品质标志和数量标志。品质标志是说明总体单位质的特征的,是不能用数值来表示的。比如,为调查某企业职工情况,该企业的每一个职工是总体单位,性别、民族、工种、籍贯等调查项目是说明总体单位特征的名称,是品质标志。而具体某个职工,如张某某,性别为男、民族为汉族、工种为车工、籍贯为江苏海门县等,就是在品质标志名称下的属性。数量标志是表示总体单位量的特征,是可以用数值来表示的。比如,同样上面问题,年龄、工资额等调查项目即为数量标志,而张某某年龄 36 岁,月工资额 2 450 元,这是数量标志的具体表现,统计上称为标志值(或变量值)。

指标,亦称统计指标,是说明总体的综合数量特征的。一个完整的统计指标包括指标名称和指标数值两部分,它体现了事物质的规定性和量的规定性两个方面的特点。比如,经统计调查知某县乡办企业固定资产原值为 9.2 亿元,这就是指标,是说明总体综合数量特征的,它包括:指标名称——固定资产原值,指标数值——9.2 亿元。

标志和指标,两者既有区别,又有联系。区别有以下四点。

第一,标志是说明总体单位特征的,而指标是说明总体特征的。

第二,指标都能用数值表示,而标志中的品质标志不能用数值表示,是用属性表示的。

第三，指标数值是经过一定的汇总取得的，而标志中的数量标志不一定经过汇总，可直接取得。

第四，标志一般不具备时间、地点等条件，但作为一个完整的统计指标，一定要讲时间、地点、范围。

标志和指标的联系有以下两点。

第一，有许多统计指标的数值是从总体单位的数量标志值汇总而来的。既可指总体各单位标志量的总和，也可指总体单位数的总和。例如，某地区工业增加值指标是由该地区的每个工厂的工业增加值汇总而来的；某工业局职工人数指标是由该局各企业的职工人数汇总而来的。

第二，两者存在着一定的变换关系。这主要是指标和数量标志之间存在着变换关系，即由于研究目的不同，原来的统计总体如果变成总体单位了，则相应的统计指标也就变成数量标志了(这时，指标名称变成标志，指标数值变成标志值或变量值)；反之亦然。例如，在研究某厂职工情况时，这时，该厂的全部职工是总体，该厂的工资总额为统计指标。而在研究该厂所属的某工业局职工工资情况时，该厂就是总体单位，则该厂的工资总额为数量标志，具体的工资总额数值为标志值。于是，该厂的工资总额由统计指标相应变为数量标志了。

三、变异与变量

统计中的变异是普遍存在的，一般意义上的变异是指标志(包括品质标志和数量标志)在总体单位之间的不同具体表现，但严格地说，我们把变异仅指品质标志的不同具体表现，如性别表现为男、女，民族表现为汉、满、蒙、回、苗等。而数量标志的不同具体表现则称为变量值(或称标志值)，如某职工的年龄42岁，工龄22年，月工资2 200元等。品质标志的变异最后表现为综合性的数量时，如按职工的性别，汇总计算出男、女各多少人，才构成统计研究的对象。观察、登记总体各单位的品质标志和数量标志的变异和变量，是统计研究的起点。

变量按其取值是否连续，可分为离散变量和连续变量。只能取整数的变量是离散变量，如人数、工厂数、机器台数等。在整数之间可插入小数的变量是连续变量，如身高、体重、总产值、资金、利润等。

变量按其所受因素影响的不同，可分为确定性变量和随机性变量。由确定性因素影响所形成的变量称为确定性变量，确定性因素使变量按一定的方向呈上升或下降趋势变动，如增加施肥量，能使农作物收获量增多，这是确定性因素的影响，但农作物收获量增多的数量是不确定性，因为除了施肥量因素，还有雨量、气温等因素的影响。由随机性因素影响所形成的变量称为随机性变量，如产品质量检验，在所控制的质量数据范围内，由于受偶然因素（温度、电压、车速等）的影响，产品的质量数据也不是绝对相同的，它们与质量标准有一定误差，这是随机性因素的影响。由于社会现象现实的总体变量，既包括确定性变量，又包括随机性变量，因此认识它，须运用社会经济统计学的方法，也须运用数理统计学的方法。

四、统计指标与统计指标体系

统计指标是反映统计总体数量特征的科学概念和具体数值。前面已提到，统计指标是由指标名称和指标数值所构成。指标名称是指标质的规定，它反映一定的社会经济范畴；指标数值是指标量的规定，它是根据指标的内容所计算出来的具体数值。统计指标一般有三个特点：(1) 统计指标都能用数字表示；(2) 统计指标是说明总体综合特征的；(3) 统计指标是反映一定社会经济范畴的数量。

统计指标按其所反映的总体内容的不同，可分为数量指标和质量指标。数量指标指说明总体规模和水平的各种总量指标，例如，工业企业单位数、职工人数、产品产量、工资总额等。质量指标指反映现象总体的社会经济效益和工作质量的各种相对指标和平均指标，例如，企业职工的平均工资、劳动生产率、出勤率、人口密度等。

统计指标按其作用和表现形式的不同，有总量指标（绝对数）、相对指标（相对数）、平均指标（平均数）三种。数量指标用绝对数表示，质量指标用相对数或平均数表示。

单个统计指标只能说明总体现象的一个侧面，由于社会现象数量之间存在一定的联系，因此，各种统计指标之间也存在着各种各样的联系。若干个相互联系的统计指标组成一个整体就称为统计指标体系。例如，工业总产值＝劳动生产率×工人人数；商品销售额＝商品价格×商品销售量；农作物收获量＝亩产×播种面积；等等。统计指标体系完整地反映社会现象和过程，反映社会现象的因果关系、依存关系、平衡关系等。利用指标体系，在进行具体的统计分析时，利用已知指标体系中若干指标的数值即可计算某个未知指标的数值。例如，上例中，已知工业总产值和工人人数指标数值，就能计算出劳动生产率的指标数值。

统计指标体系的形成和内容是由社会经济现象的特点来决定的，是客观存在的，人们通过对统计指标体系的认识和揭示进一步深入认识统计总体的数量特征及其相互关系。例如，对职工工资水平的变化情况，需要从以下四方面进行具体分析：(1) 工资总额在不同时期的增减速度；(2) 每位职工的平均工资的变化；(3) 物价指数的影响；(4) 家庭负担人数的变化情况。又如，分析国有企业的亏损和盈利情况，不仅要采用亏损面和亏损额这两个指标，还必须联系企业的生产经营规模和产出规模（主要是销售收入和利税总额），要研究亏损企业亏损额相当于销售收入和利税总额比重这两个指标的变化，这样综合地、历史地分析情况，才能得出全面、正确的认识。须注意的是，统计指标体系在一定时期内具有相对的稳定性，随着社会生产和国民经济的发展，统计指标体系应作相应的改变和调整。

练 习 题

一、单项选择题

1．统计有三种涵义，其基础是（ ）。

（1）统计学 （2）统计活动 （3）统计方法 （4）统计资料

2．一个统计总体（ ）。

（1）只能有一个标志 （2）只能有一个指标 （3）可以有多个标志 （4）可以有多个指标

3．设某地区有12家生产相同产品的企业，要研究他们的产品生产情况，总体单位是（ ）。

（1）每个企业的产品 （2）每一件产品 （3）所有12家企业 （4）每一个企业

4．某班学生数学考试成绩分别为65分、71分、80分和87分，这四个数字是（ ）。

（1）指标 （2）标志 （3）变量 （4）标志值

5．下列属于品质标志的是（ ）。

（1）工人年龄 （2）工人性别 （3）工人体重 （4）工人工资

6．商业企业的职工数、商品销售额是（ ）。

（1）连续变量 （2）离散变量 （3）前者是连续变量，后者是离散变量 （4）前者是离散变量，后者是连续变量

7．某企业职工人数为2 200人，这里“职工人数2 200人”是（ ）。

（1）标志 （2）变量 （3）指标 （4）标志值

二、多项选择题（每题至少有两个正确答案）

1．下列几对关系中哪些有对应关系（ ）。

(1) 标志与总体　(2) 总体与指标　(3) 指标与总体单位　(4) 总体单位与标志　(5) 指标与品质标志

2. 指标与标志之间存在着变换关系，是指(　　　　)。

(1) 在同一研究目的下，指标和标志可以变换　(2) 指标有可能成为标志　(3) 标志有可能成为指标　(4) 在不同研究目的下，指标和标志可以变换　(5) 在任何情况下，指标和标志都可以变换

3. 下列标志中，属于数量标志的有(　　　　)。

(1) 性别　(2) 工种　(3) 工资　(4) 民族　(5) 年龄

4. 下列哪几个属于质量指标？(　　　　)。

(1) 产品合格率　(2) 废品量　(3) 单位产品成本　(4) 资金利润率　(5) 上缴税利额

5. 统计总体、总体单位、标志和统计指标这几个概念间的相互关系表现为(　　　　)。

(1) 没有总体单位也就没有总体，总体单位也离不开总体而存在　(2) 总体单位是标志的承担者　(3) 统计指标的数值来源于标志　(4) 指标是说明总体特征的，标志是说明总体单位特征的　(5) 指标和标志都是能用数值表现的

6. 数量指标反映总体某一特征的(　　　　)。

(1) 规模　(2) 工作总量　(3) 强度　(4) 水平　(5) 密度

7. 下列各项中属于连续变量的有(　　　　)。

(1) 企业占地面积　(2) 职工人数　(3) 原材料消耗量　(4) 设备数量　(5) 产值

三、综合题

要调查某商店销售的全部洗衣机情况，试指出总体、总体单位是什么？试举若干品质标志、数量标志、数量指标、质量指标。

第二章 统计调查

第一节 统计调查的意义和要求

一、统计调查的意义

统计调查是统计工作的第一阶段。它是按照统计任务的要求，运用科学的调查方法，有组织地向社会实际搜集各项原始资料的过程。

统计调查阶段的工作之所以很重要，这是由以下三个方面决定的。

(一) 社会调查是人们认识社会的基本方式

统计是认识社会的有力武器，而向社会作调查是正确认识社会的基本方式。人的认识是由社会存在决定的，离开社会实践，离开对实际情况的调查，人的认识也就成了无源之水、无本之木，决不会得到正确的结论。例如，市场经济条件下的企业，各种经营活动均环绕市场进行。在企业向市场进军中，统计凭借自己的功能优势开展调查，不但能研究企业自身的优势和弱点，还能从竞争需要出发，经常收集竞争对手的发展态势，掌握竞争对手的威力，使企业知己知彼，不断修正自己的竞争策略。统计调查成了企业占有和扩大商品世界的重要渠道。

(二) 统计调查是统计工作中的基础环节

统计调查是统计工作中的基础环节，因为一切的统计整理和统计分析都是在原始资料搜集的基础上建立起来的。统计工作的各个环节是紧密衔接、相互依存的。如果调查搞得不好，搜集到的数据不准确或残缺不全，则根据这种数据进行整理和分析的结果，必定不能如实反映客观事物的真相，甚至还会得出相反的结论。因此，在社会经济管理中，科学调查是策划的前提，优秀策划是调查的结果。统计调查在整个统计研究中有十分重要的地位。例如，我国第五次人口普查中，由于调查工作做得较好，使误差率明显降低。一般认为，世界各国人口普查的误差率在2%至5%是可以接受的，而我国第五次人口普查的误差率只有1.81%。

（三）统计调查理论和方法在统计学原理中占有重要地位

统计调查理论和方法包括统计调查的意义、原则、要求，统计方案的制定，各类调查方法的特点、应用条件及多种调查方法的结合运用等，这构成统计学原理的基础部分，它是和整个统计理论观点相一致的。由于统计工作过程各个环节的衔接性，以及统计调查在统计工作中的重要作用，所以统计调查的理论和方法在统计学原理中也占有重要的地位。

二、统计调查的基本要求

统计资料的搜集方式有两种：一种是直接向调查对象搜集统计资料，称为原始资料或初始资料的搜集；另一种是根据研究目的，搜集已经加工、整理过的资料，称为次级资料或第二手资料的搜集。统计调查是指对原始资料的搜集。

为提高统计数据的质量，统计调查工作，力求达到准确性和及时性两个基本要求。其准确性，就是指统计资料符合实际情况，准确可靠。当今，中国的统计体系已逐渐和市场经济接轨、并能够及时反映经济发展的最新情况。2002年初，我国又加入国际货币基金组织的GDDS即数据公布通用系统，所作的基本承诺就是统计数据必须透明。因此，防止统计数字的差错，提高其可靠性，必须从统计调查开始。统计调查的及时性，包括统计资料及时满足领导需要和及时完成各项调查资料的上报任务。因为过时的资料，反映不了实际情况，起不了应有的作用，而且某项统计调查任务如有许多单位共同来完成，只要一个调查单位的资料上报不及时，就会影响到全面的汇总综合工作，所以统计资料的及时性也是一个关系到全局性的问题。在统计调查中，准确性要求和及时性要求是相互结合、相互依存的。及时性只有在准确性的前提下才有意义，而准确性也不能损害及时性的要求。

第二节 统计调查方案设计

为了使统计调查按目的顺利进行，在组织调查之前，必须首先设计一个周密的调查方案。统计调查方案包括以下六项基本内容。

一、确定调查目的

制定调查方案，首先要明确调查目的。所谓调查目的，就是指为什么要进行调查，调查要解决什么问题。调查目的是统计调查中一个根本性问题，它是根据国家在各个时期政治经济任务所提出的要求来确定的。有了明确的目的，才能做到有的放矢，正确地确定调查的内容和方法，才能根据调查目的搜集与之有关的资料，而舍弃与之无关的资料。这样，可以节约人力、物力，缩短调查时间，提高调查资料的时效性。例如，建国后，我们搞了五次人口普查，目的都不一样，因而调查项目也不一样。如 1953 年第一次全国人口普查，目的是配合召开全国人大，确定选民及人大代表名额的需要，并为国家制定发展国民经济的第一个五年计划提供确实的人口数字，所以，调查主要是搞了四个项目：姓名、年龄、性别、民族。1982 年第三次全国人口普查是为了配合社会主义现代化建设，统筹安排人民的物质和文化生活，为制定人口政策和规划，提供准确的人口数字资料，所以，当时搞了 13 项人记录项目、6 项户记录项目的调查。2000年第五次全国人口普查是在初步建立社会主义市场经济体制下进行的首次人口普查，是人类有史以来规模最大、范围最广的普查，且普查所采用的新技术，达到了国际先进水平，所设计的调查内容有23项户记录项目和26项人记录项目。总之，调查项目要根据调查目的列入计划。

二、确定调查对象和调查单位

调查对象和调查单位需要根据调查目的来确定。目的愈明确、愈具体，调查对象和调查单位的确定也就愈容易。

所谓调查对象，就是我们需要进行研究的总体范围，即调查总体。它是由许多性质相同的调查单位所组成。确定调查对象，要明确总体的界限，划清调查的范围，以防在调查工作中产生重复或遗漏。例如，调查目的为了搜集某地区国有工业企业生产情况的资料，则调查对象就是该地区所有国有工业企业；又如，调查目的是为了搜集某地区国有工业企业中高精尖设备使用情况的资料，则调查对象就是该地区所有国有工业企业的高精尖设备。

作为调查单位，就是我们所要研究的总体单位，也即所要登记的标志的承担者。上述两例，每一国有工业企业和国有工业企业中每一台高精尖设备都是调查单位，也即标志的承担者。

确定调查对象是一个比较复杂的问题，因为社会现象彼此之间相互联系又有交错，所以在确定调查对象时，要把它和它相近的一些现象划分清楚，区别应调查和不应调查的现象。例如，调查工业企业的生产情况，必须把工业与农业或其他物质生产部门区分开；调查工业企业中高精尖设备使用情况，除了明确工业的范围外，还须区分高精尖设备的界限。确定调查单位，就是要赋予调查单位以科学的定义，这既是一个理论问题，又是一个实际问题。

实际工作中，还须注意不要把调查单位和填报单位相混淆。调查单位是调查项目的承担者，而填报单位则是负责上报调查资料的单位。这两者有时一致,有时不相一致。还是上述两例,当搜集国有工业企业生产情况的资料时,每一国有工业企业是调查单位,也是填报单位;当搜集国有工业企业中高精尖设备使用情况的资料时,国有工业企业中每一台高精尖设备是调查单位,而填报单位则是每一国有工业企业。

三、确定调查项目

在调查目的、调查对象、调查单位确定之后,必须确定具体的调查项目。

调查项目是所要调查的具体内容,它完全是由调查对象的性质、调查目的和任务所决定的,包括调查单位所须登记的标志(品质标志和数量标志)及其他有关情况。例如,2000 年全国人口普查根据调查项目拟定了姓名、性别、年龄、民族、文化程度、职业、行业、婚姻状况、迁来本地的原因等 26 个人记录调查项目。

调查项目所要解决的问题是向被调查者调查什么,也就是须被调查者回答什么问题。在具体拟定调查项目时须注意下列四个问题。

(1) 调查项目要少而精,只列入为实现调查目的所必须的项目。否则会造成调查工作的浪费。

(2) 本着需要和可能的原则,只列入能够得到确定答案的项目。有些项目被调查者说不清楚或无法回答的,则不要列入。凡列入的调查项目,含义要具体明确,使人一看就懂,理解一致;有些项目根据需要可加注释,规定统一标准等。

(3) 调查项目之间尽可能保持联系,以便相互核对起到校验作用。在一次调查中,各个项目之间保持有一定的联系;在两次或历次调查中项目之间尽可能地保持联系,使其具有可比性。

(4) 有的项目可拟定为“选择式”。例如,“文化程度”就可分为“大学毕业”、“大学肄业或在校学生”、“高中”、“初中”、“小学”、“识些字”、“不识字”几栏,被调查者可根据实际情况圈划。

列出调查项目的表格形式就是调查表。调查表一般分为一览表与单一表两种形式。一览表是把许多调查单位和相应的项目按次序登记在一张表格里的一种统计表，当调查项目不多时可用一览表，如人口普查表就是一种一览表。单一表是一张表格里只登记一个调查单位，如果项目多，一份表格可以由几张表组成，如职工登记卡片等。一览表的优点是每个调查单位的共同事项，只需要登记一次，可以节省人力和时间；其缺点是不能多登记调查单位的标志。而单一表的优点是可以容纳较多的标志；其缺点是每份表上都要注明调查地点、时间及其他共同事项，造成人力和时间的浪费。

四、确定调查时间和调查期限

调查时间是指调查资料所属的时点或时期。从资料的性质来看，有的资料反映现象在某一时点上的状态，统计调查必须规定统一的时点。对普查来说，这一时点为标准时间。我国第五次人口普查的标准时间定为 2000 年 11 月 1 日零时。有的资料反映现象在一段时期内发展过程的结果，统计调查则要明确资料所属时期的起讫（一月、一季、一年），所登记的资料指该时期第一天到最后一天的累计数字。例如，第三次全国工业普查，对于产量、产值、销售量、工资总额、利润税金等指标，皆为 1995 年 1 月 1 日到 12 月 31 日的全年数字。

调查期限是指调查工作进行的起讫时间（从开始到结束的时间），包括搜集资料和报送资料的整个工作所需的时间。例如，我国第五次人口普查规定 2000 年 11 月 1 日零时为普查登记的标准时点，要求 2000 年 11 月 10 日以前完成普查登记，则调查时间为 11 月 1 日零时，调查期限为 10 天。为了保证资料的及时性，必须尽可能缩短调查期限。

五、制定调查的组织实施计划

严密细致的组织工作，是使统计调查顺利进行的保证。调查工作的组织计划包括调查机构、调查步骤、人员及组织训练、经费等问题。值得注意的是，调查人员的素质往往直接影响到调查的质量，因此，在组织大型调查之前须组织必要的专门的训练，落实经费的来源，制定切实可行的调查经费计划。

整个统计调查方案的内容，即是对统计调查的设计。这个方案不仅限于调查阶段的问题，也包括了统计整理阶段汇总内容方面的问题。因此，应该把它看成是特定统计过程的总方案。由于我们的认识总有局限性，所以制定的调查方案是否符合实际，还有待于调查实践的检验。随着统计工作的现代化，调查方案也要求日趋周密，并且运用系统工程的原理和运筹学的方法实行各个环节的质量控制，层层把关，以保证调查任务的胜利完成。

六、选择调查方法

统计调查方法是指搜集调查对象原始资料的方法。即调查者向被调查者搜集答案的方法。主要的方法有直接观察法、报告法、采访法和网上调查法等。

直接观察法是由调查人员到现场对被调查对象进行直接点数和计量。例如，对商品库存的盘点等。此法的优点是能够保证所搜集的调查资料的准确性，也有利于开展统计分析，但所需要花费的人力、物力和时间较大，而且无法用于对历史统计资料的搜集。

报告法就是报告单位利用原始记录和核算资料作基础，向有关单位提供统计资料。我国现行的统计报表制度就是采用报告法搜集资料逐级上报的。

采访法具体又可分为询问法和通讯法。询问法是按调查项目的要求向被调查者询问，将询问结果计入表内。通讯法一般是由统计工作机构将调查表格邮寄给调查者，然后被调查者将填答好的调查表寄回。

网上调查法是利用现代信息网络来收集统计资料的方法。它通过网络向被调查单位和个人的网站发出调查提纲、表格或问卷，被调查者将在他们方便时亦通过网络向调查者发送信息。与传统调查方式相比，网上调查有其独特的优点：① 需要的经费较少；② 能在较大范围内进行调查；③ 传播快速且多媒体性；④ 调查结果客观性较高；⑤ 信息质量易检验和控制。这种调查方法符合市场经济追求经济效益的原则。

第三节 统计调查的组织形式

统计调查的组织形式，是指组织统计调查，搜集信息资源的方式方法，可从不同的角度作不同的分类。

一、按调查对象包括的范围分类

统计调查按调查对象所包括范围的不同，可分为全面调查和非全面调查。

全面调查是对构成调查对象总体的所有单位一一进行调查。普查、全面统计报表都属于全面调查。例如，人口普查要调查登记全国每个人的状况，工业定期报表要求全国每个工业企业定期向指定机关上报，等等。全面调查能够掌握比较全面的、完整的统计资料，了解总体单位的全貌，但它须花费较多的人力、物力和财力，操作比较困难。

非全面调查是取被研究对象中的一部分单位进行调查。重点调查、抽样调查、典型调查及非全面统计报表等均属于非全面调查。例如，职工家庭收支情况调查，我们就抽查其中的一部分职工家庭，比较细致地进行调查；对有些破坏性产品的质量检查，如炮弹质量、火柴质量的好坏等，不可能进行全面调查，只得采用非全面调查。非全面调查的调查单位少，可以用较少的时间和人力，调查较多的内容，并能推算和说明全面情况，收到事半功倍之效。其缺点是掌握的材料不够齐全。

(一) 普查

普查是专门组织的一次性的全面调查。它有两个主要特点：第一，普查是一次性调查，其主要用来调查属于一定时点上的社会经济现象的总量；第二，普查是专门组织的全面调查。其主要用来全面、系统地掌握重要的国情国力方面的统计资料。

普查的主要作用在于它能搜集到那些不宜用经常调查能搜集的全面、准确的统计资料。利用普查资料，可以深入地反映和研究社会、经济、文化等现象的发展状况，并为各级领导机关制定方针、政策提供必要的统计资料，为国家进行宏观决策、制定长远规划提供可靠的依据。

普查的具体方式有两种：一种是从上至下组织专门的普查机构和队伍对调查单位直接进行登记；另一种是利用调查单位的原始记录与核算资料，或者结合清仓盘点，颁发一系列调查表，由调查单位自行填报。

与其他统计调查方式相比，普查搜集资料的方法比较多样。(1) 可以颁发调查表或普查表，由各调查单位自行填报，如我国历年物资普查多采取这种报告法；(2) 可用直接观察，即由调查人员对所有调查单位进行计量和观察，如牲畜普查就是采取这种直接查点牲畜头数和重量的方法；(3) 可以派员询问，即由调查人员对被调查者采访以搜集资料，如人口普查。

组织普查必须遵守以下四项原则。

(1) 必须统一规定调查资料所属的标准时点，使所有普查资料都反映这一时点上的状况，避免重复和遗漏。例如，人口普查，没有一个统一的标准时点，就会因人口的出生和死亡、迁入和迁出得不到准确的数字。当然，在实际登记时，不可能全国各地都在标准时间(比如，2000 年人口普查的标准时间是 11 月 1 日零时)的一瞬间把普查的各项数字都同时登记好，而是有些边远地区要提前几天登记，一般地区要在以后几天内登记完，但都要把这前后几天内的变动加以调查，以取得标准时间的准确数字。

（2）正确选择普查时期。普查的时期就是普查登记在什么时期进行。普查的标准时间是在普查时期选择的基础上才能确定的。普查时期应根据国家的需要选择在被调查现象变动最小的时期或是普查工作最方便的时期。例如，解放后我国几次物资库存普查的时期大部分在9月或12月，是基于上述原则考虑的。

（3）在普查范围内各调查单位或调查点尽可能同时进行调查，并尽可能在最短期限内完成，以便在方法上、步调上协调一致。如果时间拉得过长，就会影响调查资料的准确性和时效性。比如，1990年我国第四次人口普查，调查登记时间规定在10天之内（7月1日～10日）。

（4）调查项目一经确定，不能任意改变或增减，以免影响汇总综合，降低资料质量。同类普查的内容在各次普查中要尽可能保持一致，以便将历次普查资料进行对比。

普查工作复杂细致，一般是采取逐级布置任务、逐级汇总资料的方法，这需要花费较长时间。当调查任务紧迫，一般的普查办法不能完成这种紧迫任务时，可以采用快速普查的办法。快速普查的特点是：从布置普查任务到上报普查资料，都由组织普查工作的最高领导机关（如国家统计局）直接与各基层单位取得联系，越过一切中间环节。快速普查一般内容比较简单，突出一个快字，上报资料一般用电报方式。

此外，进行普查前应先试点，取得经验，交流推广；普查结束后，要用其他调查方式（比如抽样调查）对普查资料进行检查和修正，以保证普查资料的质量。

（二）统计报表制度

统计报表是我国定期搜集基本统计资料的一种重要的组织形式。统计报表制度是按照国家或上级部门统一规定的表式、统一的指标项目、统一的报送程序和报送时间，自下而上逐级提供基本统计资料的一种调查方式。

统计报表的主要特点是：首先，统计报表的资料来源是建立在基层单位的各种原始记录的基础上，基层单位也可利用其资料对生产、经营活动进行监督管理；其次，由于统计报表是逐级上报和汇总的，各级领导部门能获得管辖范围内的报表资料，了解本地区、本部门的经济和社会发展情况；再次，由于统计报表属于经常性调查，调查项目相对稳定，有利于积累资料，并且可进行动态对比分析。

统计报表的主要种类有：

(1) 国家统计报表、部门统计报表和地方统计报表。

统计报表按实施范围分为国家、部门和地方统计报表。国家统计报表是国民经济基本统计报表，它是用来反映国民经济和社会发展基本情况的统计报表，由国家统计局制发。部门统计报表是各业务部门为业务管理的需要而制发的，只在本系统内执行，用来搜集有关部门的业务技术资料。地方统计报表主要用来满足地方专门需要，其实施范围为各省、市、自治区。部门和地方统计报表都是国家统计报表的补充。

(2) 全面统计报表和非全面统计报表。

统计报表按调查范围不同可分为全面统计报表和非全面统计报表。全面统计报表要求调查对象中的每个单位都填报；非全面统计报表，只要求调查对象中的一部分单位填报。非全面调查填报的报表属于非全面统计报表。

(3) 定期报表和年报。

统计报表按照报送周期长短的不同，可分为日报、旬报、月报、季报、半年报和年报等。除年报外，其他报表都称为定期报表。日报、旬报由于时效性强，也称为进度报表。各种报表报送周期的长短和指标项目的详简有一定的关系。通常是报表报送的周期愈短，报送的指标项目愈简愈粗;反之,则指标项目就愈多愈细。

年报是带有总结性的报表,其作用在于总结报告年度计划执行情况,分析研究历年生产发展趋势和平衡关系,以及为各级领导机关制定方针、政策提供依据,为研究社会经济发展及重要比例关系提供依据。所以,年报具有指标多、分组细、统计范围广等特点。

(4) 基层报表和综合报表。

统计报表按填报单位不同,可分为基层报表和综合报表。基层报表是由基层企业、事业单位根据原始记录,汇总整理、编报的统计报表。编报基层报表的单位称为基层填报单位。综合报表是由各级国家统计部门和业务主管部门根据基层报表汇总整理、编报的统计报表,其反映一个地区、一个部门或全国的基本情况。编报综合报表的单位则称为综合填报单位。

(5) 电讯报表和书面报表。

统计报表按报送方式的不同,可分为电讯报表和书面(邮寄或投递)报表两种。电讯报表又可分为电报、电话和传真等方式。采用什么方式要取决于内容的紧迫性或要求的时效性。日报和旬报时效性强,要求迅速上报,故通常采用电讯方式上报;月报、季报、半年报和年报,除少数月报也采用电讯方式外,一般采用书面(邮寄或投递)的方式上报。

(三) 抽样调查

抽样调查也是一种非全面调查,它是在全部调查单位中按照随机原则抽取一部分单位进行调查,根据调查的结果推断总体的一种调查方法。例如,我们要检验某种产品的质量,就要从整个产品中随机抽取若干个产品进行检验,看它们的合格率或不合格率是多少,然后以此推断全部产品的合格率或不合格率是多少,还可以推算合格或不合格产品的总量。

抽样调查与其他非全面调查比较,具有两个基本特征:第一是按照随机的原则抽选单位,排除个人主观意图的影响;第二是对一小部分单位作深入细致的调查研究，取得数据，并据此从数量上推算总体。

在社会经济现象中，有很多现象，是无法进行全面调查的，故须采用抽样方法调查；即使对可以用全面调查方式的现象来说，有时用抽样调查方式更加节约并能提高效率。现在世界上许多国家，无论自然科学试验或社会科学搜集资料，都广泛采用抽样调查方法。改革开放以来，我国进行了一系列的统计调查方法改革，要求在统计的各个领域广泛推广、运用抽样调查，并不断地提高它在统计调查方法体系中所占的比重，逐步取代传统的逐级上报、层层汇总、无所不包的全面统计报表，确立它在统计调查中的主体地位。

抽样调查方法将在本书第七章专门详细介绍。

（四）重点调查

重点调查是在调查对象范围内选择部分重点调查单位搜集统计资料的非全面调查。所谓重点单位，是指这些单位在全部总体中虽然数目不多，所占比重不大，但就调查的标志值来说却在总量中占很大的比重。通过对这部分重点单位的调查，可以从数量上说明整个总体在该标志总量方面的基本情况。例如，选择鞍钢、宝钢、武钢、太钢、包钢等几个钢铁企业进行调查，能及时地了解到全国钢铁生产的基本情况，因为这些企业的钢铁产量占全部钢铁企业总产量的绝大比重，可以满足调查任务需要的资料。

重点调查的优点在于调查单位少，可以调查较多的项目和指标，了解较详细的情况，取得资料也及时，即用较少的人力和时间，取得较好的效果。当调查任务只要求掌握总体的基本情况，而且总体中确实存在重点单位时，采用重点调查是比较适宜的。但必须指出，由于重点单位与一般单位的差别较大，通常不能由重点调查的结果来推算整个调查总体的指标。

组织重点调查的关键问题是确定重点单位。

（1）重点单位选多少，要根据调查任务确定。一般来说，选出的单位应尽可能少些，而其标志值在总体中所占的比重应尽可能大些。其基本标准是所选出的重点单位的标志值必须能够反映研究总体的基本情况。比如前例，鞍钢、宝钢、武钢、太钢、包钢等几个钢铁企业在全国钢铁企业中只是少数，但它们的产量却占绝大比重，对这些企业进行调查，就可以比全面调查省时省力，又能反映全部现象的基本情况。

(2) 选择重点单位时，要注意重点可以变动的情况，即要看到，一个单位在某一问题上是重点，而在另一问题上不一定是重点；在某一调查总体上是重点，在另一调查总体中不一定是重点；在这个时期是重点，在另一个时期不一定是重点。因此，对不同问题的重点调查，或同一问题不同时期的重点调查，要随着情况的变化而随时调整重点单位。

(3) 选中的单位应是管理健全、统计基础工作较好的单位。

（五）典型调查

典型调查就是在调查对象中有意识地选取若干具有典型意义的或有代表性的单位进行非全面调查。其主要特点是：第一，调查单位少，能深入实际，深入群众，搜集详细的第一手数字资料；第二，由于典型单位是有意识选出的，对其进行调查，就能取得代表性较高的资料；第三，典型调查机动灵活，可节省人力和物力，提高调查的时效性。

典型调查大体上可分为两种：一种是对个别典型单位进行调查和研究，在这种调查中只要选出几个典型单位就可以了，其目的主要在于通过典型单位来说明事物的一般情况或事物发展的一般规律性；另一种典型调查是从总体中选择一部分典型单位，这部分单位形成一个总体，通过对这个总体的观察，可以从数量上推断总体。由于社会现象的复杂性和要求推断结果尽可能地准确一些，这种典型调查采取划类选典的方法。

典型调查的中心问题在于如何正确地选择典型单位，要保证被选中的单位具有充分代表性。根据调查研究目的的不同，选择典型单位的方法也不同。

如果是为了近似地估算总体的数值，可以在了解总体大略情况的基础上，把总体分成若干类型，从每一类型中按它在总体中所占比例的大小，选出若干典型单位进行调查。

如果为了了解总体的一般数量表现，则可以选中等的典型单位作为调查单位。

如果为了研究成功的经验和失败的教训，则可以选出先进的典型单位和后进的典型单位，或选择上、中、下各类典型单位进行调查、比较。

典型可以是单个的，也可以是整群的，或者先调查整群，再从整群中选出若干个体进行更加深入细致的调查。

典型可以是临时选择的，也可以是比较固定的，以便进行连续调查，取得系统的调查资料，研究事物发展变化的趋势。

总之，选择典型必须从全面着眼、分析。掌握调查对象的全面情况和平均水平，然后对比各个可供选择的调查单位的具体情况和具体水平，从中选择几个代表性较大的单位。

典型调查的具体方法通常有直接观察法、个别访问和开调查会。其中开调查会是最简单易行和比较可靠的方法。这种调查是讨论式的，即由调查者召集若干了解情况的人，按预定的调查提纲，提出问题展开讨论，把调查过程和研究过程结合起来，从中掌握第一手详细的材料，达到调查预期的效果。

二、按调查的组织形式分类

统计调查的组织形式是指采取什么方式组织调查以取得统计资料，我国统计调查的组织形式分为统计报表制度和专门调查。

专门调查是为了一定目的，研究某些专门问题所组织的一种调查方式。专门调查有普查、重点调查、典型调查、抽样调查等。

随着社会主义市场经济体制的建立,新的统计调查方法的目标模式为:建立以必要的周期性普查为基础,以经常性的抽样调查为主体,同时辅之以统计报表、重点调查、科学推算等多种方法综合运用的统计调查方法体系。

三、按登记事物的连续性分类

统计调查按登记事物的连续性不同,分为经常调查和一时调查。

经常调查是指随着调查对象的变化,连续不断地进行调查登记,以了解事物在一定时期内发生、发展的全部过程。统计报表制度就是一种经常调查。例如,产品产量指标就是某一时期产量连续登记观察的结果。

一时调查是指隔一段较长的时间对事物的变化进行一次调查,用以了解事物在一定时点上的状态。普查、重点调查、典型调查一般是一时调查。例如,人口数及其构成,可以间隔较长的一段时间进行一次普查。又如,物资库存情况一般每隔几年组织一次普查或重点调查。

以上是从不同角度对统计调查方式方法的分类,在实际工作中,各种分类方法不是互相排斥的,而是相互交叉使用的。现列表说明各种调查的特点,见表2-1。

表2-1 各类统计调查的特点

	调查范围	调查时间	组织形式
统计报表	全面或非全面	经常	报表制度
普查	全面	一时	专门调查
抽样调查	非全面	经常或一时	专门调查
重点调查	非全面	经常或一时	报表或专门
典型调查	非全面	一时	专门调查

综上所述,统计调查的方式多种多样,实际组织调查时到底采取什么方式方法,必须根据调查的具体任务和调查对象本身的特点而定,并随客观情况和工作条件的变化而适当选用。在许多情况下可以推行非全面调查,特别注意采用抽样调查。同时,也要注意各种调查方法的结合运用,把全面调查和非全面调查结合起来,或用非全面调查核实全面调查资料的质量。比如,现在人口普查的一个显著特点是各国逐步采取全面调查与抽样调查相结合的方法。如美国,曾选择20%的人口调查出生地、文化教育程度、收入等;选择15%的人口调查父母出生地、童年语言、是否服兵役等;选择5%的人口调查行业、职业和来美时间。

练　习　题

一、单项选择题

1. 组成统计调查对象的是(　　)。

(1) 统计调查目的所包括的统计指标　(2) 需要进行调查的某种社会经济现象的总体　(3) 进行统计调查时需要的统计变量　(4) 性质相同的许多调查单位

2. 全国人口普查中,调查单位是(　　)。

(1) 全国人口　(2) 每一个人　(3) 每一户　(4) 工人工资

3. 下面的统计调查,调查单位与填报单位一致的是(　　)。

(1) 商业企业固定资产状况调查　(2) 商业企业职工素质调查　(3) 商业企业经销商品品种数量调查　(4) 商业企业使用电脑型号调查

4. 某城市拟对占全市储蓄额4/5的几个大储蓄所进行调查,以了解全市储蓄的一般情况,则这种调查方式是(　　)。

(1) 普查　(2) 典型调查　(3) 抽样调查　(4) 重点调查

5. 某些产品在检验和测量时常有破坏性,一般宜采用

(　　)。

(1) 全面调查 (2) 典型调查 (3) 抽样调查 (4) 重点调查

6. 经常调查与一时调查的区别是(　　)。

(1) 调查时间是否连续 (2) 调查时间间隔是否相等 (3) 调查时间间隔是否超过一年 (4) 调查时间有无规律性

二、多项选择题(每题至少有两个正确答案)

1. 某地区进行企业情况调查,则每一个企业是(　　　)。

(1) 调查对象 (2) 统计总体 (3) 调查单位 (4) 调查项目 (5) 填报单位

2. 抽样调查和重点调查的主要区别有(　　　)。

(1) 抽选调查单位的多少不同 (2) 抽选调查单位的方式方法的不同 (3) 取得资料的方法不同 (4) 在对调查资料的使用时,所发挥的作用不同 (5) 原始资料的来源不同

3. 全面调查包括(　　　)。

(1) 重点调查 (2) 抽样调查 (3) 快速普查 (4) 典型调查 (5) 统计年报

4. 抽样调查属于(　　　)。

(1) 非全面调查 (2) 经常性调查 (3) 经常或一时调查 (4) 一时调查 (5) 专门调查

5. 下列对各种非全面调查叙述正确的是(　　　)。

(1) 重点调查只能是一时调查 (2) 重点调查的特点是随机从调查对象总体中抽取一部分单位作为样本进行调查 (3) 抽样调查是随机从调查对象总体中抽取部分单位作为样本进行调查,以此推算总体 (4) 非全面调查不对全体对象进行调查因而准确性较差 (5) 抽样调查、重点调查、典型调查都属于非全面调查

6. 普查是一种(　　)。

(1) 非全面调查 (2) 专门调查 (3) 全面调查 (4) 一时

调查　(5) 经常调查

三、综合题

兹有下列调查：

(1) 为了解钢材积压情况，上级机关向单位颁发一次性调查表要求填报；(2) 一批商品运到商业仓库，在这批商品中选出 10 件进行仔细检验，以判断和记录其质量；(3) 某乡在春播期间每隔 5 天向上级主管部门提交播种进度报告；(4) 为了解科技人员分配、使用状况，有关部门向各单位布置调查表，要求填报；(5) 对大中型基本建设项目投资效果进行调查；(6) 选取部分企业进行调查，以了解扩大企业自主权试点后的成果及问题。

要求：

1. 指出上述各项调查按组织方式分类各属于哪种调查？

2. 指出上述各项调查按登记事物的连续性分类各属于哪种调查？

3. 指出上述各项调查按调查对象包括的范围分类各属于哪种调查？

第三章 统计整理

第一节 统计整理的基本问题

一、统计整理的意义

统计整理是统计工作的第二阶段。它是根据统计研究的任务，对统计调查阶段所搜集到的大量原始资料进行加工汇总，使其系统化、条理化、科学化，以得出反映事物总体综合特征的资料的工作过程。

通过统计调查所搜集到的资料，只是一些个别单位的、分散的、不系统的原始资料，所反映的问题常常是事物的表面现象，不能深刻揭示事物的本质，更不能从量的方面反映事物发展变化的规律性，这就有必要对统计调查所获得的原始资料进行科学的整理。统计资料整理就是人们对社会经济现象从感性认识上升到理性认识的过渡阶段，是统计工作中一个十分重要的中间环节，起着承前启后的作用，即既是统计调查阶段的继续和深入，又是统计分析阶段的基础。

统计整理在统计研究中占有重要的地位，它绝不是一个简单的综合汇总工作。像报表的汇总也是包括在整理的概念和过程之中的，但整理还有一个对调查资料进行加工、补充和推算的问题。比如，我们去一个县或者一个地区进行调查，得到了许多资料，应如何把这些资料整理成我们研究问题所需要的资料，这就不是按汇总表简单汇总所能解决的。统计整理在统计研究中起着十分重要的作用，因为统计调查所得到的大量原始资料，即使是丰富的、完善的，但若整理时所依据的原则和应用的方法不正确、不科学，那么，根据整理的结果进行统计分析，就不可能得到正确的结论，可见，统计资料整理直接决定着整个统计研究任务能否顺利完成。

二、统计整理的内容

在某一次调查中，对调查来的资料应该整理些什么内容，这要依据事先拟定的整理纲要要求的项目来确定。一般在制定调查表的同时，就要事先拟定好综合表，以便按照预定的纲要对统计资料进行系统的加工整理。整理纲要是否科学，对于统计资料的整理乃至统计分析的质量都具有重要意义。

整理纲要的内容包括一整套空白的综合表和编制说明。这种综合表就是根据统计研究任务的要求，密切联系调查表的内容而设计的表式。在编制说明中叙述整理资料的地区范围（省、市、县等）、程序、负责汇总的各级机关，主栏各组的涵义，宾栏指标的计算方法等。由此可见，统计整理阶段最主要的工作内容在调查工作开始之前就应该做好，统计整理作为一个阶段来说，它所做的实际上多是一些具体工作。

综合表的基本内容包括两部分：一部分是分组，一部分是相应的统计指标。现举例说明综合表的格式如表 3－1 所示。

表 3－1　2000—2001 年某企业房屋基建竣工情况表

单位：万平方米

	2000 年			2001 年		
	施工面积	竣工面积	房屋竣工率（%）	施工面积	竣工面积	房屋竣工率（%）
（甲）	（1）	（2）	（3）＝（2）/（1）	（4）	（5）	（6）＝（5）/（4）
总　计						

续表

	2000年			2001年		
	施工面积	竣工面积	房屋竣工率（%）	施工面积	竣工面积	房屋竣工率（%）
厂房						
仓库						
商业营业用房						
服务业用房						
办公室						
教育用房						
文化体育用房						
医疗用房						
科学实验用房						
家属宿舍						
集体宿舍						
其他						

在表3-1中，甲栏就是分组，其他(1)～(6)栏皆为统计指标。

统计整理是根据综合表的要求进行的。一般来说，一张综合表的内容不宜太多，否则，工作和阅读都不方便，内容多也可分若干张表。

统计整理阶段的工作内容大致可包括以下五个方面：(1) 对调查来的材料首先要进行审核；(2) 按照综合表的要求进行分组或分类；(3) 对各单位的指标进行汇总和作必要的加工计算；(4) 将汇总整理的结果编制成统计表；(5) 做好统计资料的系统积累工作。以上几方面中，重要的问题是在于确定对总体进行分组和如何分组，即确定分组体系，力求分组方法科学，能反映现象的客观过程。此外，综合结果要正确，这取决于两方面：一方面是被综合的资料要完整、正确，并且在进行综合时不能粗心大意；另一方面要有实事求是的原则，对被综合的资料不允许任意篡改。

第二节 统 计 分 组

一、统计分组的意义

统计分组就是根据统计研究的需要，将统计总体按照一定的标志区分为若干个组成部分的一种统计方法。其目的就是把同质总体中的具有不同性质的单位分开，把性质相同的单位合在一起，保持各组内统计资料的一致性与组和组之间资料的差异性，以便进一步运用各种统计分析方法，研究现象的数量表现和数量关系，从而正确地认识事物的本质及其规律性。例如，在工业企业这一同质总体中，就存在着所有制不同的差别，存在着生产方向上的差别和规模大小的差别等等，为了研究问题的需要，就必须对总体进行各种分组，以便从数量方面深入了解和研究总体的特征。

统计分组是基本的统计方法之一，在资料整理和统计分析中都要广泛应用分组。分组的好坏直接关系到统计能否整理出正确的、中肯的统计资料，关系到统计能否得出正确的结论。即从某种意义上讲，没有统计分组，就没有科学的统计资料的整理，也就没有科学的统计分析。统计分组绝不是一个单纯的技术问题，而是具有高度原则性和理论性的问题。

二、统计分组的作用

统计分组在统计研究中占有重要地位，其基本作用有以下三方面。

（一）划分现象的类型

社会经济现象存在着复杂多样的类型，各种不同的类型有着不同的特点及不同的发展规律。在整理大量统计资料时，有必要运用统计分组法将所研究的现象总体划分为不同的类型组来进行研究。

社会经济现象的类型各异，其中最重要的类型是指直接反映社会生产关系的类型，因为它可以直接反映一定社会经济结构的特点。比如，我国经济成分分为公有经济和非公有经济两大类型，公有经济包括国有及国有控股经济和集体经济，非公有经济包括个体经济、外商及港澳台商投资经济和股份制经济；工业划分为重工业和轻工业两大类型；社会产品划分为生产资料和消费资料两大类；农业划分为农、林、牧、渔四大类型；轻工业又可分为以农产品为原料的轻工业和以非农产品为原料的轻工业等等。举例见表3－2。

表3－2 我国农林牧渔业总产值

单位：亿元

类 型	1998年	1999年	2000年	2001年
农 业	14 241.9	14 106.2	13 873.6	14 462.8
林 业	851.3	886.3	936.5	938.8
牧 业	7 025.8	6 997.6	7 393.1	7 963.1
渔 业	2 422.9	2 529.0	2 712.6	2 815.0
合 计	24 541.9	24 519.1	24 915.8	26 179.6

资料来源：《中国统计摘要》，中国统计出版社，2002年版，第104页。

（二）揭示现象内部结构

社会经济现象所包括的大量单位，不但在性质上不尽相同，而且在总体中所占比重也不一样。各组比重数大小不同，说明它们在总体中所处地位不同，对总体分布特征的影响也不同；其中比重数相对大的部分，决定着总体的性质或结构类型。例如，假设一个国家或地区的工农业总产值中，农业总产值所占比重在百分之八九十，则说明这个国家或地区的经济性质是农业经济。可见，研究总体的结构是十分重要的。

将总体的结构分组资料按时间的移动联系起来进行分析，可以反映由于各组比重变化速度不同而引起各组地位改变的状况，从而认识现象发展变化的规律性。下面所举我国国内生产总值的结构变化资料，大致可以看出 1978 年以来我国国民经济的调整情况（见表 3－3 所示）。

表 3－3　我国国内生产总值构成

	1978 年		1985 年		1995 年		2001 年	
	绝对数（亿元）	比重（%）	绝对数（亿元）	比重（%）	绝对数（亿元）	比重（%）	绝对数（亿元）	比重（%）
第一产业	1 018	28.0	2 542	28.4	11 365	19.7	14 609.9	15.2
第二产业	1 745	48.2	3 867	43.1	28 274	48.9	49 069.1	51.1
第三产业	861	23.8	2 556	28.5	18 094	31.4	32 254.3	33.6
合　计	3 624	100.0	8 964	100.0	57 734	100.0	95 933.3	100.0

资料来源：《中国统计摘要》，中国统计出版社，2002 年版，第 14～16 页。

（三）分析现象之间的依存关系

社会经济现象之间存在着广泛的相互联系和制约关系。但现象之间发生联系的方向和程序各不相同。关系比较紧密的一种联系就是现象之间的依存关系。研究现象之间依存关系的统计方法很多，如相关与回归分析法、指数因素分析法、分组分析法等，其中统计分组分析法是最基本的方法，是进行其他分析法的基础。

表 3－4　某乡某种农作物的耕作深度与收获率的关系

耕地按耕作深度分组（厘米）	地块数	平均收获率（千克/亩）①
10～12	7	200
12～14	10	230
14～16	16	270
16～18	12	310
18～20	5	340

①　1 亩 ≈ 666.7 平方米。

用统计分组法确定现象之间的依存关系，通常是把那些表现为事物变化发展原因的因素叫做影响因素，而把表现这事物发展结果的因素叫做结果因素。表3-4是假设的表示某种农作物的耕作深度与收获率之间依存关系的分组资料，它反映了该作物的平均收获率随着耕作深度的加深而提高，这称正依存关系。

在社会经济现象中，比如，收入和消费之间有一定的联系，一般来讲，收入越高，消费也越多。又比如，商店规模与其经营效果也有一定的联系，商店规模的扩大一般可增加商店的营业额。这些现象之间的依存关系表现为正依存关系。此外，例如在商品流转额、商品流转速度与流通费水平之间也存在着一种依存关系，一般地说，商品流转额愈大的商店，其流通费水平也就愈低，这称负依存关系。职工家庭生活水平与家庭人口数之间的关系、人口的文化程度与生育率水平之间的关系等等均表现为负依存关系。

统计分组的上述三方面作用是分别从类型分组、结构分组和分析分组角度来说明的，它们不是彼此孤立的，而是相辅相成、相互补充、配合运用的。

三、分组标志的选择

分组标志是统计分组的依据。正确选择分组标志，能使分组作用得以充分发挥，也是使统计研究获得正确结论的前提。正确选择分组标志，须考虑到以下三点。

（一）根据研究问题的目的来选择

任何事物都有许多标志，标志选择不当，分组结果必然不能正确反映总体的性质特征。这就要我们根据统计研究的目的，采取不同的分组标志。例如，对工业企业进行研究，目的是了解工业企业生产计划的完成情况，那就以工业企业计划完成的程度作为分组标志；如果目的是要了解工业企业生产内部结构，那就以生产部门作为分组标志；如果目的在了解工业企业盈亏情况，那就以盈亏作为分组标志；如果目的变为了解工业生产技术力量状况，那就以职工技术等级、技术装备水平等为分组标志。

（二）要选择最能反映被研究现象本质特征的标志作为分组标志

这就须以马克思主义经济理论分析和对客观事物的分析为依据，在相同的研究目的下选择好分组标志。比如，在研究国民经济的现状、发展和平衡关系时，像按所有制的分组、按国民经济部门的分类都是最基本的分组或分类。又比如，工业企业规模划分时，统一按销售收入、资产总额和营业收入将企业归类。

（三）要结合现象所处的具体历史条件或经济条件来选择

社会经济现象随着时间地点条件的变化而变化，历史条件不同，事物特征也会有变化。因此，随着历史条件的变化，分组标志也应作相应改变。例如，列宁在研究俄国资本主义的发展时，对俄国粮食作物地区按耕地面积对农户进行分组，而对经济作物地区的农户进行分组时，除主要考虑耕地面积之外，还参照其他一些情况。列宁以耕地面积作为分组标志是符合俄国当时的历史条件的，因为当时俄国农业生产力水平较低，是粗放经营，耕地面积的大小正好能反映农户的生产经营规模，但列宁在研究美国农业发展时，针对美国集约化经营的特点，不再选用耕地面积这个标志，改用单位面积的投资作为分组标志。又如，社会经济条件变化了，分类标准也要更新。2002 年 7 月，“国民经济行业分类”国家新标准出台，新标准大量充实了第三产业的新兴活动，新增“信息传输、计算机服务和软件业”、“住宿和餐饮业”、“租赁和商务服务业”、“水利、环境和公共设施管理业”、“教育”、“国际组织”六个门类，这完全符合生产力发展的需要，也按照国际通行的经济活动同质性原则划分行业，进一步打破了部门管理界限。

由于总体单位的标志有品质标志和数量标志两种，因此，分组标志也有品质标志和数量标志两种。

品质标志一般不能用数量表示，它表明事物的质量属性。按品质标志进行分组，情况有不同，有的比较简单，比如，人口按性别分组；有的则比较复杂，复杂的品质分组称为分类，比如，人口按职业分组、工业生产按部门进行分组等。在统计实践中应用的分类是很多的，为了便于统计的名称、范围和计量单位的统一，国家制定有统一的分类目录，例如，“工业产品目录”、“工业部门分类目录”、“商业部门统一商品目录”等等，各地区、各部门进行统计资料整理时，必须遵照执行。

数量标志一般是用数量表示的，比如产品数量、固定资产数量、流动资金、利润、成本等都是数量标志。按数量标志进行分组，可有两种情况：一种情况是变量数值不多，变动范围不大，即总体单位的不同标志值较少，这时可作成单项式分组；另一种情况是变量数值较多，变动范围较大，即总体单位的不同标志值较多，则应作组距式分组。这两种分组将在下面的“变量数列”中详述。

四、简单分组、复合分组和分组体系

统计在进行分组时，由于采用的分组标志的多少不同，可以分为简单分组和复合分组。简单分组又称单一分组，就是对被研究现象总体只按一个标志进行的分组。如人口性别分组、人口年龄分组、工业企业按所有制或按规模大小的分组等。简单分组的特点是：只能反映现象在某一标志特征方面的差异情况，而不能反映现象在其他标志特征方面的差异，说明的问题比较简单明了。

复合分组就是对同一总体选择两个或两个以上标志层叠起来进行的分组。比如，工业企业按经营组织形式和规模大小同时进行分组：

按经营组织形式分组：	按规模分组：
国有及国有控股经济企业	大型企业
	中型企业
	小型企业
股份制经济企业	大型企业
	中型企业
	小型企业
外商及港澳台商投资经济企业	大型企业
	中型企业
	小型企业
其他经营组织形式	大型企业
	中型企业
	小型企业

以上这样划分的结果就形成几层错综重叠的组别。复合分组的特点是：第一，对总体选择两个或两个以上标志进行层叠分组，可以从几个不同角度了解总体内部的差别和关系，因而比简单分组能更全面、更深入地研究问题；第二，复合分组的组数随着分组标志的增加而成倍地增加。因而在采用复合分组时，选择的分组标志的数量要适量，并且要考虑到只有在总体包括的单位数较多的情况下，才宜于采用复合分组。

无论是简单分组还是复合分组，都只能对社会经济现象从一个方面或几个方面进行观察和分析研究，而社会现象是复杂的，须从各个方面进行观察和分析研究，以获得事物的全貌的认识，这通常须采用一系列相互联系、相互补充的标志对现象进行多种分组，这些分组结合起来构成一个体系，在统计上叫做分组体系。例如，我们把国民收入的使用额区分为积累和消费两个组；而积累又可分为生产性积累和非生产性积累两个组；生产性积累还可分为用于农、轻、重、商、交运（指货运）等多种情况；非生产性积累也可分为居民住宅和文化生活服务设施；消费也可分为居民和集体消费等等，这一系列的分组层层深入、相互联系、相互补充。

第三节 分配数列

一、分配数列的概念和种类

在统计分组的基础上，将总体的所有单位按组归类整理，并按一定顺序排列，形成总体中各个单位在各组间的分布，称为次数分配或分配数列。分布在各组的个体单位数叫次数，又称频数；各组次数与总次数之比叫比率，又称频率。

分配数列是统计分组的一种重要形式，它可以反映总体的结构分布状况和分布特征，这对于统计分析是很重要的。根据分组标志的不同，分配数列可分为两种：品质分配数列（简称品质数列）；变量分配数列（简称变量数列）。

按品质标志分组形成为品质数列。品质数列由各组名称和次数组成。各组次数可以用绝对数表示，即频数；也可以用相对数表示，即频率（见表 3－5）。

表 3－5 某班学生的性别构成情况

按性别分组	绝对数人数	比重（%）
男	30	75
女	10	25
合 计	40	100
各组名称	次数或频数	比率或频率

由表 3－5 可看出，这个班的性别构成特点是，男生占的比重大于女生。对于品质数列来讲，如果分组标志选择得好，分组标准定得恰当，则事物质的差异表现得就比较明确。品质数列一般也较稳定，通常均能准确地反映总体的分布特征。

按数量标志分组形成为变量数列。上一节关于分组的种类中曾介绍过，按数量标志分组时，可分为单项式和组距式两种，因此，变量数列也分为单项数列和组距数列两种。(1) 单项数列是总体按单项式分组而形成的变量数列，每个变量值是一个组，顺序排列，在组数不多和组值变动幅度不大时采用(见表 3-6)。(2) 组距数列是总体按组距式分组而形成的变量数列，每个组是由若干个变量值形成的区间表示，在变量个数较多、变动幅度较大时采用(见表 3-7)。

表 3-6 某厂第二季度工人平均日产量

工人平均日产量(件)	工人数	
	绝对数(人)	比重(%)
2	10	8.7
3	15	13.0
4	30	26.1
5	40	34.8
6	20	17.4
合计	115	100.0
变量	次数	频率

表 3-7 某工厂工人完成生产定额情况表

工人按完成生产定额分组(%)	工人数	
	绝对数(人)	比重(%)
80～90	30	16.7
90～100	40	22.2
100～110	60	33.3
110～120	30	16.7
120～130	20	11.1
合计	180	100.0
变量	次数	频率

由此可见，变量数列也是由各组名称（由变量值表示）和次数（或频率）组成。频率大小表明各组标志值对总体的相对作用程度，也可以表明各组标志值出现的概率大小。变量的具体数值即变量值通常用符号 x 表示；各组单位数即次数或频数（其相对形式即频率）通常用符号 f 表示。变量数列的编制，特别是其中组距数列的编制是比较复杂的，下面就组距数列的编制方法专门加以研究。

二、组距数列的编制

编制组距数列牵涉的问题较多，不仅取决于分组标志的选择，而且要看分组界限的确定是否合理。在编制过程中，要正确处理以下三个具体问题。

（一）组距和组数

在组距数列中是用变量变动的一定范围代表一个组，每个组的最大值为组的上限，最小值为组的下限。每个组上限和下限之间的距离称为组距。

编制组距数列必须要确定组距和组数。首先要找出全部变量的最大值和最小值的距离（即全距），以及大多数变量集中在什么范围内，然后才能据以考虑组距和组数的问题，务必使分组的结果尽可能反映出总体分布的特点。

组数的确定和组距有密切联系。组距大则组数少，组距小则组数就多，两者成反比例的变化。在具体确定组距时，应使组距能体现组内资料的同质性和组与组资料的差异性。

例如，按百分制记分，某班 40 位学生统计学考试成绩分别如下：

89 88 76 99 74 60 82 60 89 86
93 99 94 82 77 79 97 78 95 92
87 84 79 65 98 67 59 72 84 85
56 81 77 73 65 66 83 63 79 70

若将上述资料按数值大小排列，如下：

56	59	60	60	63	65	65	66	67	70
72	73	74	76	77	77	78	79	79	79
81	82	82	83	84	84	85	86	87	88
89	89	92	93	94	95	97	98	99	99

经初步加工，大致可看出资料的集中趋势。资料的最小值为56分，最大值为99分，则全距 = 99 − 56 = 43分，即数列中最大值与最小值之差。根据考试成绩性质的不同，在60分的数量界限的基础上分为不及格、及格、中等、良好、优秀五个类型，并将每组组距定为10分，编制如下组距数列（见表3-8），则基本上能准确反映学生成绩的分布特征。

表3-8　某班学生统计学考试成绩表

考　分	人数（人）	比重（%）
50～60	2	5.0
60～70	7	17.5
70～80	11	27.5
80～90	12	30.0
90～100	8	20.0
合　计	40	100.0

本例视研究对象本身的特点和研究的目的，按组距为10，定组数为5。按经验的看法，组数过多过少都不妥，一般情况下可分5～7组，组数尽可能取奇数，避免偶数。

（二）等距分组和异距分组

组距数列根据组距是否相等，分为等距数列和异距数列两种。等距数列中各组组距都是相等的（如表3-8所示）；异距数列中每组的组距是不全相等的（如表3-9所示）。

表 3-9 某地区人口分布状况

人口按年龄分组	人口数(万人)
1 岁以下(婴儿组)	1
1～7 岁(幼儿组)	6
7～17 岁(学龄儿童组)	12
17～55 岁(有劳动能力的人口组)	24.6
55 岁以上(老年组)	8.1
合 计	51.7

1. 等距数列。等距数列分组时,一般应依据总体内部情况的定性分析来确定组数,然后用全距除以组数,确定组距,并据以划分各组的界限。

设 R 为全距、K 为组数、i 为等组距

如上例,$R=43$,设 $K=5$,则

$$i=\frac{R}{K}=\frac{43}{5}=8.6$$

为计算方便,i 宜取 5 或 10 的整数倍,故可令 $i=10$。根据考分现象可知,60 分是必须划分及格与不及格两种性质的数量界限,因此,可在 60 分以上及以下均按 10 分的等组距进行分组。

按表 3-8 的资料可画成直方图(见图 3-1)。

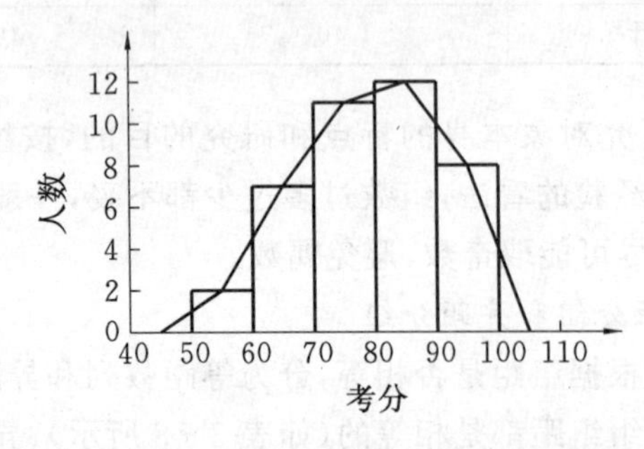

图 3-1 某班学生统计学考试成绩次数分配曲线图

在直方图的基础上，用直线连接各条形顶边的中点（即各组的中值点），形成一条曲线（折线），曲线两端应在直方图的左右两边各延伸一个假想组，并将次数曲线两端连接横轴两端假想组中点，就形成了次数分配曲线（折线）图，这种直方图的总面积恰等于曲线所覆盖的全部面积。

等距数列适用于标志变异比较均匀的现象，或者说，各组性质差异是由变量值均匀增加或减少而引起的。例如，学生成绩 60 分以上者，每增加 10 分就进入高一级档次。人口按身长、体重的分组等，一般均采用等距数列。

2. 异距数列。异距数列各组次数的数值受组距不同的影响。在研究各组次数实际分布时，要消除组距不同的影响，这就要将不等组距的次数换算为标准组距次数。可以数列中最小组组距为标准组距，将不等组距次数换算为统一的标准组距次数，并依此绘制图形，或者是在原数列基础上先计算次数密度或频率密度，其公式为：

$$次数密度 = \frac{各组次数}{各组组距}$$

$$频率密度 = \frac{各组频率}{各组组距}$$

再根据次数密度或频率密度来绘制图形。以上两种方法实质上是一样的。现以某厂工人年龄分布情况为例，将这两种方法的换算结果列成表 3 - 10。

表 3 - 10　某厂工人年龄分布情况

工人按年龄分组	组距	人数（人）	标准组距人数	次数密度
15～20	5	17	17	3.4
20～25	5	28	28	5.6
25～30	5	40	40	8
30～35	5	70	70	14

续表

工人按年龄分组	组距	人数(人)	标准组距人数	次数密度
35～45	10	65	32.5	6.5
45～50	5	10	10	2
合　计	—	230	—	—

以上标准组距最后两组的人数为 32.5 与 10,实际上也就是次数密度乘以标准组距 5 的结果。现根据上述数列的换算资料绘制次数分配曲线,如图 3－2 所示。

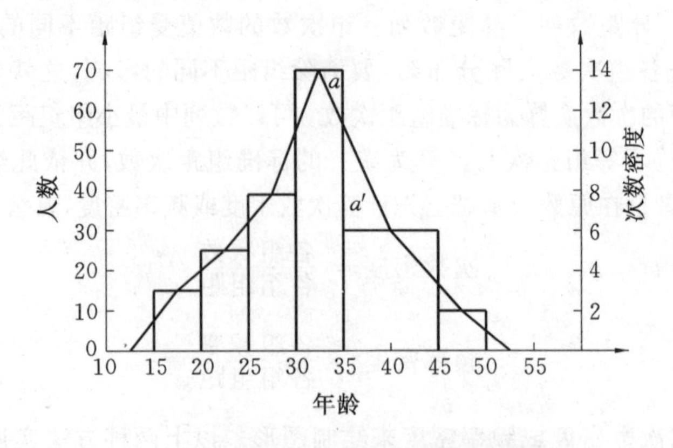

图 3－2　某厂工人年龄次数分配曲线图

从图 3－2 可见,按标准组距人数或次数密度绘制的次数分配曲线消除了由于不等组距所造成的影响。由于第五组组距(35～45)大于第四组,图中三角形 $a < a'$,这样,直方图的面积略小于次数分配下的曲线面积。

异距数列常在以下场合运用:第一,有许多社会经济现象的分布存在明显的偏斜状况,这时变量不适合等距分组,必须采用异距分组。例如,人口总体的年龄分布,考虑到 80 岁以上的高寿者在总人口中所占比重极小,故分组时 80 岁以下可按 10 岁组距分组,

80 岁以上的组距就应扩大。第二,有些社会经济现象的标志变异范围较大,其变量若按一定比例关系变化发展的话,可按等比间隔分组编制异距数列。例如,钢铁厂高炉按容积(m^3)的异距分组为:100 以下,100～200,200～400,400～800,800～1 600,1 600 以上。显然,其组距间隔等比为 2。

(三) 组限和组中值

1. 组限。确定组距和组数之后,还有确定组限的问题。组距两端的数值称组限。组距的上限、下限都齐全的叫闭口组;有上限缺下限,或有下限缺上限的叫开口组。

确定组限要遵守一个基本原则,即按这样的组限分组后,标志值在各组的变动能反映事物的质的变化。也就是要使同质的单位在同一组内。这就涉及组限的表示方法,下面介绍两种常用的表示方法。

(1) 按连续变量分组,由于相邻两组的上限与下限通常以同一个数值来表示,每一组的上限同时是下一组的下限,为了避免计算总体单位分配数值的混乱,一般原则是把到达上限值的单位数计入下一组内,即称为"上组限不在内"原则。如前例 50～60 分,满了 60 分,应计入下一组 60～70 分这一组内。这样做,不仅能使计算方法统一,而且这些数字也往往正是事物发生质变的量的界限,就拿 60 分来说,事实上是成绩及格与不及格的数量界限。

(2) 按离散变量分组,则相邻两组的上限与下限通常是以两个确定的不同整数值来表示,故相邻两组的上下限可以不重合。例如,企业按工人数分组可分为以下各组:100 人以下,101～300 人,301～500 人,501～1 000 人,1 000 人以上,这是一般的表示方法。也可以按"上组限不在内"的原则写为重叠式组限,如上面的工人人数分组,也可写成:100 人以下,100～300 人,300～500 人,500～1 000 人,1 000 人以上等。

2. 组中值。组距数列是按变量的一段区间来分组,掩盖了分布在各组内的单位的实际变量值。为了反映分在各组中个体单位变量值的一般水平，统计工作中往往用组中值来代表它。组中值是各组变量范围的中间数值，通常可以根据各组上限、下限进行简单平均，即：

$$组中值 = \frac{上限 + 下限}{2}$$

如上例50～60分一组的组中值即为55分。

对于开口组组中值的确定，一般以其相邻组的组距的一半来调整：

$$缺上限的开口组组中值 = 下限 + \frac{邻组组距}{2}$$

$$缺下限的开口组组中值 = 上限 - \frac{邻组组距}{2}$$

例如，按完成净产值分组（万元）

10以下

10～20

20～30

30～40

40～70

70以上

则

$$首组组中值 = 10 - \frac{10}{2} = 5（万元）$$

$$末组组中值 = 70 + \frac{30}{2} = 85（万元）$$

三、累计次数分布

总体中各单位数在各组间的分布，称次数分布。次数分布是统计研究的一个基本课题，通过次数的分布规律，可以研究大量现象的统计规律性。

将变量数列各组的次数和比率逐组累计相加而成累计次数分布，它表明总体在某一标志值的某一水平上下总共包含的总体次数和比率。累计次数有以下两种计算方法。

（一）向上累计

向上累计，又称以下累计，或称较小制累计，是将各组次数和比率，由变量值低的组向变量值高的组逐组累计。组距数列中的向上累计，表明各组上限以下总共所包含的总体次数和比率有多少。

（二）向下累计

向下累计，又称以上累计，或称较大制累计，是将各组次数和比率，由变量值高的组向变量值低的组逐组累计。组距数列中的向下累计，表明各组下限以上总共所包含的总体次数和比率有多少。

例如，前面所举学生统计学成绩的累计分布，如表 3-11 所示。

表 3-11 某班统计学考试成绩次数分配

考分	次数		向上累计		向下累计	
	人数(人)	比率(%)	人数(人)	比率(%)	人数(人)	比率(%)
50～60	2	5.0	2	5.0	40	100.0
60～70	7	17.5	9	22.5	38	95.0
70～80	11	27.5	20	50.0	31	77.5
80～90	12	30.0	32	80.0	20	50.0
90～100	8	20.0	40	100.0	8	20.0
合计	40	100.0	—	—	—	—

累计次数的特点是：同一数值的向上累计和向下累计次数之和等于总体总次数，而累计比率之和等于 1（或 100%）。表 3-11 的资料表明：80 分以下累计 20 人，比率 50%；80 分以上累计 20 人，比率 50%，两个累计人数之和等于总体的 40 人，两个累计比率之和等于 100%。

对单项数列也可以计算累计次数和累计比率。

根据表 3-11 的资料还可绘制累计次数分布折线图,如图 3-3 所示。

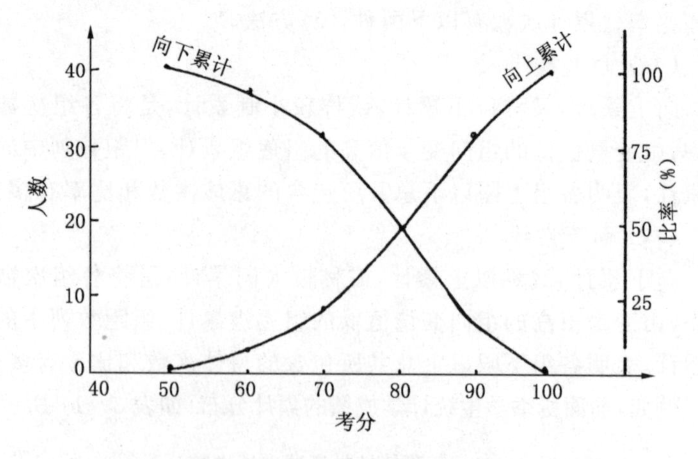

图 3-3 累计次数分布折线图

累计次数分布是确定各种位置平均数的依据。累计次数分布图,还可以用于研究社会财富分配的公平程度等问题。

四、次数分布的主要类型

各种不同性质的社会经济现象都有着特殊的次数分布。常见的主要有三种类型:钟型分布,U 型分布,J 型分布。

(一) 钟型分布

钟型分布的特征是:“两头小,中间大”,即靠近中间的变量值分布的次数多,靠近两端的变量值分布的次数少。其分布曲线图宛如一口古钟。

钟型分布可分为以下两种。

(1) 对称分布。其特征是:中间变量值分布的次数最多,两侧变量值分布的次数随着与中间变量值距离的增大而渐次减少,并且围绕中心变量值两侧呈对称分布,如图 3-4(a)。一般次数分布呈正态分布曲线，正态分布是最重要的对称分布。

(2) 偏态分布。其特征是：中间变量值分布的次数最多，两侧变量值分布的次数逐渐减少，但两侧减少的速度快慢不同，致使分布曲线向某一方向偏斜。分布曲线偏斜分两种情况：① 右偏(上偏)。当变量值存在极端大值时，次数分布曲线就会向右延伸，这种分布称右偏型分布，如图 3-4(b)。② 左偏(下偏)。当变量值存在极端小值时，次数分布曲线就会向左延伸，这种分布称左偏型分布，如图 3-4(c)。

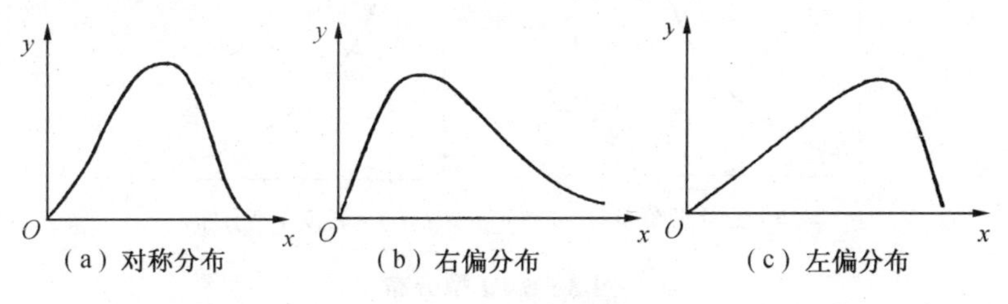

图 3-4　钟型分布

有许多社会经济现象是属于钟型分布的。例如，农作物亩产量、市场价格、学生的成绩、职工的工资等等现象都属于上述两种钟型分布。

(二) U 型分布

其特征是："两头大，中间小"，即靠近中间的变量值分布的次数少，靠近两端的变量值分布的次数多。其分布曲线图像英文字母"U"字，如图 3-5。

在社会经济现象中，比如，按不同年龄的死亡率的分布，就表现为 U 型分布。据科学分析，在人口总体中，0～4 岁组死亡率最高，5 岁起下降，10～14 岁组达到最低，15 岁起死亡率又缓慢上升，50 岁后显著增快，60 岁以上达最高，其分布呈 U 型。

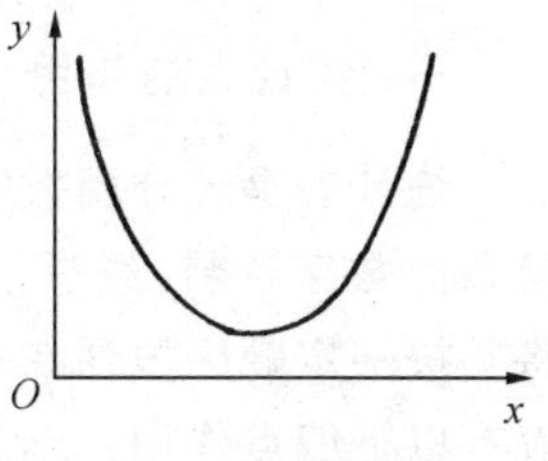

图 3-5　U 型分布

（三）J 型分布

其特征是："一边小，一边大"，即大部分变量值集中在某一端分布，分布曲线图像英文字母"J"字。J 型分布有两种类型。

(1) 正 J 型分布。其表现为次数随着变量值的增大而增多，大部分变量值集中分布在右边，如图 3-6(a)所示。例如，投资额按利润率大小分布，一般呈正 J 型分布。

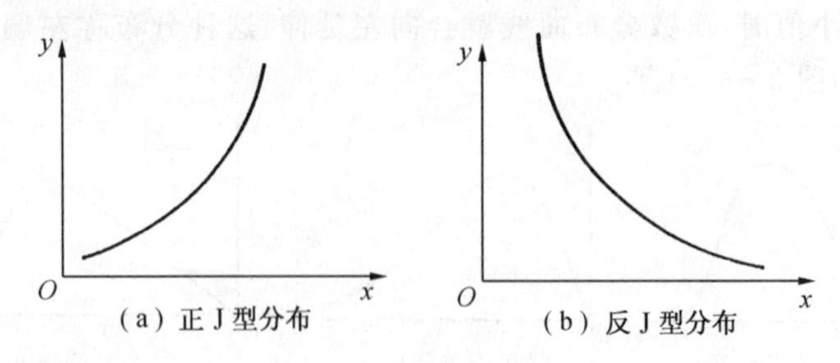

(a) 正 J 型分布　　(b) 反 J 型分布

图 3-6　J 型分布

(2) 反 J 型分布。其表现为次数随着变量值的增大而减少，如图 3-6(b)所示。例如，人口按年龄大小分布，即"金字塔式"的分配次数，表明年龄越大，人数越少。

第四节　统　计　表

一、统计表的作用

统计表是统计用数字说话的一种最常用的形式。把统计调查得来的数字资料，经过汇总整理后，得出一些系统化的统计资料，将其按一定顺序填列在一定的表格内，这个表格就是统计表。统计表有以下四点作用：

(1) 能使大量的统计资料系统化、条理化，因而能更清晰地表述统计资料的内容；

(2) 利用统计表便于比较各项目(指标)之间的关系,而且也便于计算(如有些计算表比用公式更简易、明了);

(3) 采用统计表格表述统计资料比用叙述的方法表述统计资料显得紧凑、简明、醒目,使人一目了然;

(4) 利用统计表易于检查数字的完整性(是否有遗漏)和正确性。

统计表既是调查整理的工具,又是分析研究的工具。广义的统计表包括统计工作各个阶段中所用的一切表格,如调查表、整理表、计算表等,它们都是用来提供统计资料的重要工具。

二、统计表的结构

从内容上看,统计表由主词和宾词两部分组成。主词是统计表所要说明的总体及其分组;宾词是用来说明总体的统计指标。通常情况,表的主词排列在表的左方,列于横栏;表的宾词排列在表的右方,列于纵栏。但有时为了更好地编排表的内容,也可以将主宾词更换位置或合并排列。

从构成要素看,统计表包括以下三个部分。

(1) 总标题。就是统计表的名称,简要说明全表的内容,一般都写在表的上端中央。

(2) 分标题(又叫做标目)。就是指总体名称或分类名称及说明总体的各种项目。分横行标题(横标目)写在表的左方,纵栏标题(纵标目)写在表的上方。

(3) 纵、横栏组成的本身及表中的数字。

另外,还应有必要的附注和注明资料来源。现以表 3-12 为例说明统计表的结构。

由表 3-12 可知,全国工业增加值代表总体;横行标题是对总体进行的分组(即主词);其他各栏是反映总体规模和说明总体数量特征的统计指标(即宾词)。

表 3-12　2001 年全国工业增加值　总标题

项　目		工业增加值	
		产值(亿元)	比重(%)
横行标题 (横标目)	轻工业	10 649	39.5
	重工业	16 301	60.5
合　计		26 950	100.0

纵栏标题(纵标目)；数字资料

资料来源:《中国统计摘要》,中国统计出版社,2002 年版,第 114 页。

三、统计表的种类

统计表按照总体分组情况不同,可分为简单表、分组表和复合表三类。

(1) 简单表。表的主词未经任何分组的统计表称为简单表。简单表的主词一般按时间顺序排列,或按总体各单位名称排列。通常是对调查来的原始资料初步整理所采用的形式。如表 3-13,即为按总体各单位名称排列的简单表。

(2) 分组表。表的主词按照某一标志进行分组的统计表称为分组表。利用分组表可以揭示不同类型现象的特征,说明现象内部的结构,分析现象之间的相互关系等,如表 3-12 所示。

(3) 复合表。表的主词按照两个或两个以上标志进行复合分组的统计表称为复合表,如表 3-14 所示。

表 3-13　2001 年某公司所属两企业自行车合格品数量表

厂　别	合格品数量(辆)
甲　厂	5 000
乙　厂	7 000
合　计	12 000

表 3－14　2001 年某地区工业净产值和职工人数

项目		净产值(万元)	职工人数(人)
国有	大	9 750	13 800
	中	8 600	45 000
	小	4 200	10 050
集体	大	7 300	7 500
	中	5 200	10 400
	小	4 400	4 500

复合表能更深刻更详细地反映客观现象，但使用复合表应恰如其分，并不是分组越细越好。因为复合表中多进行一次分组，组数将成倍增加，分组太细反而不利于研究现象的特征。

统计表是按宾词指标进行设计的。宾词指标的设计与统计表内容的繁简关系很大。大致有两种设计方式：一种是简单设计，将宾词指标作平行配置，一一排列(见表 3－15)；另一种是复合设计，把各个指标结合起来，作层叠配置，分层排列(见表 3－16)。

表 3－15　某地区工业企业的工人性别和工龄(2001 年底)

企业按所有制形式分组	企业数	工人总数	性别		工龄				
			男	女	1 年以下	1～3 年	3～5 年	5～10 年	10 年以上
(甲)	(1)	(2)	(3)	(4)	(5)	(6)	(7)	(8)	(9)
国有及国有控股经济									
集体经济									
合计									

表 3－16 某地区工业企业的工人性别和工龄(2001 年底)

企业按所有制形式分组	企业数	工人总数			工龄														
					1 年以下			1～3 年			3～5 年			5～10 年			10 年以上		
		男	女	计	男	女	计	男	女	计	男	女	计	男	女	计	男	女	计
(甲)	(1)	(2)	(3)	(4)	(5)	(6)	(7)	(8)	(9)	(10)	(11)	(12)	(13)	(14)	(15)	(16)	(17)	(18)	(19)
国有及国有控股经济																			
集体经济																			
合计																			

四、编制统计表应注意的问题

统计表表述资料应力求做到简明、清晰、准确、醒目，便于人们阅读、比较和分析。编制时应具体注意以下六点：

(1) 统计表的标题(包括总标题和分标题)应十分简明地概括所要反映的内容。总标题应标明资料所属的地区和时间；纵横各栏的排列要注意表述资料的逻辑系统，反映现象的内在联系。

(2) 表中主词各行和宾词各栏，一般应按先局部后整体的原则排列，即先列各个项目，后列总体。若无必要列出所有项目时，就要先列总体，后列其中一部分重要项目。

(3) 表中必须注明数字资料的计量单位。当全表只有一种计量单位时就写在表的右上方。若有多种计量单位时，横行的计量单位，可以专设“计量单位”一栏；纵栏的计量单位，要与纵栏标目写在一起，用小字标写。

(4) 表中数字上下位置要对齐。遇有相同数字应照写，不能用“同上”、“同左”字样。无数字的空格，用符号“—”表示；当缺乏某项资料时，用符号“……”表示，以免使人误为漏项，表内还应列出合计数，便于核对和运用。

(5) 统计表的表式，一般是开口式，即表的左右两端不画纵线，表的上下通常用粗线封口。对于栏数较多的统计表，通常加以编号。主词栏和计量单位栏用甲、乙等文字标明；宾词栏各栏用(1)、(2)、(3)等标明栏号。

(6) 必要时，统计表应加以注解，连同数字的资料来源等一般都写在表的下端。

练　习　题

一、单项选择题

1. 某厂的职工人数构成表如下：

性　　别	职工人数	文 化 程 度			
		大专以上	中　学	小　学	半文盲和文盲
男 女					
合　计					

该组的分组标志是（　　）。

（1）性别　（2）男、女　（3）文化程度　（4）性别和文化程度

2. 某连续变量数列，其末组为 500 以上。又如其邻近组的组中值为 480，则末组的组中值为（　　）。

（1）520　（2）510　（3）530　（4）540

3. 次数密度是（　　）。

（1）平均每组组内分布的次数　（2）各组单位组距内分布的次数　（3）平均每组组内分布的频率　（4）单位次数的组距长度

4. 变量数列中各组频率的总和应该（　　）。

（1）小于 1　（2）等于 1　（3）大于 1　（4）不等于 1

5. 某连续变量分为五组：第一组为 40～50，第二组为 50～60，第三组为 60～70，第四组为 70～80，第五组为 80 以上。依习惯上规定（　　）。

（1）50 在第一组，70 在第四组　（2）60 在第二组，80 在第五组　（3）70 在第四组，80 在第五组　（4）80 在第四组，50 在第二组

6. 对职工的生活水平状况进行分组研究，正确地选择分组标

志应当用(　　)。

(1) 职工月工资总额的多少　(2) 职工人均月收入额的多少　(3) 职工家庭成员平均月收入额的多少　(4) 职工的人均月岗位津贴及奖金的多少

7. 分配数列有两个组成要素,它们是(　　)。

(1) 一个是单位数,另一个是指标数　(2) 一个是指标数,另一个是分配次数　(3) 一个是分组,另一个是次数　(4) 一个是总体总量,另一个是标志总量

二、多项选择题(每题至少有两个正确答案)

1. 统计表按分组的情况分类,可分为(　　　)。

(1) 调查表　(2) 简单表　(3) 汇总表　(4) 简单分组表　(5) 复合分组表

2. 正确的统计分组应做到(　　　)。

(1) 组间有差异　(2) 各组应等距　(3) 组内属同质　(4) 组限不应重叠　(5) 不应出现开口组

3. 按数量标志将总体单位分组,形成的分布(分配)数列是(　　　)。

(1) 变量数列　(2) 品质数列　(3) 变量分布(分配)数列　(4) 品质分布(分配)数列　(5) 次数分布(分配)数列

4. 影响次数分布的要素是(　　　)。

(1) 变量值的大小　(2) 变量性质不同　(3) 选择的分组标志　(4) 组距与组中值　(5) 组限与组中值

5. 在组距数列中,组距数列的种类有(　　　)。

(1) 闭口式的　(2) 开口式的　(3) 等距式的　(4) 不等距式的　(5) 有组限的

6. 统计整理的内容包括(　　　)。

(1) 数据搜集　(2) 数据处理　(3) 数据管理　(4) 统计设计　(5) 统计分析

三、计算题

1. 某灯泡厂从一批灯泡中抽取100只进行检查，测得每只灯泡耐用时间如下(耐用时间单位：小时)：

851	901	800	914	991	827	909	904	891	996
886	928	999	946	950	864	1 049	927	949	852
948	991	948	867	988	849	958	934	1 000	878
1 027	928	978	816	1 001	918	1 040	854	1 098	900
936	938	869	949	890	1 038	927	878	1 050	924
866	1 021	905	954	890	1 006	926	900	999	886
898	977	907	956	900	963	838	961	948	950
893	900	800	937	864	919	863	981	916	878
903	891	910	870	986	913	850	911	886	950
946	926	895	967	921	978	821	924	951	850

试将以上数据整理成组距数列，并绘制次数分布直方图和次数分配曲线图。(以50小时为组距)

2. 某学院某系毕业班学生共有30人，他们的情况如下表：

学员编号	性别	年龄	分配工作单位	学员编号	性别	年龄	分配工作单位
1	男	24	工业企业	9	女	23	工业企业
2	男	21	工业企业	10	男	23	交通企业
3	女	22	工业企业	11	女	24	交通企业
4	女	23	商业企业	12	女	21	工业企业
5	男	21	商业企业	13	女	23	商业企业
6	男	21	交通企业	14	男	20	商业企业
7	女	22	商业企业	15	女	20	工业企业
8	女	20	工业企业	16	女	20	交通企业

续表

学员编号	性别	年龄	分配工作单位	学员编号	性别	年龄	分配工作单位
17	男	23	交通企业	24	女	21	交通企业
18	女	23	商业企业	25	女	23	工业企业
19	女	20	工业企业	26	男	24	商业企业
20	男	19	工业企业	27	女	19	商业企业
21	男	19	商业企业	28	男	20	工业企业
22	女	20	商业企业	29	女	20	交通企业
23	女	20	交通企业	30	男	21	交通企业

利用所给资料编制如下统计表：

(1) 主词用一个品质标志分组，宾词用一个品质标志和一个数量标志分三组的宾词简单设计表；

(2) 主词用一个品质标志分组，宾词用一个品质标志和一个数量标志分三组的宾词复合设计表。

3. 已知220个大学生的体重资料如下表，根据下表资料计算标准组距学生人数，并绘制次数分配曲线图。

体重(千克)	学生人数	体重(千克)	学生人数
44～46	10	59～62	30
47～49	16	63～66	21
50～52	22	67～69	11
53～55	40	70～72	6
56～58	60	73～74	4
		合　计	220

4. 某企业生产某种产品需经过六道工序，为提高该产品质量，检查了一季度全部废品产生的原因，结果如下：

工 序 名 称	废 品 数(件)
A	2 606
B	1 024
C	355
D	59
E	28
F	25
合 计	4 097

要求作出累计频率分布图,并进行分析。

第四章　综 合 指 标

统计工作既然是从经济现象的数量方面来认识经济活动，那么就要借助于统计指标。用统计指标去概括和分析现象总体的数量特征和数量关系的方法，就叫综合指标法，简称综合指标。

综合指标从它们的作用和方法特点的角度可概括为三类：总量指标（又称绝对指标）、相对指标和平均指标。这三种指标作为统一的综合指标，可以把它看作是统计整理的结果，同时又是进行统计分析的基础和工具。统计分析都离不开这三种指标，只不过是随着研究目的的不同，对它们进行不同的加工和应用罢了。

第一节　总 量 指 标

一、总量指标的概念和作用

总量指标是反映社会经济现象在一定时间、地点、条件下的总规模或总水平的统计指标。总量指标也称为绝对指标或绝对数。其表现形式是绝对数，但与数学中的绝对数不同，它不是抽象的绝对数，而是一个有名数。例如，2001 年我国国内生产总值为 95 933 亿元。有时，总量指标还可以表现为总量之间的绝对差数，例如，2001 年我国出口总额比上年增加 170 亿美元。

总量指标在社会经济统计中的作用，具体表现为：

(1) 它可以反映一个国家的基本国情和国力，反映某部门、单位等人、财、物的基本数据。例如，掌握了一个国家在一定时间的人口总数、劳动力数量、社会总产值、国民收入、钢铁产量、粮食产量等总量指标，就能对这个国家有个基本认识。又如，我们掌握了一个单位某产品的年产量、职工人数等总量指标，就可以对这个单位的规模、生产水平有个概括的了解。

(2) 它是制定政策、编制计划、实行社会经济管理的基本依据之一。例如，进行国民经济的供给与需求的平衡、物资的收支平衡、财务的借贷平衡与核算，都须应用总量指标。又如，要分析某种重要物资的生产、分配、消费、积累的平衡关系，首先就要掌握上述各个环节的总量指标，否则是无法进行具体分析的。

(3) 它是计算相对指标、平均指标以及各种分析指标的基础指标，其他指标都是总量指标的派生指标。因此，总量指标正确与否直接影响到其他指标的计算结果是否正确。

二、总量指标的种类

(一) 总量指标按其反映的内容不同，分为总体单位总量和总体标志总量

总体单位总量表示的是一个总体内所包含的总体单位总数，即总体本身的规模大小。例如，企业数、学校数、职工人数、学生人数等等。总体标志总量是总体各单位某种数量标志值的总和，是说明总体特征的总数量。例如，总产量、总产值、工资总额、税金总额等等。一个总量指标究竟属于总体单位总量还是总体标志总量，应随着研究目的不同和研究对象的变化而定。例如，学生人数这一总量指标，当学校作为总体时，它就是总体标志总量；如果学生作为总体时，它就是总体单位总量。

(二) 总量指标按其反映的时间状况不同，分为时期指标和时点指标

时期指标反映现象在某一时期发展过程的总数量，例如，一定时期的产品产量、产值、商品销售量、工资总额等等。时点指标反映

现象在某一时刻(瞬间)上状况的总量,例如,人口数、企业数、商品库存数、流动资金额等等。

时期指标和时点指标各有不同的特点:(1) 时期指标的数值是连续计数的,它的每一个数值是表示现象在一段时期内发生的总量,如一月的总产值是一月中每天产值的总和;而时点指标的数值是间断计数的,它的每一个数值是表示现象发展到一定时点上所处的水平,如年末的职工人数,是指年初的职工人数经过一年的变动后至年末实有的职工人数。(2) 时期指标具有累加性,即各期数值相加可以说明现象在较长时期内发生的总量,如一年的总产值是各月产值之和;而时点指标不具有累加性,即各时点数值相加是没有意义的。(3) 时期指标数值的大小受时期长短的制约,如一年的总产值必然大于一月的总产值;而时点指标数值的大小与时点间的间隔长短无直接的关系,如年末的职工人数不一定比某一月末的职工人数多。因此,在应用时期总量指标时,应明确统计数字所属的时期范围。例如,某企业利润额 20 万元,应说明这是哪一段时期的利润。而对时点总量指标,则要注意它的时刻特性。例如,某厂 5 月初职工人数 500 人,指的是 4 月 30 日和 5 月 1 日之交的人数,所以它和上月末人数是同一数字,而 5 月 1 日的人数是 5 月 1 日末的人数,经过 5 月 1 日一整天的变化,已经不一定是 500 人了。

三、总量指标的计算

总量指标的计算绝不是一个简单加总的技术问题,而是一个理论问题和实际问题。首先,必须注意现象的同类性,即不同种类的实物总量指标的数值不能加总,只有同类现象才能计算总量。例如,计算工业产品产量时,不能简单地把原煤产量、石油产量、自行车产量、电视机产量等相加;又如,不能把粮食作物与经济作物混合加总。其次,必须明确每项总量指标的统计涵义。例如,在计算工业总产值、净产值和增加值时,只有明确这些指标的社会经济范畴,然后才能正确计算这些总量指标。最后,必须做到计量单位一致,即同类现象的总量指标的数值,其计量单位必须一致才能加总,否则,在统计汇总时,先要换算成统一的计量单位。

有必要对计量单位作进一步深入的认识。总量指标的计量单位,是根据事物的性质和研究的任务来决定的,主要分为实物单位、货币单位和劳动单位。

实物单位是根据事物的属性和特点而采用的计量单位。实物单位包括:(1) 自然单位。它是根据被研究现象的自然属性来计算其数量的单位。例如,人口以“人”为单位、自行车以“辆”为单位、拖拉机以“台”为单位等。(2) 度量衡单位。它是根据度量衡制度规定的计量单位来计算的。例如,粮食以“千克”或“吨”为单位、棉布以“米”为单位、木材以“立方米”为单位、电机容量以“千瓦”为单位、耕地以“公顷”① 为单位等;另外,也有的是为了更准确地反映客观事物的数量,如禽蛋不以“个”为单位,而以“千克”为单位。(3) 双重或多重单位。它是采用两种或两种以上计量单位来表明某一种事物的数量。例如,拖拉机以“马力/台”、电动机以“千瓦/台”、起重机以“吨/台”等为单位,属于双重单位;船舶以“吨/马力/艘”、高炉生产能力以“吨/(立方米·座·年)”为计量单位等,属于多重单位。(4) 复合单位。它是采用两种单位结合在一起表明某一事物的数量。例如,货运量以“吨公里”、发电量以“千瓦时(度)”等为复合单位。值得注意的是,在实物单位中,有时须把性质相似的各种实物单位折算成标准实物单位,例如,各种牌号的拖拉机,因其马力不相同,如采用混合台数表示,不能确切反映实际情况,必须将其换算成统一的标准单位,即标准台,一般以 15 匹马力折合为 1 台来计算其标准实物量。

货币单位是用货币作为价值尺度来计算社会物质财富或劳动

① 1 公顷 = 10^4 平方米。

成果的价值量的计量单位。按货币单位来计算的总量指标在统计研究中应用十分广泛，例如，利用货币单位可以计算工农业总产值、净产值及增加值，可以计算成本、利润、税金、固定资产、流动资金、国民收入等指标。货币单位有现行价格和不变价格之分。现行价格是各个时期的实际价格；不变价格是在综合不同产品产量并反映它们的总动态时，为了消除不同时期价格变动的影响所用的固定价格。

劳动单位是用劳动时间表示的计量单位，也是一种复合单位，如“工时”、“工日”、“台时”。工时是工人数和劳动时数的乘积；工日是工人数和劳动日数的乘积；台时是设备台数和开动时数的乘积。如果把生产各种产品所耗费的劳动量加总，就是劳动消耗总量。劳动单位主要用于编制和检查基层企业的生产作业计划以及为实行劳动定额管理提供依据。

四、我国国民经济的主要总量指标

反映我国国民经济运行状况的总量指标主要有社会总产品、增加值、国内生产总值、国内生产净值等。

（一）社会总产品

社会总产品也称总产出。它是指一个国家或地区在一定时期（如一年）内全部生产活动的总成果，当以货币表现时，即为全部生产活动成果的价值总量。这里所说的全部生产活动，即包括物质生产部门的生产，也包括非物质生产部门的生产。社会总产品就是这两大部门产品之总和，其产品形式，既有实物形态的货物，也有不具实物形态的各种服务或劳务。

物质生产部门的总产出，反映一个国家（或地区）在一定时期内物质生产的总成果。它包括货物和直接为货物提供的运输、仓储、供应与销售等有关服务，其价值总量即社会总产值。

社会总产值从使用价值角度看，包括生产资料和消费资料两大类；从价值角度看，包括生产过程中消耗掉的生产资料转移价值和劳动者新创造的价值(包括工资、利润、税金和利息等)。可见,社会总产值的价值构成即$C+V+M$。

国民经济中的物质生产部门是指农业、工业、建筑业、运输邮电业和商业(包括饮食业和物资供销业)社会总产值即为五大物质生产部门总产值的总和。由于它包括物耗转移价值,因此,它对于研究各物质生产部门之间的经济技术联系、投入产出分析、产业结构分析、生产资料与消费资料两大部门产品比例关系分析和经济效益分析等,均有着重要的作用。另外,根据社会总产值可以计算各种综合分析指标,如产值物耗率、劳动生产率、产值利润率等,因此,它是进行宏观调控和微观管理的基础资料之一。

非物质生产部门在一定时期内的总产出,其产出成果的价值表现称为服务总值或劳务总值。通常,金融、保险业、房地产业等营利性服务部门的劳务总值以营业收入为基础计算,教育、国家机关等非营利性服务部门的劳务总值则按经常性业务活动支出项计算。随着现代化生产的发展,作为国民经济重要组成部分的非物质生产部门将迅速扩大,这是经济发达国家的共同趋势。加强对非物质生产部门劳务总值的统计,对于研究非物质生产部门的发展过程与规模,社会经济效益以及加强国民经济的宏观管理和调控等都有重要的意义。

由此可见,同时期的社会总产值与服务总值(或劳务总值)之和等于该时期的全社会总产出。

(二)增加值

增加值是企业或部门在一定时期(如一年)内从事生产经营活动所增加的价值。它是总产出减去中间投入后的余额,因此,从价值构成看,它包括全部新创造的价值和物质消耗中本期固定资产折旧。

增加值既包括物质生产部门的产值,也包括非物质生产部门提供的劳务价值。物质生产部门的增加值采用净产值加上本期固定资产折旧额计算;非物质生产部门的增加值采用劳务总收入减去总支出的余额计算。

（三）国内生产总值(GDP)

国内生产总值是按市场价格计算的国内生产总值的简称。它是一个国家(或地区)所有常住单位在一定时期内生产活动的最终成果。理解这个概念,要注意以下三方面。

第一,国内生产总值是国民经济核算体系中的一个核心指标,它能综合反映国民经济活动的总量,是衡量国民经济发展规模、速度,分析经济结构和宏观经济效益的基本指标,并且还可广泛用于国际间的对比研究。

第二,国内生产总值是反映常住单位生产活动成果的指标。所谓常住单位,是指在一国经济领土内具有经济利益中心的经济单位。经济领土是指由一国政府控制或拥有的地理领土。经济利益中心是指在一国经济领土内拥有一定活动场所,从事一定的生产和消费活动,并持续经营或居住一年以上的单位或个人。一般就机构(单位)而言,不论其资产和管理归属哪个国家控制,该机构在所在国就具有了经济利益中心。

第三,为了适应全球可持续发展战略的需要,我国拟建立包括自然资源与环境核算的绿色 GDP 统计。目前,核算绿色 GDP 的理论框架已经形成,联合国已出版了几个版本的《环境经济综合核算体系》(SEEA)讨论稿。“绿色核算”也将在我国启动。

国内生产总值有三种表现形态,即价值形态、收入形态和产品形态。从价值形态看,它是所有常住单位在一定时期内所生产的全部货物和服务价值超过同期中间投入的全部非固定资产货物和服务价值的差额,即所有常住单位的增加值之和;从收入形态看,它是所有常住单位在一定时期内所创造并分配给常住单位和非常住单位的初次分配收入之和;从产品形态看,它是最终使用的货物和服务减去进口货物和服务。在实际核算中,国内生产总值的三种表现形态表现为三种计算方法,即生产法、收入法和支出法。

(1) 生产法。是从生产的角度计算国内生产总值。计算公式为：

国内生产总值 = 各部门增加值之和

增加值 = 总产出 − 中间投入

(2) 收入法。又称分配法，是从分配或收入的角度计算国内生产总值。按这种方法计算，首先是各个部门根据生产要素在初次分配中应得到的收入份额来计算增加值，然后再汇总各部门的增加值而得到国内生产总值。计算公式为：

$$增加值 = 固定资产折旧 + 劳动者报酬 + 生产税净额 + 营业盈余$$

式中，固定资产折旧是为补偿生产经营中损耗的固定资产按比例提取的折旧费；劳动者报酬是指企业、单位对从事生产经营活动的职工及其他从业人员，以现金和实物形式支付的工资、福利费和社会保险费；生产税净额是指企业在生产、销售产品中应向政府缴纳的税金（利前税）减去生产补贴后的余额；营业盈余是指营业利润和其他盈余。

(3) 支出法。又称使用法，是从最终使用的角度计算国内生产总值。计算公式为：

国内生产总值 = 最终消费 + 资本形成总额 + 净出口

式中，最终消费是指常住单位在核算期内对于货物和服务的全部最终消费支出的总和，按其消费主体的不同，可分为居民消费和政府消费两部分。资本形成总额是指常住单位在核算期内对固定资产和库存的投资支出合计（资本形成总额减去固定资产折旧即为资本形成净额），可分为固定资本形成总额和存货增加两部分。净出口是指货物和服务出口减货物和服务进口的差额。

国内生产总值减去其中的固定资产折旧后，称为国内生产净值，表示一国或地区在一定时期内新创造的全部价值。

国内生产总值加上国外要素收入净额，便称为国民总收入（原称国民生产总值，GNP）。即：

国民总收入 = 国内生产总值 + 国外要素收入净额

$$\text{国外要素收入净额} = \text{来自国外的劳动者报酬和财产收入} - \text{国外从本国获得的劳动者报酬和财产收入}$$

可见，国民总收入反映了本国常住单位原始收入的总和，它与国内生产总值不同，国内生产总值是一个生产概念，而国民总收入则是个收入概念。

《国内生产总值及其使用表》（见表4－1）是国民经济核算体系中再生产核算表的重要组成部分，是一张平衡表。该表从生产、分配、使用三个不同角度充分揭示了国内生产总值是衡量社会生产与使用的核心指标；它将国内生产总值的三种计算方法集中体现在一张表中，既可以从不同角度对国内生产总值指标进行观察分析，又保证了指标概念的完整性、逻辑关系的清晰性和技术方法的统一性。

表4－1 国内生产总值及其使用表 单位：亿元

生　产	序号	金额	使　用	序号	金额
一、总产出	1	178 645	一、总支出	8	178 645
二、中间投入	2	110 760	二、中间使用	9	110 760
三、国内生产总值	3	67 885	三、国内生产总值	10	67 885
1. 固定资产折旧	4	9 504	1. 最终消费	11	40 004
2. 劳动者报酬	5	37 337	(1) 居民消费	12	32 152
3. 生产税净额	6	7 467	(2) 政府消费	13	7 852
4. 营业盈余	7	13 577	2. 资本形成总额	14	26 867
			(1) 固定资本形成总额	15	23 336
			(2) 存货增加	16	3 531
			3. 出口	17	15 886
			4. 进口	18	14 872
			5. 统计误差	19	

注：该表参见《国民经济核算基础》（蒋志华主编），中国统计出版社（2001.7）。

可从三面等值角度看表的平衡关系：

国内生产总值＝总产出－中间投入

即　67 885＝178 645－110 760

国内生产总值＝固定资产折旧＋劳动者报酬＋生产税净额＋营业盈余

即　67 885＝9 504＋37 337＋7 467＋13 577

国内生产总值＝最终消费＋资本形成总额＋净出口

即　67 885＝(32 152＋7 852)＋(23 336＋3 531)＋(15 886－14 872)
＝40 004＋26 867＋1 014

还可从平衡表自身角度看表的平衡关系：

总产出＝总支出，即　178 645＝178 645

中间投入＝中间使用，即　110 760＝110 760

国内生产总值的生产＝国内生产总值的使用，即
67 885＝67 885

第二节　相对指标

一、相对指标的概念和作用

社会经济现象是相互联系的。为了分析现象总体的数量关系，就要将有关的指标加以比较，须运用相对指标。

相对指标又称相对数，它是两个有联系的指标数值对比的结果。用来对比的两个数，既可以是绝对数，也可以是平均数和相对数。例如，人口密度是人口数与土地面积两个绝对数之比，等等。相

对指标的特点是把两个对比的具体数值概括化或抽象化了，使人们对事物有一个清晰的概念。

相对指标的主要作用如下：

(1) 能具体表明社会经济现象之间的比例关系。总量指标是反映现象总的规模、水平的情况，其发展速度是快、是慢、是大、是小难以看出，而相对指标是把有关指标联系起来进行比较分析，就能把问题的实质和全貌反映出来。例如，我国2001年全部国有及规模以上非国有工业企业完成工业增加值26 950亿元，比上年增长9.9%。其中完成轻工业增加值10 649亿元，比上年增长8.6%；重工业增加值16 301亿元，增长11.1%。这些相对指标具体反映了工业内部轻重工业之间的比例关系。

(2) 能使一些不能直接对比的事物找出共同比较的基础。例如，甲、乙两个企业，甲企业生产皮鞋，乙企业生产化妆品，我们不能根据两企业的生产水平直接评价它们经营的好坏。但是，通过产值计划完成程度、产值利润率、产值发展速度等相对指标，就使它们有了共同的比较基础，从而能相互比较。

(3) 相对指标便于记忆、易于保密。在一定情况下，相对指标比总量指标说明问题突出、给人印象鲜明，从而便于人们记忆。在社会经济指标中，有些绝对数是不便于公诸于众的，但为了公布其发展状况，则可以用其发展速度等相对指标。

相对指标的表现形式有两种：一种是有名数，另一种是无名数。有名数是将对比的分子指标和分母指标的计量单位结合使用，以表明事物的密度、普遍程度和强度等。如人口密度用人/平方公里，平均每人分摊的粮食产量用千克/人等。

无名数是一种抽象化的数值，一般分为系数或倍数、成数、百分数、千分数等。

系数或倍数是将对比的基数作为1。两个数对比，其分子与分母数值相差不多时，可用系数形式表示，如固定资产磨损系数、工资等级系数、结构比例系数等。反之,分子数值与分母数值相差很大时,则常用倍数,如我国 2001 年家用电冰箱产量是 1 349 万台,是 1985 年产量的 9.3 倍。

成数是将对比的基数作为 10。例如,粮食产量增加一成,即增长 1/10。这里的成数是对十分数的一种习惯叫法。

百分数是将对比的基数作为 100。它是相对指标中最常用的一种表现形式。当相对指标中的分子数值和分母数值较为接近时,采用百分数较合适。1/100 用"1%"表示。千分数是将对比的基数作为 1 000。它适用于对比的分子数值比分母数值小得多的情况。如人口出生率、人口自然增长率等多用千分数表示,1/1 000 用"1‰"表示。

二、相对指标的种类和计算方法

相对指标由于研究目的和任务的不同,对比基础的不同,通常分为:计划完成相对指标、结构相对指标、比例相对指标、比较相对指标、强度相对指标和动态相对指标。现将各种相对指标的计算方法和作用介绍如下。

(一) 计划完成相对指标

1. 计划完成相对数的概念。它是用来检查、监督计划执行情况的相对指标,通常以"%"表示,又称计划完成百分比。其计算公式为

$$计划完成相对数 = \frac{实际完成数}{计划数} \times 100\%$$

用这个公式计算出来的相对数,表示计划的完成程度,而子项数值减母项数值的差额(正或负)则表明执行计划的绝对效果。

2. 计划完成相对数的计算。在实际应用上,因计划指标既有可能是总量指标,也有可能是相对指标或平均指标,所以在具体计算时,要根据情况采用不同的方法。

(1) 根据总量指标计算计划完成相对数。

设某工厂某年计划工业增加值为 200 万元，实际完成 220 万元，则

$$增加值计划完成相对数 = \frac{220}{200} \times 100\% = 110\%$$

$$超额的绝对值 = 220 - 200 = 20(万元)$$

计算结果表明该厂超额 10%完成增加值计划，超产 20 万元。

(2) 根据相对指标计算计划完成相对数。

在经济管理中，有些计划任务数是以本年计划数比上年实际数提高或降低多少的相对数表示的，如劳动生产率提高率、成本降低率、原材料利用率降低率等。如，某企业生产某产品，本年度计划单位成本降低 6%，实际降低 7.6%，则：

$$\begin{matrix}成本降低率计\\划完成相对数\end{matrix} = \frac{1 - 7.6\%}{1 - 6\%} \times 100\% = 98.29\%$$

计算结果表明，成本降低率比计划多完成 1.71%。

(3) 根据平均指标计算计划完成相对数。

其计算公式为

$$计划完成相对数 = \frac{实际平均数}{计划平均数} \times 100\%$$

此公式可以用来检查单位成本计划完成情况、平均工资计划完成情况等。

设某企业某月生产某产品，计划每人每日平均产量为 50 件，实际每人每日平均产量为 60 件，则

$$劳动生产率计划完成相对数 = \frac{60}{50} \times 100\% = 120\%$$

计算结果表明，该企业实际劳动生产率超额 20%完成了计划任务。

3. 计划执行进度的考核。如果实际完成数所包含的时期只是计划期的一部分，这种情况被称为计划执行进度，它不是在计划期

末，而是在计划执行的过程中来进行计算的。一般适用于检查计划的执行进度和计划执行的均衡性。其计算公式为

$$计划执行进度 = \frac{累计完成数}{全期计划数} \times 100\%$$

以检查年度计划的进度为例，上式中累计完成数是指从年初至报告期止的逐日、逐月或逐季实际完成的累计数，全期计划数是指全年的计划任务数。

表 4-2　某工业公司三个企业计划完成情况计算表

企业	全年计划总产值（万元）	截止到第三季度的累计实际完成产值（万元）	截止到第三季度对全年计划的执行进度（%）
	(1)	(2)	$(3)=\frac{(2)}{(1)}$
甲	6 000	4 590	76.5
乙	4 000	2 980	74.5
丙	1 000	680	68.0
合计	11 000	8 250	75.0

以表 4-2 为例，从对全年的计划执行进度来看，截止到第三季度，全年的时间已经过了$\frac{3}{4}$，即 75%，各企业和全公司的计划执行情况也应达到这一进度。从表 4-2 可以看出，全公司的计划执行情况达到了 75%的进度要求，但从三个企业来看，发展是不平衡的，尚有乙、丙两个企业未完成累计进度计划，未能达到 75%的进度要求，尤其是丙企业，距 75%的进度要求还有相当差距。可见，丙企业是个薄弱环节。因此，促进丙企业完成累计进度计划是保证全公司完成全年计划的关键。

4. 长期计划的检查。下面以 5 年计划为例来说明这个问题。根据客观现象的性质不同，5 年计划指标数值的规定有水平法和

累计法两种方法,即有的规定计划期末应达到的水平,有的规定全期应完成的累计总数,因而统计上检查5年计划的完成情况,亦有水平法和累计法之分。

(1) 水平法。水平法是在5年计划中只规定最后一年应达到的水平,如钢产量、粮食产量、社会商品零售额等。用水平法检查5年计划执行情况的公式为

$$5\text{年计划完成程度}=\frac{5\text{年计划末年实际达到的水平}}{5\text{年计划规定的末年水平}}\times 100\%$$

提前完成5年计划的时间:在5年中,从前往后考察,只要有连续一年时间(不论是否在一个日历年度,只要连续12个月即可),实际完成的水平达到了计划规定的最后一年的水平,就算完成了5年计划,所余时间即为提前完成5年计划的时间。

例如,某产品计划规定第5年产量56万吨,实际第5年产量63万吨,则

$$5\text{年计划完成程度}=\frac{63}{56}\times 100\%=112.5\%$$

那么,我们要问,提前多少时间完成计划?

现假定第4年、第5年各月完成情况如下(见表4-3所示)。

表4-3 某产品第4年、第5年完成情况

单位:万吨

月份	1	2	3	4	5	6	7	8	9	10	11	12	合计
第4年	3.5	3.5	4	3.8	4	3.8	4	4	5	5	5	4	49.6
第5年	4	4	4	5	5	5	5	6	6	6	6	7	63

由表4-3资料可知,从第4年9月~第5年8月,产量合计为57万吨,而从第4年8月到第5年7月,产量合计为55万吨,

因此，当产量达到计划规定的 56 万吨时，时间一定在第 5 年 8 月某一天。现设提前 X 天（指第 5 年 8 月中从后往前数的 X 天），又假定用月资料计算平均数代替每日资料，因要满足连续 12 个月的要求，故列方程如下：

$$\frac{4}{31}X + 51 + \frac{6}{31}(31 - X) = 56$$

（51 万吨为第 4 年 9 月到第 5 年 7 月的产量合计）
解得

$$X = 15.5(\text{天})$$

计算结果表明，提前 4 个月又 15 天半完成 5 年计划。

（2）累计法。累计法是在 5 年计划中规定 5 年累计完成量应达到的水平，如基本建设投资额、新增生产能力、新增固定资产等。用累计法检查 5 年计划执行情况的公式为

$$5\text{年计划完成程度} = \frac{5\text{年计划期间实际累计完成数}}{5\text{年计划规定的累计数}} \times 100\%$$

提前完成 5 年计划的时间：在 5 年中，从期初往后连续考察，只要实际累计完成数达到计划规定的累计任务数，即为完成 5 年计划，所余时间为提前完成 5 年计划的时间。

例如，某 5 年计划的基建投资总额为 2 200 亿元，5 年内实际累计完成 2 240 亿元，则

$$5\text{年计划完成程度} = \frac{2\,240}{2\,200} \times 100\% = 101.8\%$$

假定 1996—2000 年间基建投资总额计划为 2 200 亿元，实际至 2000 年 6 月底止累计实际投资额已达 2 200 亿元，则提前半年完成计划。

5. 计划完成相对数的作用。计划完成相对数的作用是：（1）可以准确地说明各项计划指标的完成程度，为搞好经营管理

提供依据；(2) 可以反映计划执行进度，以便及时发现问题，提出措施，推动经济建设的良好发展；(3) 可以反映经济计划执行中的薄弱环节，鼓励执行计划的落后者向先进者看齐，为组织新的平衡提供依据。

(二) 结构相对指标

前述，总体是在同一性质基础上由各种有差异的部分所组成的。结构相对指标就是利用分组法，将总体区分为不同性质(即差异)的各部分，以部分数值与总体全部数值对比而得出比重或比率，来反映总体内部组成状况的综合指标。其计算公式为

$$结构相对数=\frac{总体部分数值}{总体全部数值}\times 100\%$$

结构相对数一般用百分数表示，各组比重总和等于100%或1。其分子和分母可以同是总体单位数，也可以同是总体的标志数值，当然分子的数值仅是分母数值的一部分。

结构相对数是统计分析中常用的指标，其作用如下。

1. 可以反映总体内部结构的特征。例如，瑞典人口学家桑德巴根据人口的年龄构成，将人口构成分为以下三个类型，见表4-4所示。

表4-4 人口构成的类型

	0～14岁	15～49岁	50岁以上
增加型(%)	40	50	10
稳定型(%)	26.5	50.5	23
减少型(%)	20	50	30

资料来源：《人口统计学》第32页，中国人民大学出版社。

通常，14岁以下人口比例的大小，会影响今后人口出生率和自然增长率的高低，从而决定整个人口再生产的类型。因此，人口年龄构成状况，可表明人口再生产是增加型、稳定型或减少型。

2. 通过不同时期相对数的变动，可以看出事物的变化过程及

其发展趋势。

表4-5 我国大中小学学生构成

	1949年	1965年	1979年	1998年	2001年
大学生(%)	0.4	0.5	0.5	1.6	3.3
中学生(%)	4.9	10.9	29.0	33.9	39.8
小学生(%)	94.6	88.6	70.5	64.5	57.0

资料来源:《中国统计摘要》,中国统计出版社,2002年版,第162页。

上述资料表明,我国大、中、小学生结构变化的过程,反映了解放以来我国大、中学生占在校大、中、小学生总数中的比重基本提高的趋势。

3. 能反映对人力、物力、财力的利用程度及生产经营效果的好坏。例如,工业企业对成本构成进行分析,有利于发现成本项目中的薄弱环节,以便采取改进措施,降低成本。又如,企业中的工时利用率、设备利用率等一些利用率指标以及产品的合格率、废品率等,均是利用结构相对数反映的。

4. 结构相对数在平均数计算中的应用:用于分析加权算术平均数指标的大小及其变动的原因。("平均指标"一节将作详细介绍)

(三) 比例相对指标

比例相对指标是同一总体内不同组成部分的指标数值对比的结果,用来表明总体内部的比例关系。其计算公式为

$$比例相对数 = \frac{总体中某部分数值}{总体中另一部分数值}$$

比例相对指标可以用百分数表示,也可以用一比几或几比几形式表示。例如,2001年末全国总人口127 627万人,其中,城镇人口48 064万人,乡村人口79 563万人,则城镇人口与乡村人口的比例可表示为38∶62,也可以表示为1∶1.7。分析总体中若干部分

的比例关系时可采用连比形式。例如，我国 2001 年末就业人员为 73 025 万人，其中第一产业为 36 513 万人，第二产业为 16 284 万人，第三产业为 20 228 万人，三个产业就业人数比例为 100 ∶ 45 ∶ 55。

比例相对指标对于国民经济宏观调控具有重要意义。利用比例相对指标可以分析国民经济中各种比例关系，例如，国内生产总值中三次产业比例、工农业总值中农轻重比例、农林牧渔业总产值中农林牧渔比例、基建投资中三次产业投资比例等等，从而调整不合理的比例，促使社会主义市场经济稳步协调发展。

（四）比较相对指标

比较相对数又称类比相对数，是将两个同类指标作静态对比得出的综合指标，表明同类现象在不同条件（如在各国、各地、各单位）下的数量对比关系。其计算公式为

$$\text{比较相对数} = \frac{\text{某条件下的某类指标数值}}{\text{另一条件下的同类指标数值}} \times 100\%$$

式中，分子与分母现象所属统计指标的涵义、口径、计算方法和计量单位必须一致。比较相对数一般用百分数或倍数表示。例如，某年有甲、乙两企业同时生产一种性能相同的产品，甲企业工人劳动生产率为 19 307 元，乙企业为 27 994 元，则

$$\text{两企业劳动生产率比较相对数} = \frac{19\,307}{27\,994} \times 100\% = 69\%$$

计算结果说明甲企业劳动生产率比乙企业低 31%。

计算比较相对数时，作为比较基数的分母可取不同的对象。一般有两种情况：(1) 比较标准是一般对象。如上例，分子与分母概括为甲、乙两个单位，这时，既可以用甲比乙，即劳动生产率之比为 69%，也可以用乙比甲，即劳动生产率之比为 145%（或乙是甲的 1.45 倍）。就是说，这种情况下的分子与分母的位置可以互换。(2) 比较标准（基数）典型化。例如，将本单位产品的质量、成本、单耗

等各项技术经济指标都和国家规定的水平比较，和同行业的先进水平比较，和国外先进水平比较等，这时，分子与分母的位置不能互换。

比较相对数可以用总量指标进行对比，也可以用相对指标或平均指标进行对比。但由于总量指标易受总体范围大小的影响，因而，计算比较相对数时，更多地采用相对指标或平均指标。

利用比较相对数，其作用主要是对事物发展在不同地区、不同部门、不同单位或不同个人之间进行比较分析，以反映现象之间的差别程度。另外，计算比较标准典型化的比较相对数，还可以找出工作中的差距，从而为提高企业的生产水平和管理水平提供依据。

（五）强度相对指标

1. 强度相对数的概念。分析不同事物之间的数量关系，需要计算强度相对数。强度相对数是两个性质不同、但有一定联系的总量指标对比的结果，用来表明现象的强度、密度和普遍程度的综合指标。其计算公式为

$$\text{强度相对数} = \frac{\text{某一总量指标数值}}{\text{另一有联系而性质不同的总量指标数值}}$$

例如，2001 年末我国总人口为 127 627 万人，则人口密度计算如下：

$$\text{人口密度} = \frac{127\,627\ \text{万人}}{960\ \text{万平方公里}} = 133(\text{人}/\text{平方公里})$$

强度相对数的数值表示有两种方法：① 一般用复名数表示，如上例中的“人/平方公里”；② 少数用百分数或千分数表示，如流通费用率用百分数表示，产值利润率则用千分数表示。应该指出，强度相对数虽有“平均”的涵义，但它不是同质总体的标志总量与总体单位数之比，所以不是平均数。

2. 强度相对数的正逆指标。强度相对数是两个有联系的不同事物的总量指标数值的对比，因此，分子与分母可以互换，这就产

生了有些强度相对数有正指标和逆指标两种：

$$商业网点密度=\frac{某地零售商业机构数}{某地人口数(千人)}（正指标）$$

或
$$商业网点密度=\frac{某地人口数(千人)}{某地零售商业机构数}（逆指标）$$

例如，某城市人口200万人，有零售商业机构10 000个，则

$$商业网点密度的正指标=\frac{10\,000个}{2\,000\,000人}=5(个/千人)$$

$$商业网点密度的逆指标=\frac{2\,000\,000人}{10\,000个}=200(人/个)$$

正指标的数值愈大，表示零售商业网点密度也愈大；逆指标的数值愈大，表示零售商业网点密度愈小。前者是从正方向说明现象的密度，后者是从相反方向说明现象的密度。在实际工作中，一般选择其中一个指标计算。

3. 强度相对数的作用。强度相对数的主要作用是：

(1) 说明一个国家、地区、部门的经济实力或为社会服务的能力。如大国与小国，若从总量指标进行比较是不合理的，也不便于分析，而用强度相对指标（如按人口平均的主要产品产量）进行比较，则可以提高其可比性。

(2) 反映和考核社会经济效益。例如，流通费用率、资金利润率等都是两个不同现象的数量对比的强度相对数，这些经济指标的数值大小反映着企业管理工作的好坏。

(3) 为编制计划和长远规划提供参考依据。例如，在研究移民计划时，各地人口密度指标就是一个很重要的参考资料。

（六）动态相对指标

动态相对数是同类指标在不同时期上的对比，其计算公式为

$$动态相对数=\frac{报告期水平}{基期水平}\times 100\%$$

式中，作为对比标准的时间叫做基期，而同基期比较的时期叫做报告期，有时也称为计算期。动态相对数的计算结果用百分数或倍数表示。

动态相对数在统计分析中应用广泛，本书第五、第六章将详细探讨。

三、正确运用相对指标的原则

（一）注意两个对比指标的可比性

可比性是计算相对数的最重要条件。所谓可比性，主要指对比的两个指标（即分子与分母）在经济内容上要具有内在联系，在总体范围及指标口径上要求一致或相适应。另外，还要注意计算方法、计算价格的可比，例如，工业总产值是按工厂法计算，还是按部门法或国民经济法计算；是采用同一不变价格，还是不同的不变价格，或者是采用现行价格计算等方面，在不同空间和时间的对比中要取得一致。如果不一致时，就须进行调整和换算。这样的对比才能符合统计分析研究的要求，对比的结果才能正确地反映社会经济现象的实质。

（二）相对指标要和总量指标结合起来运用

相对数具有抽象化的特点，从而掩盖了现象间绝对量的差别。为了全面分析问题，运用相对数时，必须与计算相对数所依据的绝对水平联系起来考察，要看到相对数背后所隐藏的总量指标数值，这样才能使我们对客观事物有正确的认识。结合运用的方法有两种：一是计算分子与分母的绝对差额；二是计算每增长 1%的绝对值。例如，统计我国历年某工业产品产量发展对比情况，见表 4－6 所示。

表 4－6 中

$$\text{增长量} = \text{报告期水平} - \text{基期水平}$$

$$\text{增长 1\% 绝对值} = \frac{\text{增长量}}{\text{增长速度} \times 100} = \frac{\text{基期水平}}{100}$$

表 4-6　某工业产品产量发展情况

年　　份	1978	1979	1988	1989	2000	2001
产品产量(万只)	1 351.1	1 707.0	2 872.4	3 301.0	7 595.5	8 610.5
发展速度(%)	100	126.3	100	114.9	100	113.4
增长量(万只)	—	355.9	—	428.6	—	1 015
增长 1%绝对值(万只)	—	13.5	—	28.7		76.0

表 4-6 列出了某工业产品产量在三个不同阶段的发展差异。从发展速度看,1979 年是 1978 年的 126.3%,发展速度较快,而 1989 年和 2001 年的发展速度都较小,我们可以结合绝对数说明全面情况。1979 年比 1978 年,虽然速度快,但一年只增产 355.9 万只,每 1%的增长速度只增产 13.5 万只;而 2001 年较 2000 年,虽然速度低,但一年增产 1 015 万只,每增长 1%的速度,可增产该产品 76 万只。

由此可见,大的相对数背后的绝对数可能很小,而小的相对数背后的绝对数可能很大,即同样的相对数背后隐藏的绝对数可能不同。因此,我们不能只凭相对数大小判断事物,只有将相对数和绝对数结合起来运用,才能对事物作出正确的评价。

（三）多种相对指标结合运用

一种相对指标只说明一方面的情况,若把各种相对指标联系起来研究问题,就能较全面地说明客观事物的情况及其发展的规律性。例如,要评价一个工业企业的生产情况,既要利用生产计划的完成情况指标,也要分析生产发展的动态指标,以及与先进单位的比较指标,把这几个相对指标结合起来运用。又如,研究生产计划的完成情况,就要全面分析产量产值计划、品种计划、劳动生产率计划、成本计划、利润计划等方面的完成情况,这样才能正确判断企业生产工作的好坏。

（四）在比较两个相对指标时,是否适宜相除再求一个相对指标,应视情况而定

若除出来有实际意义,则除;若不宜相除,只宜相减求差数,用

百分点(即百分比中相当于1/100的单位)表示之。

第三节 平均指标

一、平均指标的概念和作用

(一) 平均指标的概念

平均指标又称平均数,是统计中十分重要的综合指标。

平均指标是指在同质总体内将各单位某一数量标志的差异抽象化,用以反映总体在具体条件下的一般水平。简言之,平均指标是说明同质总体内某一数量标志在一定历史条件下一般水平的综合指标。如职工的平均工资,商品的平均价格,粮食的单位面积产量等。

平均指标有以下特点。

1. 将数量差异抽象化。平均指标是把各个变量之间的差异抽象化,从而说明总体的一般水平。如某企业的平均工资就是把职工之间不同工资的差异抽象化,用以说明该企业职工工资的一般水平。只有数量标志才能求其平均数,品质标志一般不能计算平均数,但个别能以数量大小来表示其变异的品质标志,如产品质量等级用自然数表示,可求其平均等级指标,来反映其质量变动情况。

2. 只能就同类现象计算。计算平均指标的各单位必须具有同类性质,这是计算平均指标的前提。只有本质相同的现象计算平均数才能正确反映客观实际情况,如果把不同性质的个体混杂在一起,由此计算的平均数只会掩盖事物的本质区别,得出错误的结论。

3. 能反映总体变量值的集中趋势。从总体变量分布的情况看,多数现象的分布服从钟型分布,即不管用什么技术方法求得的平均数，都靠近分布的中间，而不会在两头。这就说明多数标志值集中在平均数附近，所以平均指标是标志值集中趋势的测度数，是反映总体变量集中倾向的代表值。

（二）平均指标的作用

1．平均指标可用于同类现象在不同空间条件下的对比，例如，用劳动生产率、单位产品成本等平均数对比，由于消除了企业规模大小的影响，就能反映不同规模企业的工作成绩和质量，以便找差距，学先进，挖潜力，增收节支，来提高经济效益。

2．平均指标可用于同一总体指标在不同时间的对比。例如，由于各月的日历日数不同，往往会影响工业产品总产量的多少，使各月的总产量不可比。如果计算出各月的每日平均产量，就可以进行对比了，它能明确反映每日生产效率的一般情况。又如，要研究某一工业企业职工的工资水平在不同时期的变化情况时，只能用各个时期的平均工资来比较，才能反映现象的发展趋势和规律性。

3．平均指标可作为论断事物的一种数量标准或参考。例如，对某企业 450 人劳动效率的评定，通常是以它们的平均劳动生产率水平为标准的。

4．平均指标也可用于分析现象之间的依存关系和进行数量上的估算。例如，商业企业规模的大小和商品流通费用率之间存在的依存关系，可以根据商品流转额来划分不同规模的贸易企业，再计算各类企业的平均商品流通费用率，就可看出商品流转额的增减和流通费用率升降的依存关系。又如，由于平均数是大量变量的运动中心，平均数的变化也就成为这些变量在总体上的变化趋势，所以在进行抽样调查时，往往利用部分总体单位计算的平均指标来估计推算其全部总体的平均指标，必要时，还可利用平均数乘以总体单位数来推算总体的标志总量。在企业管理中，劳动量、原材料消耗费用等定额的制定，也往往是以实际的平均数为依据，结合其他条件估算的。

在社会经济统计中常用的平均指标有算术平均数、调和平均数、几何平均数、众数和中位数等。算术平均数、调和平均数、几何平均数等是根据分布数列中各单位的标志值计算而来的，称数值平均数；众数和中位数等是根据分布数列中某些标志值所处的位置来确定的，称位置平均数。各种平均指标的计算方法不同，指标的涵义、应用场合也有所不同，但它们都是总体各单位数量标志值一般水平的代表值。现分述如下。

二、算术平均数

（一）算术平均数的基本公式

算术平均数是分析社会经济现象一般水平和典型特征的最基本指标，是统计中计算平均数最常用的方法。其基本公式为

$$算术平均数 = \frac{总体标志总量}{总体单位总数}$$

在以上公式中，分子和分母在经济内容上有着从属关系，即分子数值是各分母单位特征的总和，两者在总体范围上是一致的，这也是平均数和强度相对数的区别所在。强度相对数虽然也是两个有联系的总量指标之比，但它并不存在各标志值与各单位的对应问题。以此标准来衡量，全国粮食产量与全国种粮农民人数之比，计算得出的农民劳动生产率指标是个平均指标；而全国粮食产量与全国人口数之比，计算得到的全国平均每人拥有的粮食产量指标是个强度相对指标。因为全国的每一个种粮农民都具有粮食产量这个标志，而全国人口中，却有很多人不具有这个标志。

社会经济现象中有许多研究的总体，总体的标志总量等于总体各单位某一数量标志值的总和。例如，各个职工工资的总和就形成工资总额，各个工人劳动生产率的总和就形成总产量，各单位面积收获量的总和就形成总收获量。而算术平均数的计算方法恰与社会经济现象之间的这种数量关系相适应，因此，算术平均数的基

本公式得到广泛的应用。

算术平均数由于掌握的资料不同,可分为简单算术平均数和加权算术平均数两种。

（二）简单算术平均数

如果掌握的资料是总体各单位的标志值,而且没有经过分组,则可先将各单位的标志值相加得出标志总量,然后再除以总体单位数,这种方法计算得到的平均数称为简单算术平均数。

例如,某生产小组有 5 名工人,生产某种零件,日产量(件)分别为 12、13、14、14、15,则平均每个工人日产零件件数为

$$\frac{12+13+14+14+15}{5}=13.6(\text{件})$$

上式用符号表示:

$$\overline{X}=\frac{X_1+X_2+\cdots+X_n}{n}=\frac{\sum X}{n}$$

式中:$\overline{X}$——算术平均数;

$X_1, X_2, \cdots, X_n$——各个变量值;

n——变量值个数;

$\sum$—— 总和符号。

（三）加权算术平均数

如果掌握的资料是经过分组整理编成了单项数列或组距数列,并且每组次数不同时,就应采用加权算术平均数的方法计算算术平均数。具体方法是:① 将各组标志值分别乘以相应的频数求得各组的标志总量,并加总得到总体标志总量;② 将各组的频数加总,得到总体单位总数;③ 用总体标志总量除以总体单位总数,即得算术平均数。

例如,某机械修配厂有 50 个工人,他们每人每日加工的某种零件数,编成单项数列如下(见表 4－7)。

表 4-7 某厂工人生产情况

工人按日产量零件分组(X)	工人人数(f)	总产量(Xf)
20	1	20
21	4	84
22	6	132
23	8	184
24	12	288
25	10	250
26	7	182
27	2	54
合 计	50	1 194

上述 50 个工人的总产量为 1 194 件，所以每个工人平均日产量为：

$$工人平均日产量 = \frac{1\,194}{50} = 23.88(件)$$

上式如以 X 代表变量(在本例即为日产件数)，f 代表次数，也称频数(即权数，在本例即为工人数)，用符号代表：

$$\overline{X} = \frac{X_1 f_1 + X_2 f_2 + \cdots + X_n f_n}{f_1 + f_2 + \cdots + f_n} = \frac{\sum Xf}{\sum f}$$

式中：$\sum Xf$ —— 总体标志总量；

$\sum f$ —— 总体单位总数，亦称总次数或总权数。

从上述计算公式可看出：平均日产件数的大小，不仅取决于各组变量(X)的大小，同时也决定于各组单位数(f)即各个变量的个数的多少，某组出现次数多，平均数受该组的影响就较大；反之，次数少，对平均数影响也小。次数(f)在这里起着权衡轻重的作用，所以，统计上把次数称为权数。用加权方法计算的算术平均数叫做加权算术平均数。

变量数列的权数有两种形式：一种是以绝对数表示，称次数或频数；另一种是以比重表示，称频率。同一总体资料，用这两种权数所计算的加权算术平均数完全相同。

权数采用频率的形式计算时，表现为：$\overline{X}=\sum X\cdot\frac{f}{\sum f}$。用频率计算的公式和直接用次数计算的公式在内容上是相等的，即 $\frac{\sum Xf}{\sum f}=\sum X\cdot\frac{f}{\sum f}$。现在仍以表 4－7 的资料为例，用权数系数形式计算加权算术平均数，见表 4－8 所示。

表 4－8　某厂工人生产情况

工人按日产量零件(件)分组(X)	工人人数(人)		$X\cdot\frac{f}{\sum f}$
	绝对数(f)	频率 $f/\sum f$	
20	1	0.02	0.40
21	4	0.08	1.68
22	6	0.12	2.64
23	8	0.16	3.68
24	12	0.24	5.76
25	10	0.20	5.00
26	7	0.14	3.64
27	2	0.04	1.08
合　计	50	1.00	23.88

$$\overline{X}=\sum X\cdot\frac{f}{\sum f}=23.88(\text{件})$$

其计算结果与用次数公式计算的结果完全一样。

如果我们掌握的资料，不是单项变量数列，而是组距数列，则计算算术平均数的方法与上述方法基本相同，所不同的只是要利用各组的组中值作为代表标志值进行计算。具体方法是，必须先算出组距数列各组的组中值，以各组中值代表该组的标志值，然后再来计算加权算术平均数。举例见表 4－9 所示。

表 4－9 某企业工人日产量的算术平均数计算表

按日产量分组（千克）	工人数（人）f	组中值 X	Xf
60 以下	10	55	550
60～70	19	65	1 235
70～80	50	75	3 750
80～90	36	85	3 060
90～100	27	95	2 565
100～110	14	105	1 470
110 以上	8	115	920
合　计	164	—	13 550

$$\text{工人平均日产量} = \frac{13\,550}{164} = 82.62(\text{千克})$$

应该指出，这种计算方法具有一定的假定性。即假定各单位标志值在组内是均匀分配的，但实际上要分配得完全均匀是不可能的。这样，用组中值计算出来的算术平均数也就带有近似值的性质。还要指出，根据组距数列计算算术平均数时，有时往往会遇到开口组，如表 4－9 中，第一组的 60 以下，及最后一组的 110 以上，这时我们一般就假定它们同邻组组限相仿来计算组中值。因此，根据开口组计算的算术平均数就更具有假定性。尽管如此，但就整个数列来看，由于分组引起的影响变量数值高低的各种因素会起到相互抵消的作用，所以，由此而计算的平均数仍然具有足够的代表性。

综上所述，加权算术平均数与简单算术平均数不同之处在于：加权算术平均数受到两个因素的影响，即变量值大小和次数多少的影响；而简单算术平均数只反映变量值大小这一因素的影响。

（四）算术平均数的数学性质

1．算术平均数与总体单位数的乘积等于总体各单位标志值的总和。

简单算术平均数：$\overline{X}n = \sum X$

加权算术平均数：$\overline{X}\sum f = \sum Xf$

这一性质说明，平均数是总体各单位标志值的代表数值，并且根据平均数与次数可以推算出总体标志总量。

2．如果每个变量值都加或减任意数值 A，则平均数也要增多或减少这个数 A。

简单算术平均数：$$\frac{\sum(X \pm A)}{n} = \frac{\sum X \pm nA}{n} = \overline{X} \pm A$$

$$\overline{X} = \frac{\sum(X \pm A)}{n} \mp A$$

加权算术平均数：$$\frac{\sum(X \pm A)f}{\sum f} = \frac{\sum Xf \pm A\sum f}{\sum f} = \overline{X} \pm A$$

$$\overline{X} = \frac{\sum(X \pm A)f}{\sum f} \mp A$$

3．如果每个变量值都乘以或除以一个任意数值 A，则平均数也乘以或除以这个数 A。

乘以 A 时：

简单算术平均数：$$\frac{\sum AX}{n} = \frac{A\sum X}{n} = A\overline{X}$$

$$\overline{X} = \left.\frac{\sum AX}{n}\right/ A$$

加权算术平均数：$$\frac{\sum AXf}{\sum f} = \frac{A\sum Xf}{\sum f} = A\overline{X}$$

$$\overline{X} = \frac{\sum AXf}{\sum f} \Bigg/ A$$

除以 $A(A \neq 0)$ 时：

简单算术平均数：$\frac{\sum\left(\frac{X}{A}\right)}{n} = \frac{\frac{1}{A}\sum X}{n} = \frac{\overline{X}}{A}$

$$\overline{X} = \frac{\sum\left(\frac{X}{A}\right)}{n} \cdot A$$

加权算术平均数：$\frac{\sum\left(\frac{X}{A}\right)f}{\sum f} = \frac{\frac{1}{A}\sum Xf}{\sum f} = \frac{\overline{X}}{A}$

$$\overline{X} = \frac{\sum\left(\frac{X}{A}\right)f}{\sum f} \cdot A$$

4. 各个变量值与算术平均数的离差之和等于零。

简单算术平均数：$\sum(X - \overline{X}) = 0$

证明：$\sum(X - \overline{X}) = \sum X - n\overline{X}$

$$= \sum X - n \cdot \frac{\sum X}{n}$$

$$= \sum X - \sum X$$

$$= 0$$

加权算术平均数：$\sum(X - \overline{X})f = 0$

证明：$\sum(X - \overline{X})f = \sum Xf - \overline{X}\sum f$

$$= \sum Xf - \frac{\sum Xf}{\sum f} \cdot \sum f$$

$$= \sum Xf - \sum Xf$$
$$= 0$$

5. 各个变量值与算术平均数的离差平方之和等于最小值。

简单算术平均数：$\sum (X - \overline{X})^2 =$ 最小值

加权算术平均数：$\sum (X - \overline{X})^2 f =$ 最小值

证明：设 X_0 为任意数，$C = \overline{X} - X_0$，则 $X_0 = \overline{X} - C$

以 X_0 为中心的离差平方之和为：

$$\begin{aligned} \sum (X - X_0)^2 &= \sum [X - (\overline{X} - C)]^2 \\ &= \sum [(X - \overline{X}) + C]^2 \\ &= \sum (X - \overline{X})^2 + 2C \sum (X - \overline{X}) + nC^2 \\ &= \sum (X - \overline{X})^2 + nC^2 \end{aligned}$$

$$\because nC^2 \geqslant 0 \quad \therefore \sum (X - X_0)^2 \geqslant \sum (X - \overline{X})^2$$

$$\therefore \sum (X - \overline{X})^2 \text{ 为最小值}$$

同理，$\sum (X - \overline{X})^2 f$ 为最小值

（五）算术平均数的简捷计算法

在计算算术平均数时，往往会遇到标志值与权数较大的资料，计算过程就显繁复，为了计算简便，我们可采用简捷计算法。

现利用算术平均数的第 2、第 3 个数学性质，得出在实际工作中常用的组距数列求加权算术平均数的简捷公式：

$$\overline{X} = \frac{\sum \left(\frac{X - X_0}{d} \right) f}{\sum f} \cdot d + X_0$$

式中，X_0 为假定平均数，取靠近数列中间那一组的组中值；d 为组距，一般情况下，d 取 $(X - X_0)$ 差数的最大公约数。

现以上例（表 4-9 所示）某企业 164 人日产量情况为例，我们选用 $X_0 = 85$，$d = 10$，用简捷法计算如下（见表 4-10）。

表 4-10　某企业工人日产量的算术平均数简捷法计算表

按日产量分组（千克）	工人人数 f	组中值 X	$\frac{X-85}{10}$	$\frac{X-85}{10}f$
60 以下	10	55	−3	−30
60～70	19	65	−2	−38
70～80	50	75	−1	−50
80～90	36	85	0	0
90～100	27	95	1	27
100～110	14	105	2	28
110 以上	8	115	3	24
合　计	164	—	—	−39

$$\text{工人平均日产量：} \overline{X} = \frac{\sum\left(\frac{X - X_0}{d}\right)f}{\sum f} \cdot d + X_0$$

$$= \frac{-39}{164} \times 10 + 85$$

$$= 82.62\text{（千克）}$$

以上计算所得的结果与上述普通法计算结果完全相同。

算术平均数适合用代数方法运算，因此，在实践中应用很广，但有两点不足：

（1）算术平均数易受极端变量值的影响，使$\overline{X}$的代表性变小，而且受极大值的影响大于受极小值的影响；

（2）当组距数列为开口组时，由于组中值不易确定，使$\overline{X}$的代表性也不很可靠。

三、调和平均数

调和平均数又称“倒数平均数”，它是各个变量值倒数的算术平均数的倒数。具体计算方法如下：

（1）先计算各个变量值的倒数，即$\frac{1}{X}$；

（2）计算上述各个变量值倒数的算术平均数，即$\frac{\sum \frac{1}{X}}{n}$；

（3）再计算这种算术平均数的倒数，即$\frac{n}{\sum \frac{1}{X}}$，就是调和平均数。也即

$$\overline{X}_h = \frac{n}{\sum \frac{1}{X}}$$

式中：$\overline{X}_h$ 代表调和平均数。

由于所得资料的具体内容不同，调和平均数也有简单调和平均数（如上式）和加权调和平均数两种。加权调和平均数形式为：

$$\overline{X}_h = \frac{\sum f}{\sum \frac{1}{X} f}$$

在我们的现实生活中，直接用调和平均数的地方很少遇到，而在社会经济统计学中经常用到的仅是一种特定权数的加权调和平均数，一般是把它作为算术平均数的变形来使用的，而且两者计算的结果是相同的，仅计算的过程不同而已。即有以下数学关系式成立：

$$\overline{X} = \frac{\sum Xf}{\sum f} = \frac{\sum Xf}{\sum \frac{1}{X} Xf} = \frac{\sum m}{\sum \frac{m}{X}} = \overline{X}_h$$

式中，$m=Xf$，$f=\frac{m}{X}$。m 是一种特定权数，它不是各组变量值出现的次数，而是各组标志总量。但是 m 具有加权算术平均数权数的数学性质，即各组权数 m 同时扩大或缩小若干倍数，平均数值不变。

算术平均数的变形是在由相对数计算算术平均数和由平均数计算算术平均数时，由于所掌握的材料的限制而产生的。分别介绍如下。

（一）由平均数计算平均数时调和平均数法的应用

例如，已知某商品在三个集市贸易市场上的平均价格及销售量资料如表 4－11 所示。

表 4－11 某商品在三个贸易市场上的销售情况

市 场	平均价格（元/千克）X	销售量（千克）f	Xf
甲	2.00	30 000	60 000
乙	2.50	20 000	50 000
丙	2.40	25 000	60 000
合 计	—	75 000	170 000
已知资料			计算栏

这里，我们掌握平均价格和销售量的资料，因此，可以采用加权算术平均数的方法，即

$$\text{总平均价格}\overline{X}=\frac{\sum Xf}{\sum f}=\frac{170\,000}{75\,000}=2.27(\text{元}/\text{千克})$$

如果掌握平均价格和销售额的资料，则应用加权调和平均数公式来计算平均数（见表 4－12）。

表 4-12 某商品平均价格计算表

市场	平均价格(元/千克) X	销售额(元) m	$\frac{m}{X}$
甲	2.00	60 000	30 000
乙	2.50	50 000	20 000
丙	2.40	60 000	25 000
合计	—	170 000	75 000

已知资料　　计算栏

$$\text{总平均价格}\quad \overline{X}_h = \frac{\sum m}{\sum \frac{m}{X}} = \frac{170\,000}{75\,000} = 2.27(\text{元} / \text{千克})$$

其计算结果同按加权算术平均数的结果完全一样。从计算形式上看,后者采用了调和平均数的方法,但在内容上却与算术平均数法计算的一样。原因在于两者在采用的权数上是不同的。算术平均数法是以销售量(基本公式的分母)为权数的,调和平均数法是以销售额(基本公式的分子)为权数的。究竟采用哪种计算方法,要从掌握的资料情况来决定。

(二) 由相对数计算平均数时调和平均数法的应用

例如,某工业公司有三个工厂,已知其计划完成程度(%)及计划产值资料如表 4-13 所示。

表 4-13 某公司各企业计划完成程度情况

工厂	计划完成程度(%) X	计划产值(万元) f	Xf
甲	95	1 200	1 140
乙	105	12 800	13 440
丙	115	2 000	2 300
合计	—	16 000	16 880

已知资料　　计算栏

这里，我们掌握计划完成程度和计划产值的资料，因此，可以采用加权算术平均数的计算公式，即

$$平均计划完成程度\quad \overline{X}=\frac{\sum Xf}{\sum f}=\frac{16\,880}{16\,000}=1.055\text{ 或 }105.5\%$$

如果只掌握计划完成程度和实际产值资料，则应采用加权调和平均数公式来计算平均数，即表 4－14 所示。

表 4－14　某公司各企业平均计划完成程度计算表

工　厂	计划完成程度(%) X	实际产值(万元) m	$\frac{m}{X}$
甲	95	1 140	1 200
乙	105	13 440	12 800
丙	115	2 300	2 000
合　计	—	16 880	16 000

已知资料（前三栏）　计算栏（末栏）

$$平均计划完成程度\quad \overline{X}_h=\frac{\sum m}{\sum \frac{m}{X}}=\frac{16\,880}{16\,000}=1.055\text{ 或 }105.5\%$$

从上述两例中可以看到，在由相对数或平均数计算平均数时，要判断在什么情况下可以采用算术平均数或调和平均数的问题，关键在于以算术平均数的基本公式为依据。如果我们所掌握的权数资料是基本公式的母项数值，则直接采用加权算术平均数形式；如果我们所掌握的权数资料是基本公式的子项数值，则须采用调和平均数形式。总之，根据所掌握的资料条件来决定。

调和平均数有如下特点：① 如果数列中有一标志值等于零，则无法计算$\overline{X}_h$；② 它作为一种数值平均数，受所有标志值的影响，

它受极小值的影响大于受极大值的影响，但较之算术平均数，$\overline{X}_h$ 受极端值的影响要小。

四、几何平均数

几何平均数又称“对数平均数”，它是若干项变量值连乘积开其项数次方的算术根。当各项变量值的连乘积等于总比率或总速度时，适宜用几何平均数计算平均比率或平均速度。

几何平均数根据资料情况，可分简单几何平均数和加权几何平均数两种。前者适用于未分组资料，后者适用于分组后的变量数列，但常用的是简单几何平均数。

（一）简单几何平均数

简单几何平均数是 n 个变量值连乘积的 n 次方根，其计算公式为

$$\overline{X}_G = \sqrt[n]{X_1 \cdot X_2 \cdot \cdots \cdot X_n} = \sqrt[n]{\prod X}$$

式中：$\overline{X}_G$——几何平均数；

$\prod$——连乘符号；

n——变量值个数。

在实际计算工作中，由于变量值个数较多，通常要应用对数来进行计算。即：

$$\lg \overline{X}_G = \frac{1}{n}(\lg X_1 + \lg X_2 + \cdots + \lg X_{n-1} + \lg X_n) = \frac{1}{n}\sum \lg X$$

$$\overline{X}_G = \text{arc}(\lg \overline{X}_G)$$

由此可见，几何平均数是各个变量值对数的算术平均数的反对数。

例如，以我国某工业产品 1996—2001 年期间产量为例，说明用几何平均数法计算平均发展速度的过程，见表 4 - 15 所示。

表 4-15 某工业产品产量平均发展速度计算表

年份	产品产量 （亿吨）	逐年发展速度(X) （各年产量为前一年的%）	逐年发展速度的对数 ($\lg X$)
1996	9.80	—	—
1997	10.54	107.6	2.031 9
1998	10.80	102.5	2.010 7
1999	10.87	100.6	2.002 5
2000	11.16	102.7	2.011 5
2001	11.41	102.2	2.009 4
合　计	—	—	10.066 0

该产品平均发展速度

$$\overline{X}_G = \sqrt[n]{\prod X}$$

$$= \sqrt[5]{107.6\% \times 102.5\% \times 100.6\% \times 102.7\% \times 102.2\%}$$

$$= \sqrt[5]{1.164\,54} = 103.1\%$$

应用对数进行计算，先将各变量值取对数，如表 4-15 所示，计算如下：

$$\lg \overline{X}_G = \frac{\sum \lg X}{n} = \frac{10.066\,0}{5} = 2.013\,3$$

$$\overline{X}_G = \mathrm{arclg}\ \overline{X}_G = \mathrm{arc}2.013\,3 = 103.1\%$$

这就是说我国在 1997—2001 年期间，该工业产品每年平均发展速度为 103.1%，即每年平均递增 3.1%。

（二）加权几何平均数

当各个变量值的次数（权数）不相同时，应采用加权几何平均数，其计算公式为

$$\overline{X}_G = \sqrt[f_1+f_2+\cdots+f_n]{X_1^{f_1} \cdot X_2^{f_2} \cdot \cdots \cdot X_n^{f_n}} = \sqrt[\sum f]{\prod X_f}$$

上式中，f 为各变量值的次数或权数。

将公式两边取对数，则为：

$$\lg \overline{X}_G = \frac{f_1 \lg X_1 + f_2 \lg X_2 + \cdots + f_n \lg X_n}{f_1 + f_2 + \cdots + f_n} = \frac{\sum f \lg X}{\sum f}$$

$$\therefore \overline{X}_G = \text{arclg}\, \overline{X}_G$$

例如，投资银行某笔投资的年利率是按复利计算的，25 年的年利率分配是：有 1 年为 3%，有 4 年为 5%，有 8 年为 8%，有 10 年为 10%，有 2 年为 15%，求平均年利率。

计算时，必须先将各年利率加 100%，然后按加权几何平均数计算，再减去 100%便得到平均年利率。现列表(表 4-16)计算如下。

表 4-16　某投资银行年平均利率计算表

年利率发展速度(%) X	年数 f	年利率发展速度的对数 $\lg X$	$f\lg X$
103	1	2.012 8	2.012 8
105	4	2.021 2	8.084 8
108	8	2.033 4	16.267 2
110	10	2.041 4	20.414 0
115	2	2.060 7	4.121 4
合　　计	25	—	50.900 2

$$\lg \overline{X}_G = \frac{\sum f \lg X}{\sum f} = \frac{50.900\,2}{25} = 2.036\,0$$

$$\overline{X}_G = \text{arclg}\, \overline{X}_G = \text{arc}2.036\,0 = 108.6\%$$

结果说明，25 年的年平均利率为 8.6%。

几何平均数较之算术平均数，应用范围较窄，它有如下特点：

① 如果数列中有一个标志值等于零或负值，就无法计算$\overline{X}_G$；② 受极端值影响较$\overline{X}$和$\overline{X}_h$小，故较稳健；③ 它适用于反映特定现象的平均水平，即现象的总标志值不是各单位标志值的总和，而是各单位标志值的连乘积。对于这类社会经济现象，不能采用算术平均数反映其一般水平，而需采用几何平均数。

五、众数

（一）众数的概念

众数是总体中出现次数最多的标志值，它能直观地说明客观现象分配中的集中趋势。在实际工作中，有时要利用众数代替算术平均数来说明社会经济现象的一般水平。例如，集贸市场上某种商品一天的价格可能有几次变化，其中成交量最多的那一个价格就是众数价格；再如，在大批量生产的男式皮鞋中，有多种尺码，其中40码是销售量最多的尺码，则这个40码也就是众数，可代表男式皮鞋尺码的一般水平，宜大量生产，而其余尺码生产量就要相应少一些，这样才能满足市场上大部分消费者的需要。

如果总体中出现次数最多的标志值不是一个，而是两个，那么，合起来就是复众数。

由众数的定义可看出众数存在的条件：就是总体的单位数较多，各标志值的次数分配又有明显的集中趋势时才存在众数；如果总体单位数很少，尽管次数分配较集中，那么计算出来的众数意义不大；如果总体单位数较多，但次数分配不集中，即各单位的标志值在总体中出现的比重较均匀，那么也无所谓众数。

（二）众数的计算方法

1. 单项数列确定众数的方法——观察次数，出现次数最多的标志值就是众数。

例如，设某商店某月女式棉毛衫销售量资料见表4－17所示，试确定棉毛衫尺码的一般水平。

表 4－17　女式棉毛衫销售情况

尺码(厘米)	销售量(件)	比重(%)	尺码(厘米)	销售量(件)	比重(%)
80	6	5	95	30	25
85	8	15	100	12	10
90	48	40	105	6	5
			合　计	110	100

因为 90 厘米的销售量 48 件，占 40%，为最多，所以

$$M_o = 90(\text{厘米})$$

式中：M_o 代表众数。

2. 组距数列确定众数的方法——观察次数，首先由最多次数来确定众数所在组，然后再用比例插值法推算众数的近似值。其计算公式为：

$$\text{下限公式：}M_o = X_L + \frac{\Delta_1}{\Delta_1 + \Delta_2} \cdot d$$

$$\text{上限公式：}M_o = X_u - \frac{\Delta_2}{\Delta_1 + \Delta_2} \cdot d$$

式中，X_L、X_u——分别表示众数组的下限、上限；

Δ_1——表示众数组次数与以前一组次数之差；

Δ_2——表示众数组次数与以后一组次数之差；

d——众数组组距。

众数的下限公式和上限公式是等价的，用两个公式计算结果完全相同，但一般采用下限公式。

众数的两个计算公式可以从几何图形图 4－1 得到证明。

证明：连接 A、C 与 B、D，相交于 E 点，过 E 点向 AB、CD 作垂线，分别交于 F、G 点。

$$\because \triangle AEB \backsim \triangle CED$$

$$\therefore \frac{EF}{AB} = \frac{EG}{CD}, \text{即} \frac{X_L M_o}{AB} = \frac{d - X_L M_o}{CD}$$

$$\therefore X_L M_o = \frac{AB \cdot d}{CD + AB}$$

$$\because AB = \Delta_1$$

$$CD = \Delta_2$$

$$\therefore X_L M_o = \frac{\Delta_1}{\Delta_1 + \Delta_2} \cdot d$$

$$\therefore M_o = X_L + \frac{\Delta_1}{\Delta_1 + \Delta_2} \cdot d$$

此式为众数的下限公式。同理,上限公式也可以得到证明。

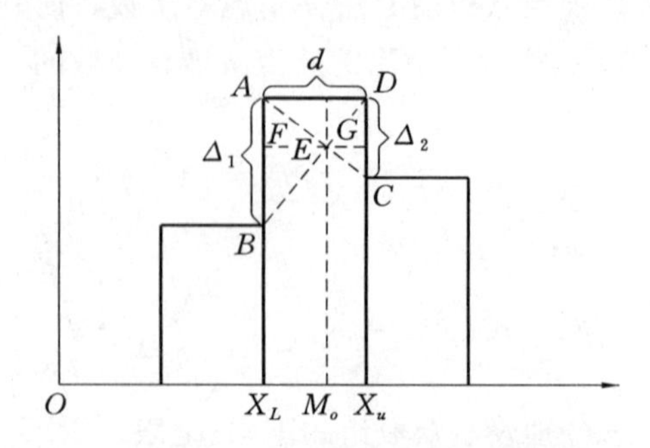

图 4-1 众数计算公式几何图

由图 4-1 可见,组距数列的众数 M_o,一定位于次数分配直方图中最高一组的组距内的某个值,如果把直方图用近似的曲线图表示,该值就是分布曲线最高峰的横坐标值,又称峰值。

仍以表 4-10 为例,说明组距数列计算众数的方法,见表 4-18 所示。

表 4-18　某企业工人日产量次数分布

按日产量分组(千克)	工人数(人)	按日产量分组(千克)	工人数(人)
60 以下	10	90～100	27
60～70	19	100～110	14
70～80	50	110 以上	8
80～90	36		

首先确定众数组：次数最多者是 50，对应的分组为 70～80，则 70～80 组就是众数所在组。

然后用公式计算众数的近似值：

按下限公式：$$M_o = X_L + \frac{\Delta_1}{\Delta_1 + \Delta_2} \cdot d$$

$$= 70 + \frac{50 - 19}{(50 - 19) + (50 - 36)} \times 10$$

$$= 76.89(\text{千克})$$

或按上限公式：$$M_o = X_U - \frac{\Delta_2}{\Delta_1 + \Delta_2} \cdot d$$

$$= 80 - \frac{50 - 36}{(50 - 19) + (50 - 36)} \times 10$$

$$= 76.89(\text{千克})$$

计算结果说明工人日产量众数为 76.89 千克，无论用下限公式，还是用上限公式都可以得到相同的结果。

从众数的计算可看到众数的特点：① 众数是一个位置平均数，它只考虑总体分布中最频繁出现的变量值，而不受极端值和开口组数列的影响，从而增强了对变量数列一般水平的代表性。② 众数是一个不容易确定的平均指标，当分布数列没有明显的集中趋势而趋均匀分布时，则无众数可言；当变量数列是不等距分组时，众数的位置也不好确定。

六、中位数

(一) 中位数的概念

现象总体中各单位标志值按大小顺序排列,居于中间位置的那个标志值就是中位数。可见,中位数把全部标志值分成两个部分,一半标志值比它大,一半标志值比它小,而且比它大的标志值个数等于比它小的标志值个数。中位数和众数一样,有时可代替算术平均数来反映现象的一般水平。

用中位数表示现象的一般水平,在许多场合有其特殊的意义。例如,在搞产品质量控制中,对生产的产品随机抽几个进行观察,若计算其平均数则较麻烦,只要看中位数的大小就可知道其一般水平如何了。又如,据我国 1982 年和 1990 年两次人口普查资料,这两年我国人口年龄中位数分别为 22.91 岁和 25.25 岁,这反映了我国人口年龄结构水平的变化趋势。

(二) 中位数的计算方法

1. 由未分组资料确定中位数。首先对某个标志值按大小顺序资料加以排列,然后用下列公式确定中位数的位置。

$$\text{中位数位置} = \frac{n+1}{2}, \text{(}n\text{ 代表总体单位数)}$$

如果总体单位数是奇数,则居于中间位置的那个单位的标志值就是中位数。

例如,有 5 个工人生产某产品的件数,按序排列如下:

20, 23, 26, 29, 30

$$\text{中位数位置} = \frac{n+1}{2} = \frac{5+1}{2} = 3$$

这表明第 3 位工人日产 26 件产品为中位数,即

$$M_e = 26\text{(件)}$$

式中：M_e 代表中位数。

如果总体单位数是偶数，则居于中间位置的两项数值的算术平均数是中位数。

上例中，例如有 6 个工人生产产品件数排序如下：

20，23，26，29，30，32

$$中位数位置 = \frac{n+1}{2} = \frac{6+1}{2} = 3.5$$

这表明中位数是第三人至第四人的算术平均数，即

$$M_e = \frac{26+29}{2} = 27.5(件)$$

2. 由单项数列确定中位数。单项数列确定中位数的方法比较简单：① 求中位数位置 $= \frac{\sum f}{2}$ $\left(\sum f\right.$ 为总体单位数之和$\left.\right)$；② 计算各组的累计次数(向上累计次数或向下累计次数)；③ 根据中位数位置找出中位数。例如，表 4－19 所示。

表 4－19　某厂工人日产零件中位数计算表

按日产零件分组(件)	工人数(人)	向上累计次数	向下累计次数
26	3	3	80
31	10	13	77
32	14	27	67
34	27	54	53
36	18	72	26
41	8	80	8
合　计	80	—	—

$$中位数位置 = \frac{\sum f}{2} = \frac{80}{2} = 40$$

这说明中位数在累计次数 40 的那一组内(从向上累计和向下

累计均可看出),即 $M_e=34$(件)。

3. 由组距数列确定中位数。由组距数列确定中位数,应先按 $\frac{\sum f}{2}$ 的公式求出中位数所在组的位置,然后再用比例插值法确定中位数的值。其计算公式如下。

下限公式(向上累计时用):

$$M_e = X_L + \frac{\frac{\sum f}{2} - S_{m-1}}{f_m} \cdot d$$

上限公式(向下累计时用):

$$M_e = X_U - \frac{\frac{\sum f}{2} - S_{m+1}}{f_m} \cdot d$$

式中:X_L、X_U——分别表示中位数所在组的下限、上限;

f_m——中位数所在组的次数;

S_{m-1}——中位数所在组以前各组的累计次数;

S_{m+1}——中位数所在组以后各组的累计次数;

$\sum f$——总次数;

d——中位数所在组的组距。

仍以表 4-18 资料为例,见表 4-20 所示。

表 4-20　某企业工人日产量的中位数计算表

按日产量分组(千克)	工人数(人)	向上累计次数	向下累计次数
60 以下	10	10	164
60～70	19	29	154
70～80	50	79	135
80～90	36	115	85

续表

按日产量分组(千克)	工人数(人)	向上累计次数	向下累计次数
90～100	27	142	49
100～110	14	156	22
110 以上	8	164	8
合　　计	164	—	—

中位数位置 $=\dfrac{\sum f}{2}=\dfrac{164}{2}=82$，这说明这个组距数列中的第 82 位工人的日产量是中位数。从累计(两种方法)工人数中可见,第 82 位工人被包括在第 4 组,即中位数在 80～90 组距内。以下用公式计算中位数。

$$\text{按下限公式：}M_e = X_L + \frac{\dfrac{\sum f}{2} - S_{m-1}}{f_m}\cdot d$$

$$= 80 + \frac{\dfrac{164}{2} - 79}{36}\times 10 = 80.83(\text{千克})$$

$$\text{按上限公式：}M_e = X_U - \frac{\dfrac{\sum f}{2} - S_{m+1}}{f_m}\cdot d$$

$$= 90 - \frac{\dfrac{164}{2} - 49}{36}\times 10 = 80.83(\text{千克})$$

计算结果说明工人日产量中位数为 80.83 千克,无论用下限公式,还是用上限公式都可以得到相同的结果。

由此可见,中位数有以下特点：① 与众数一样,也是一种位置平均数,不受极端值及开口组的影响,具有稳健性。② 各单位标志值与中位数离差的绝对值之和为最小值。利用中位数的这一性质,可解决一些实际问题。例如,要在一条长街上设个居民生活燃料供应站,使该站到各用户的距离总和为最短,等等。③ 对某些不具有数学特点或不能用数字测定的现象,可用中位数求其一般水平。例如,印染厂对某种颜色按不同深浅排列后,可以求出其中位数色泽。

七、各种平均数之间的相互关系

以算术平均数为中心,各种平均数之间的相互关系体现在以下两方面。

(一)算术平均数、几何平均数和调和平均数三者的关系

例如,有变量值 4、8、10、12,对其计算三种平均数,得 $\overline{X}=8.5$, $\overline{X}_G=7.87$,$\overline{X}_h=7.16$。可见,用同一种资料计算结果是,几何平均数大于调和平均数而小于算术平均数,只有当所有变量值都相等时,这三种平均数才相等。它们的关系用不等式表示为:

$$\overline{X}_h \leqslant \overline{X}_G \leqslant \overline{X}$$

证明:设有两个不等的数值 X_1、X_2,则:

$$\because \left(\sqrt{X_1}-\sqrt{X_2}\right)^2 = X_1+X_2-2\sqrt{X_1X_2} \geqslant 0$$

$$\therefore \frac{X_1+X_2}{2} \geqslant \sqrt{X_1X_2} \quad \text{即 } \overline{X} \geqslant \overline{X}_G$$

$$\text{又} \because \frac{X_1+X_2}{2} \geqslant \sqrt{X_1X_2} = \frac{X_1X_2}{\sqrt{X_1X_2}}$$

$$\text{即 } \frac{X_1+X_2}{2} \geqslant \frac{X_1X_2}{\sqrt{X_1X_2}}$$

$$\therefore \sqrt{X_1X_2} \geqslant \frac{2X_1X_2}{X_1+X_2} = \frac{2}{\dfrac{1}{X_1}+\dfrac{1}{X_2}}$$

也即 $\overline{X}_G \geqslant \overline{X}_h$

因此,$\overline{X}_h \leqslant \overline{X}_G \leqslant \overline{X}$ 成立。

（二）算术平均数、众数和中位数三者的关系

这三者的关系，与总体分布的特征有关。可以分为以下三种表现情况：

（1）当总体分布呈对称状态时，三者合而为一，即

$$\overline{X} = M_o = M_e$$（如图 4－2 所示）

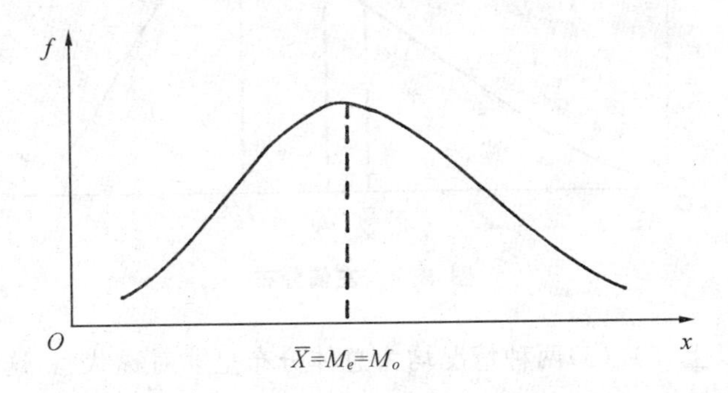

图 4－2　对称分布

（2）当总体分布呈右偏时，则：$M_o < M_e < \overline{X}$（如图 4－3 所示）

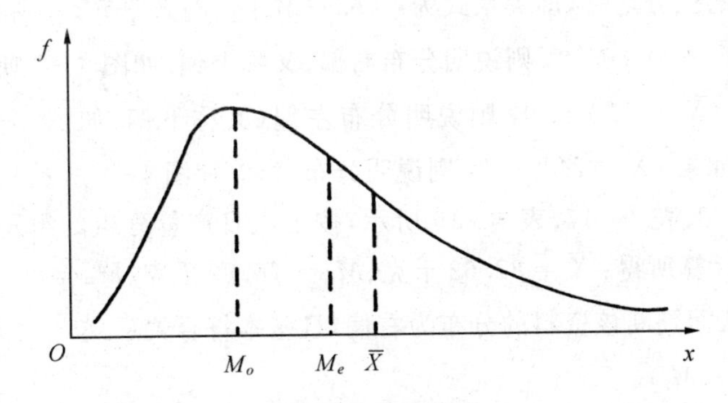

图 4－3　右偏分布

(3) 当总体分布呈左偏时,则: $\overline{X} < M_e < M_o$ (如图 4-4 所示)

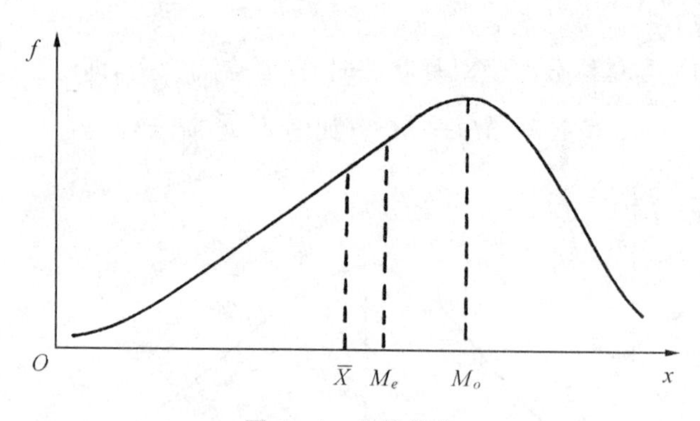

图 4-4 左偏分布

以上(2)、(3)两种情况均为总体分布呈非对称状态,这时,三者之间就存在着一定的差别,愈不对称,差别愈大。英国统计学家卡尔·皮尔逊认为,当分布只是适当偏态时,三者之间的数量关系是: 中位数 M_e 与算术平均数$\overline{X}$的距离是众数 M_o 与算术平均数$\overline{X}$距离的三分之一,即关系式为: $|\overline{X} - M_o| = 3|\overline{X} - M_e|$。所以,如果 $(\overline{X} - M_o) > 0$, 则说明分布右偏(又称上偏,如图 4-3 所示); 如果 $(\overline{X} - M_o) < 0$, 则说明分布左偏(又称下偏,如图 4-4 所示);如果 $(\overline{X} - M_o) = 0$, 则说明分布对称(如图 4-2 所示)。上述表 4-8、表 4-17、表 4-19 所示,按工人日产量分组的组距数列资料计算所得: $\overline{X} = 82.62$ 千克、$M_o = 76.89$ 千克、$M_e = 80.83$ 千克,从而判断该资料的分布为右偏,且基本符合关系式 $\overline{X} - M_o = 3(\overline{X} - M_e)$。

根据皮尔逊的经验公式,还可以推算出: 在轻微偏态的次数分布中,一旦三者之中两者为已知时,就可以近似估计出第三者,计算公式如下：

$$M_o = 3M_e - 2\overline{X}$$

$$M_e = \frac{1}{3}(M_o + 2\overline{X})$$

$$\overline{X} = \frac{1}{2}(3M_e - M_o)$$

例如，某企业工人的月收入众数为 800 元，月收入的算术平均数为 1 100 元，则月收入的中位数近似值是

$$M_e = \frac{1}{3}(M_o + 2\overline{X}) = \frac{1}{3}(800 + 2 \times 1\,100) = 1\,000(\text{元})$$

$\because M_o < M_e < \overline{X}$，$\therefore$ 分布为右偏

八、正确应用平均指标的原则

平均指标在统计分析中应用很广，但在具体应用时应注意以下几个问题。

（一）平均指标只能运用于同质总体

平均指标所处理的是同质异量的大量现象。只有在同质总体中，总体各单位才具有共同的特征，从而才能计算它们的平均数来反映现象的一般水平，否则，计算的平均数就会把现象的本质差异掩盖起来，不能起到说明事物性质及其规律性的作用。

（二）用组平均数补充说明总平均数

许多平均指标的计算，是在科学分组基础上进行的。我们应该重视影响总平均数的各个有关因素的作用，通过计算组平均数对总平均数作补充说明，来揭示现象内部结构组成的影响，从而克服认识上的片面性。

例如，甲、乙两地的粮食产量资料如表 4-21 所示。

表 4－21　两地粮食产量水平的比较情况

按地势分组	甲地			乙地		
	播种面积（亩）	总产量（千克）	平均亩产（千克）	播种面积（亩）	总产量（千克）	平均亩产（千克）
旱田	190	72 200	380	200	64 000	320
水田	70	44 800	640	300	186 000	620
合计	260	117 000	450	500	250 000	500

表 4－21 中，甲地的平均亩产为 450 千克，低于乙地平均亩产 500 千克。但甲地不论是旱田还是水田的亩产量均比乙地的亩产量高。这种总平均数与组平均数不一致的现象，原因在于旱田和水田的生产水平不一致。水田的产粮水平高于旱田许多，两地各自的水田、旱田的比例相差较大，这一结构性的差异导致总平均亩产甲地低于乙地。所以，为了客观地分析某一社会现象一般水平变动的情况，必须用组平均数补充说明总平均数。

（三）用分配数列补充说明平均数

平均数只是说明现象的共性，即一般水平，而把总体各单位数量标志值的差异给抽象化了，掩盖了总体各单位的差异及其分配情况。为了比较深入地说明问题，在利用平均数对社会经济现象进行分析时，还要结合原来的分配数列，分析平均数在原数列中所处位置，以及各单位标志值在平均数上下分配情况。

例如，某工业部门 100 个企业年利润计划完成程度资料如下（见表 4－22）。

根据表 4－22 资料，该数列的平均计划完成程度是103.35％。总平均数把企业总体分成先进和后进两部分，表中有 20 个企业（即 20％）没有完成计划，为后进企业。

表 4-22 某工业部门各企业年利润计划完成程度情况

按计划完成程度分组(%)	企业数	按计划完成程度分组(%)	企业数
85～89.9	2	100～104.9	40
90～94.9	8	105～109.9	30
95～99.9	10	110～114.9	10
		合计	100

第四节 标志变动度

一、标志变动度的意义和作用

(一) 标志变动度的概念

标志变动度也即标志变异指标,它是指总体中各单位标志值差别大小的程度,又称离散程度或离中程度。

前述平均指标,是将总体中各单位的标志值差异抽象化,以反映各单位在这一标志上的一般水平。通过它只看出被研究现象的共性,而看不出差异性。但是在同质总体中各单位标志值的差异还是客观存在的,因此,还必须进一步对被抽象化的各单位标志值的变异程度进行测定。

(二) 标志变动度的作用

1. 标志变动度是评价平均数代表性的依据。标志变动度愈大,平均数代表性愈小;标志变动度愈小,平均数代表性愈大。

例如,某车间有两个生产小组,都是7名工人,各人日产件数如下:

甲组:20,40,60,70,80,100,120

乙组:67,68,69,70,71,72,73

甲、乙两组的平均每人日产量都相等,即 $\overline{X}_{甲}=\overline{X}_{乙}=70$(件)。但甲组各工人日产件数相差很大,分布很分散;而乙组各工人日产件数相差不大,分布相对集中。因此,虽然平均数都是70

件，对甲组来讲，其代表性要小得多；对乙组来说，代表性相对较大。

2. 标志变动度可用来反映社会生产和其他社会经济活动过程的均衡性或协调性，以及产品质量的稳定性程度。

例如，甲、乙两钢厂某年第一季度供货计划完成情况如表4－23所示。

表4－23 甲、乙两钢厂某年第一季度供货计划完成程度统计表

		供货计划完成百分比(%)			
		季度总供货计划执行结果	1月	2月	3月
钢厂	甲	100	32	34	34
	乙	100	20	30	50

从表4－23资料看，两厂供货计划虽然都已完成了，但计划执行的均衡性不同，甲厂按月均衡地完成了规定的季度供货计划，而乙厂则前松后紧，1、2月份总共完成计划的50%，3月份再完成计划的50%，这样就缺乏均衡性。

又如，对一批产品的质量指标，如电灯泡的耐用时间、轮胎的行驶里程等，测定其标志变动度，如果标志变动度大，则说明产品质量不稳定；如果标志变动度小，则产品质量显得稳定。

测定标志变动度的方法主要有：全距、平均差、标准差、离散系数。现分述如下。

二、全距

（一）全距的概念与计算

全距又称“极差”，它是总体各单位标志的最大值和最小值之差，用以说明标志值变动范围的大小，通常用R表示全距。即

$$R = X_{\max} - X_{\min}$$

如前例中：

$$甲组日产件数的 R = 120 - 20 = 100(件)$$

$$乙组日产件数的 R = 73 - 67 = 6(件)$$

从 R 的计算可看出，甲组工人日产量差异大于乙组工人日产量差异。全距数值愈小，反映变量值愈集中，标志变动度愈小；全距数值愈大，反映变量值愈分散，则标志变动度愈大。

对于根据组距数列求全距，可以用最高组的上限与最低组的下限之差，求全距的近似值。但当有开口组时，若不知极端数值，则无法求全距。

(二) 全距的特点

全距的计算方便，也易于理解。在工业生产过程中，全距常被用来检查产品质量的稳定性和进行质量控制。在正常生产条件下，产品的质量性能指标(如强度、浓度、长度等)的误差总在一定范围内波动，如果误差超出了一定范围，就说明生产可能出现毛病。利用全距指标可以及时发现生产中存在的问题，采取相应措施，保证产品的质量。

但全距这个指标很粗略，它只考虑数列两端数值差异，而不管中间数值的差异情况，也不受次数分配的影响，因而不能全面反映总体各单位标志的变异程度。

三、平均差

(一) 平均差的概念和计算

平均差是各单位标志值对平均数的离差绝对值的平均数。由于各标志值对算术平均数的离差之和等于零，因此，计算平均差时，我们采用离差的绝对值 ($|X - \overline{X}|$)。平均差能够综合反映总体中各单位标志值变动的影响。平均差愈大，表示标志变动度愈大，则平均数代表性愈小；反之，平均差愈小，表示标志变动度愈小，则平均数代表性愈大。以 A.D. 代表平均差，其计算公式为

(1) 未分组资料：$A.D.=\frac{\sum|X-\overline{X}|}{n}$

(2) 分组资料：$A.D.=\frac{\sum|X-\overline{X}|f}{\sum f}$

对于未分组资料，是采用简单平均法计算；对于分组资料，则采用加权平均法计算。现以表4-24为例，说明如下。

表4-24　某乡耕地化肥施用量的平均差计算表

按每亩耕地化肥施用量分组(千克)	耕地面积(万亩)f	组中值X	总施肥量(万千克)Xf	$X-\overline{X}$	$\lvert X-\overline{X}\rvert f$
5～10	30	7.5	225	−8.85	265.5
10～15	70	12.5	875	−3.85	269.5
15～20	100	17.5	1 750	1.15	115
20～25	50	22.5	1 125	6.15	307.5
25～30	10	27.5	275	11.15	111.5
合　计	260	—	4 250	—	1 069

$$\overline{X}=\frac{\sum Xf}{\sum f}=\frac{4\,250}{260}=16.35(\text{千克/亩})$$

$$A.D.=\frac{\sum|X-\overline{X}|f}{\sum f}=\frac{1\,069}{260}=4.11(\text{千克/亩})$$

计算结果表明总平均化肥施用量与各组施用量之间的平均离差为4.11千克/亩。

(二) 平均差的特点

平均差是根据全部变量值计算出来的，所以对整个变量值的离散趋势有较充分的代表性。但平均差计算由于采用取离差绝对值的方法来消除正负离差，因而不适合于代数方法的演算，使其应用受到限制。

A. D. 计算公式中算术平均数 $\overline{X}$ 在实际中可用中位数 M_e 代替，且以 M_e 为比较标准而计算的平均差为最小值。即

$$\text{A. D.} = \frac{\sum |X - M_e|}{n} = \min$$

$$\text{A. D.} = \frac{\sum |X - M_e| f}{\sum f} = \min$$

四、标准差

（一）标准差的概念和计算

标准差是各单位标志值与其算术平均数的离差平方的算术平均数的平方根，又称"均方差"。其意义与平均差基本相同，也是根据各个标志值对其算术平均数求其平均离差后再来进行计算的，但由于采用离差平方的方法来消除正负离差，因此在数学处理上比平均差更为合理和优越。通常以 σ 或 S. D. 表示标准差，标准差的平方即方差，用 σ^2 表示。标准差的计算公式为

（1）未分组资料：$\sigma = \sqrt{\dfrac{\sum (X - \overline{X})^2}{n}}$

（2）分组资料：$\sigma = \sqrt{\dfrac{\sum (X - \overline{X})^2 f}{\sum f}}$

依此公式，计算标准差的一般步骤是：① 算出每个变量对平均数的离差；② 将每个离差平方；③ 计算这些平方数值的算术平均数；④ 把得到的数值开方，即得到 σ。

例如，仍以前述工人日产量分组资料为例，标准差的计算见表 4－25，前已计算出平均日产量 $\overline{X} = 82.62$ 千克。

表 4－25 某企业工人日产量的标准差计算表

按日产量分组(千克)	工人数(人)f	组中值 X	$X-\overline{X}$	$(X-\overline{X})^2f$
60 以下	10	55	−27.62	7 628.644 0
60～70	19	65	−17.62	5 898.823 6
70～80	50	75	−7.62	2 903.220 0
80～90	36	85	2.38	203.918 4
90～100	27	95	12.38	4 138.138 8
100～110	14	105	22.38	7 012.101 6
110 以上	8	115	32.38	8 387.715 2
合　计	164	—	—	36 172.561 6

$$\sigma=\sqrt{\frac{\sum(X-\overline{X})^2f}{\sum f}}=\sqrt{\frac{36\,172.561\,6}{164}}=14.85(\text{千克})$$

(二) 标准差的简捷算法

根据上述算术平均数的数学性质,可以推导出标准差的简捷公式:

$$\because\ \sigma=\sqrt{\frac{\sum(X-\overline{X})^2}{n}}$$

$$\therefore\ \sigma^2=\frac{\sum(X-\overline{X})^2}{n}=\frac{\sum[(X-A)-(\overline{X}-A)]^2}{n}$$

$$=\frac{\sum(X-A)^2-2(\overline{X}-A)\sum(X-A)+n(\overline{X}-A)^2}{n}$$

$$=\frac{\sum(X-A)^2}{n}-2(\overline{X}-A)^2+(\overline{X}-A)^2$$

$$=\frac{\sum(X-A)^2}{n}-(\overline{X}-A)^2$$

$$\therefore \sigma^2 = \frac{\sum (X-A)^2}{n} - \left[\frac{\sum (X-A)}{n}\right]^2$$

$$\therefore \sigma = \sqrt{\frac{\sum (X-A)^2}{n} - \left[\frac{\sum (X-A)}{n}\right]^2} \qquad ①$$

① 式为简单式,加权式如下:

$$\sigma = \sqrt{\frac{\sum (X-A)^2 f}{\sum f} - \left[\frac{\sum (X-A) f}{\sum f}\right]^2} \qquad ②$$

①、②两式适用于数值较大的标志值,式中,A 为假定平均数,一般取靠近中间的标志值或组中值。

在组距数列中,结合算术平均数的简捷法公式,可得出标准差的简捷法公式如下:

$$\sigma = \sqrt{\frac{\sum \left(\frac{X-A}{d}\right)^2 f}{\sum f} - \left[\frac{\sum \left(\frac{X-A}{d}\right) f}{\sum f}\right]^2} \times d \qquad ③$$

③式中,A 为假定平均数,一般取靠近数列中间的某组中值,d 为该组组距。

现仍以表 4-25 资料为例,用简捷法计算标准差,如表 4-26 所示,取 $A = 85$, $d = 10$。

表 4-26 某企业工人日产量的标准差简捷法计算表

按日产量分组（千克）	工人数（人）f	组中值 X	$\frac{X-85}{10}$	$\frac{X-85}{10}f$	$\left(\frac{X-85}{10}\right)^2$	$\left(\frac{X-85}{10}\right)^2 f$
60 以下	10	55	−3	−30	9	90
60～70	19	65	−2	−38	4	76

续表

按日产量分组（千克）	工人数（人）f	组中值 X	$\frac{X-85}{10}$	$\frac{X-85}{10}f$	$\left(\frac{X-85}{10}\right)^2$	$\left(\frac{X-85}{10}\right)^2 f$
70～80	50	75	−1	−50	1	50
80～90	36	85	0	0	0	0
90～100	27	95	1	27	1	27
100～110	14	105	2	28	4	56
110 以上	8	115	3	24	9	72
合　计	164	—	—	−39	—	371

$$\therefore \sigma = \sqrt{\frac{\sum\left(\frac{X-A}{d}\right)^2 f}{\sum f} - \left[\frac{\sum\left(\frac{X-A}{d}\right) f}{\sum f}\right]^2} \times d$$

$$= \sqrt{\frac{371}{164} - \left[\frac{-39}{164}\right]^2} \times 10$$

$$= \sqrt{2.2622 - 0.05655} \times 10$$

$$= 14.85(\text{千克})$$

（三）标准差与平均差的关系

对同一资料，所求的平均差一般比标准差要小，即 $A.D. \leqslant \sigma$。证明如下：

设：$y = |X - \overline{X}|$

则：$\sigma_y = \sqrt{\frac{\sum |X-\overline{X}|^2}{n} - \left[\frac{\sum |X-\overline{X}|}{n}\right]^2}$

$$= \sqrt{\frac{\sum (X-\overline{X})^2}{n} - \left[\frac{\sum |X-\overline{X}|}{n}\right]^2}$$

$$= \sqrt{\sigma_x^2 - (\text{A. D.})^2}$$

即　$\sigma_y^2 = \sigma_x^2 - (\text{A. D.})^2 \geqslant 0$

$\therefore\ \sigma_x^2 \geqslant (\text{A. D.})^2$，即 $\text{A. D.} \leqslant \sigma$

五、标准差系数

以上计算的各种标志变动度，包括全距、平均差、标准差，都是绝对指标，都有与平均指标相同的计量单位。各种标志变动度的数值大小，不仅受离散程度的影响，而且还受数列水平（即标志本身的水平）高低的影响。因此，在对比分析中，不宜直接用上述各种标志变异指标来比较不同水平数列之间的标志离散程度，必须用反映标志变异程度的相对指标来比较，即用离散系数比较。

离散系数也称为标志变动系数。各种标志变动度指标都可以用来计算离散系数，反映总体各单位标志值的相对离散程度，但最常用的是根据标准差与算术平均数对比的离散系数，称作“标准差系数”，用 V_σ 表示，其计算公式如下：

$$V_\sigma = \frac{\sigma}{\overline{X}} \times 100\%$$

例如，有两个不同水平的工人日产量（件）资料：

甲组：60，65，70，75，80

乙组：2，5，7，9，12

由此计算得：$\overline{X}_{甲} = 70$ 件，$\sigma_{甲} = 7.07$ 件

$\overline{X}_{乙} = 7$ 件，$\sigma_{乙} = 3.41$ 件

若根据 $\sigma_{甲} > \sigma_{乙}$ 而断言，甲组离散程度大于乙组，或乙组的平均数代表性高于甲组，都是不妥的。因为这两组的水平相差悬殊，应计算其标准差系数来比较。

$$V_{甲}=\frac{7.07}{70}\times 100\%=10.1\%$$

$$V_{乙}=\frac{3.41}{7}\times 100\%=48.7\%$$

计算结果表明,并非甲组离散程度大于乙组,而是乙组大于甲组,或者说,乙组的平均日产量代表性低于甲组。

练 习 题

一、单项选择题

1. 某地区有 10 万人口,共有 80 个医院。平均每个医院要服务 1 250 人,这个指标是( )。

(1) 平均指标 (2) 强度相对指标 (3) 总量指标 (4) 发展水平指标

2. 加权调和平均数有时可作为加权算术平均数的( )。

(1) 变形 (2) 倒数 (3) 平均数 (4) 开平方

3. 某工业企业的某种产品成本,第一季度是连续下降的。1 月份产量 750 件,单位成本 20 元;2 月份产量 1 000 件,单位成本 18 元;3 月份产量 1 500 件,单位成本 15 元。则第一季度的平均单位成本为( )。

(1) $\frac{20+18+15}{3}=17.67$(元)

(2) $\sqrt[3]{20\times 18\times 15}=17.54$(元)

(3) $\frac{20\times 750+18\times 1\,000+15\times 1\,500}{750+1\,000+1\,500}=17.08$(元)

(4) $\frac{750+1\,000+1\,500}{\frac{750}{20}+\frac{1\,000}{18}+\frac{1\,500}{15}}=16.83$(元)

4. 计划规定单位成本降低5%，实际降低了7%，实际生产成本为计划的（ ）。

(1) 98.2% (2) 102.3% (3) 140% (4) 97.9%

5. 权数对加权算术平均数的影响，决定于（ ）。

(1) 各组标志值的数值大小 (2) 权数的绝对数多少 (3) 各组单位数占总体单位数比重的大小 (4) 总体单位数的多少

6. 标准差系数抽象为（ ）。

(1) 总体指标数值大小的影响 (2) 总体单位数多少的影响 (3) 各组单位数占总体单位总数比重的影响 (4) 平均水平高低的影响

7. 已知4个水果商店苹果的单价和销售额，要求计算4个商店苹果的平均单价，应该采用（ ）。

(1) 简单算术平均数 (2) 加权算术平均数 (3) 加权调和平均数 (4) 几何平均数

8. 不包括固定资产折旧在内的投资是（ ）。

(1) 资本形成总额 (2) 资本形成净额 (3) 净实物投资 (4) 净金融投资

二、多项选择题（每题至少有两个正确答案）

1. 下列指标中，属于时期指标的有（ ）。

(1) 工业总产值 (2) 商品销售额 (3) 职工人数 (4) 商品库存额 (5) 生猪存栏数

2. 下列指标中，属于时点指标的有（ ）。

(1) 企业个数 (2) 机器台数 (3) 电视机销售量 (4) 某地区某年人口数 (5) 产品产量

3. 下列应采用算术平均数计算的有（ ）。

(1) 已知工资总额及工人数，求平均工资 (2) 已知计划完成百分比和实际产值，求平均计划完成百分比 (3) 已知计划完成百分比和计划产值，求平均计划完成百分比 (4) 已知某厂

1996—2001 年产值,求平均发展进度　(5) 已知各级工人月工资和相应的工人数,求工人平均工资

4. 加权算术平均数和加权调和平均数计算方法的选择,应根据已知资料的情况而定(　　)。

(1) 如果掌握基本公式的分母用加权算术平均数计算　(2) 如果掌握基本公式的分子用加权算术平均数计算　(3) 如果掌握基本公式的分母用加权调和平均数计算　(4) 如果掌握基本公式的分子用加权调和平均数计算　(5) 如无基本公式的分子、分母,则无法计算平均数

5. 下列指标中属于强度相对指标的有(　　)。

(1) 商品销售市场占有率　(2) 企业资金利税率　(3) 人均国内生产总值　(4) 下岗职工再就业率　(5) 城市居民人均绿地面积

6. 几何平均法的计算公式有(　　)。

(1) $\dfrac{\dfrac{X_1}{2}+X_2+X_3+\cdots+X_{n-1}+\dfrac{X_n}{2}}{n-1}$

(2) $\sqrt[n]{X_1\cdot X_2\cdot X_3\cdot\cdots\cdot X_{n-1}\cdot X_n}$

(3) $\sqrt[\Sigma f]{\pi X^f}$　(4) $\sqrt[n]{\pi X}$　(5) $\sqrt{pq}$

7. 利用全距说明标志变异程度(　　)。

(1) 没有考虑中间标志值的变异程度　(2) 能反映所有标志值的变异程度　(3) 与总体单位的分配有关　(4) 取决于平均指标的大小　(5) 仅考虑标志值的最大值与最小值

8. 反映国民经济活动总量的统计指标有(　　)。

(1) 国内生产总值　(2) 国内生产净值　(3) 国民总收入　(4) 企业增加值　(5) 部门总产出

三、计算题

1. 某工厂第二季度生产情况资料如下:

月份＼指标	总产值(万元)		职工平均人数(人)		全员劳动生产率(元/人)		全员劳动生产率计划完成程度(%)
	计划	实际	计划	实际	计划	实际	
4月	57.2	56.9	970	968			
5月	60.5	61.4	980	984			
6月	62.3	64.1	993	1 005			
合 计							

要求：根据上表资料，计算各空栏的指标。指出4—6月及第二季度的全员劳动生产率计划完成程度。

2. 根据某5年计划，某种工业产品在该5年计划的最后一年生产量应达到823万吨，该产品在5年计划最后两年的每月实际产量如下：

年度＼月份	1	2	3	4	5	6	7	8	9	10	11	12	合计
第4年	50	50	54	55	58	59	62	63	63	63	72	75	724
第5年	75	76	78	79	81	81	84	85	86	89	90	93	997

试根据表列资料计算该产品提前完成5年计划的时间。

3. 某企业1998年的劳动生产率计划规定比上年提高8%，实际执行结果比上年提高10%。问劳动生产率计划完成程度是多少？

4. 某厂按计划规定，第一季度的单位产品成本比去年同期降低10%。实际执行结果，单位产品成本较去年同期降低8%。问该厂第一季度产品单位成本计划的完成程度如何？

5. 某企业产值计划完成103%，比去年增长5%。试问计划规定比去年增长多少？

6. 某地区2000—2001年国内生产总值资料如下：

单位：亿元

	2000 年	2001 年
国内生产总值	36 405	44 470
其中：第一产业	8 157	8 679
第二产业	13 801	17 472
第三产业	14 447	18 319

根据上述资料：

(1) 计算 2000 年和 2001 年第一产业、第二产业、第三产业的结构相对指标和比例相对指标。

(2) 计算该地区国内生产总值、第一产业、第二产业、第三产业增加值的动态相对指标及增长百分数。

7. 利用下面的数据，用支出法计算国内生产总值。

指　　标	数值(亿元)
居民个人消费	17 220
政府消费	3 879
固定资产总积累	10 360
库存及后备增加	1 610
折旧更新	2 268
出　　口	6 580
进　　口	6 020

8. 现有甲、乙两国钢产量和人口资料如下：

	甲　　国		乙　　国	
	2000 年	2001 年	2000 年	2001 年
钢产量(万吨)	3 000	3 300	5 000	5 250
年平均人口数(万人)	6 000	6 000	7 143	7 192

试通过计算动态相对指标、强度相对指标和比较相对指标来简单分析甲、乙两国钢产量的发展情况。

9. 某乡甲、乙两个村的粮食生产情况如下：

按耕地自然条件分组	甲村		乙村	
	平均亩产（千克/亩）	粮食产量（千克）	平均亩产（千克/亩）	播种面积（亩）
山　地	100	25 000	150	1 250
丘陵地	150	150 000	200	500
平原地	400	500 000	450	750

试分别计算甲、乙两个村的平均亩产。根据表列资料及计算结果，比较分析哪一个村的生产经营管理工作做得好，并简述作出这一结论的理由。

10. 某工业系统所属企业产值计划完成程度的次数分配资料如下：

按产值计划完成程度分组(%)	各组企业数占总数的比重(系数)
95～100	0.12
100～105	0.56
105～110	0.24
110～115	0.08
合　　计	1.00

试算该工业系统的企业产值的平均计划完成程度。

11. 市场上卖某种蔬菜，早市每元买 2 千克，午市每元买 2.5 千克，晚市每元买 5 千克。若早、中、晚的购买量相同，平均每元买了多少千克蔬菜？若早、中、晚的购买额相同，平均每元买了多少千克蔬菜？

12. 某地区家庭按人均月收入水平分组资料如下：

按月收入水平分组(元)	家庭户占总户数比重(%)
400～600	20
600～800	45
800～1 000	25
1 000 以上	10
合　计	100

根据表中资料计算中位数和众数。

13. 兹有某地区水稻收获量分组资料如下：

水稻收获量(千克/亩)	耕地面积(亩)	水稻收获量(千克/亩)	耕地面积(亩)
150～175	18	300～325	119
175～200	32	325～350	56
200～225	53	350～375	22
225～250	69	375～425	10
250～275	84	425～500	4
275～300	133		
		合　计	600

要求：(1) 计算中位数、众数；

(2) 计算全距、平均差；

(3) 计算算术平均数、标准差(用组距数列的简捷法计算)；

(4) 比较算术平均数、中位数、众数的大小，说明本资料分布的偏斜特征。

14. 甲、乙两单位工人的生产资料如下：

日产量(件/人)	甲单位工人数(人)	乙单位总产量(件)
1	120	30
2	60	120
3	20	30
合　计	200	180

试分析：(1) 哪个单位工人的生产水平高？

(2) 哪个单位工人的生产水平整齐？

第五章　动 态 数 列

第一节　动态数列的编制

一、动态数列的概念

动态分析法就是应用统计方法研究经济现象数量方面的变化发展过程，它是统计分析的一种重要方法。要进行动态分析，我们就须积累和掌握现象在各个时期的统计资料。如果将某种现象在时间上变化发展的一系列同类的统计指标，按时间先后顺序排列，就形成一个动态数列，或称时间数列。动态数列由两个基本要素构成：一个是资料所属的时间，另一个是各时间上的统计指标数值，习惯上称之为动态数列中的发展水平。

研究动态数列具有重要的作用。通过动态数列的编制和分析：一可以描述社会经济现象的发展状况和结果；二可以研究社会经济现象的发展速度、发展趋势，探索现象发展变化的规律，并据以进行统计预测；三可以利用不同的但有互相联系的数列进行对比分析或相关分析。

二、动态数列的种类

动态数列按统计指标的性质不同，可以分为绝对数动态数列、相对数动态数列和平均数动态数列三种。其中，绝对数动态数列是基本数列，相对数动态数列和平均数动态数列则是由绝对数动态数列派生而形成的数列。

例如,我国1992—1999年国民经济某些主要指标的动态数列如表5-1所示。

在表5-1中,工业总产值、全国人口年末人数都是绝对数动态数列,轻工业总产值占工业总产值比重是相对数动态数列,全国职工年平均工资是平均数动态数列。数列反映了各指标不同时期的水平逐年增长的趋势。

表5-1 我国1992—1999年国民经济主要指标

年份	1992	1993	1994	1995	1996	1997	1998	1999
工业总产值(亿元)	34 599	48 402	70 176	91 894	99 595	113 734	119 693	127 633
轻工业总产值占工业总产值比重(%)	46.6	46.5	46.3	47.3	46.1	49.0	49.3	49.1
全国人口年末数(万人)	117 171	118 517	119 850	121 121	122 389	123 626	124 810	125 909
全国职工年平均工资(元)	2 711	3 371	4 538	5 500	6 210	6 470	7 479	8 346

资料来源:《中国统计摘要》,中国统计出版社,2000年版,第41、105、106页。

(一)绝对数动态数列

把一系列同类的总量指标按时间先后顺序排列起来所形成的动态数列称为绝对数动态数列。它反映社会经济现象在各期达到的绝对水平及其变化发展的状况。如果按照指标所反映的社会经济现象所属的时间不同,绝对数动态数列又可分为时期数列和时点数列两种。

1. 时期数列。在绝对数动态数列中,如果各项指标都是反映某种现象在一段时期内发展过程的总量,这种绝对数动态数列就称为时期数列。如表5-1中所列的我国1992—1999年工业总产值就是个时期数列。时期数列的特点是:

(1) 数列中各个指标的数值是可以相加的，即相加具有一定的经济意义。由于时期数列中每个指标的数值是表示在一段时期内发展过程的总量，所以相加后的数值就表示现象在更长一段时期内发展过程的总量。

(2) 数列中每一个指标数值的大小与所属的时期长短有直接的联系。在时期数列中，每个指标所包括的时期长度，称为“时期”。时期的长短，主要根据研究目的而定，可以是一日、一旬、一月、一季、一年或更长时期。一般来说，时期愈长，指标数值就愈大，反之就愈小。

(3) 数列中每个指标的数值，通常是通过连续不断的登记而取得的。

2. 时点数列。在绝对数动态数列中，如果各项指标都是反映现象在某一时点上(瞬间)所处的数量水平，这种绝对数动态数列就称为时点数列。如表 5-1 中所列的我国 1992—1999 年全国人口年末数就是个时点数列。时点数列有如下特点：

(1) 数列中各个指标的数值是不能相加的，相加不具有实际经济意义。这是由于时点数列中每个指标都是表明某一时点上瞬间现象的数量，相加以后无法说明属于哪一时点的数量。

(2) 数列中每一个指标数值的大小与其时间间隔长短没有直接联系。在时点数列中两个相邻指标在时间上的距离叫做“间隔”。由于时点数列每个指标数值只表明现象某一时点上的数量，年末数值可能大于月末数值，也可以小于月末数值，因此，它的指标数值大小与时间间隔长短没有直接联系。

(3) 数列中每个指标的数值，通常是通过一定时期登记一次而取得的。

(二) 相对数动态数列

把一系列同类的相对指标按时间先后顺序排列起来而形成的动态数列称为相对数动态数列。它反映现象对比关系的发展变化情况，说明社会经济现象的比例关系、结构、速度的发展变化过程。

表5-1中所列轻工业总产值占工业总产值的比重就是一个相对数动态数列。在相对数动态数列中,各个指标数值是不能相加的。

(三) 平均数动态数列

把一系列同类的平均指标按时间先后顺序排列起来而形成的动态数列称为平均数动态数列。它反映社会现象一般水平的发展趋势。表5-1中所列全国职工年平均工资就是一个平均数动态数列。在平均数动态数列中,各个指标数值一般来说也是不能相加的,相加没有经济意义。但有时为了计算序时平均数,各个指标数值在计算过程中也须相加。

为了对社会经济现象发展过程进行全面分析,实际工作中可把上述各种动态数列结合起来运用。

三、动态数列的编制原则

编制动态数列的目的是通过同一指标不同时间的数值对比来反映社会经济现象的发展过程及其规律性。因此,保证数列中各个指标之间的可比性,就成为编制动态数列应遵守的基本原则。具体来说,应注意下列四点。

1. 时期长短应该统一。在时期数列中,由于各个指标数值的大小与时期长短有直接的关系,因此,各个指标所属的时期长短应当前后统一。时间越长,指标数值就越大,反之就越小。时期长短不一,往往就很难作直接比较。但这个原则也不能绝对化,有时为了特殊的研究目的,也可将时期不等的指标编成时期数列,如表5-2所示。

表5-2 我国不同历史时期钢产量

单位:万吨

时 期(年)	1900—1948	1953—1957	1996—2000
钢产量	760	1 667	57 853

从表5-2资料中，可以明显看出，我国第一个五年计划时期的钢产量超过旧中国将近半个世纪钢产量1倍以上，第九个五年计划时期钢产量又比“一五”时期有了更快的发展，增长了33倍以上。

对于时点数列来说，由于各个指标谆反映现象在某一时点的状态，所以不存在时期长短应该统一的问题，两时点间隔长短，对时点指标数值的大小没有直接影响，但为了更有利于对比，时点间隔最好能保持一致。

2. 总体范围应该一致。例如，研究某省人口发展情况，必须注意该省的行政区划有无变动，这种变动会使人口数变动，这样资料的前后期就不可比，要进行适当调整，使得前后总体范围一致，才能对比。

3. 指标的经济内容应该相同。指标的内容和涵义不同，不能混合编制成一个动态数列。例如，内资企业和外商投资经营企业经济内容不是完全相同的，我们不能把内资单位数目和外商投资企业单位数目混合起来，编制一个动态数列进行比较分析。

4. 计算口径应该统一。计算口径主要是指计算方法、计量单位等。例如，我们在研究某企业劳动生产率的增长情况时，如果各期指标的计算方法不一致，有的按产品的实物量计算，有的按价值量计算；或有的按生产工人计算，有的按全部职工计算；或有的按小时计算，有的按实际工作日计算。这样，各指标之间显然没有可比性，从而也就不能运用动态分析方法来正确说明该企业劳动生产率的变动情况。

第二节　动态数列水平分析指标

动态数列水平，也就是现象发展水平。反映现象发展水平的指标有发展水平、平均发展水平、增长量和平均增长量。

一、发展水平和平均发展水平

(一) 发展水平

在动态数列中,各项具体的指标数值叫做发展水平或动态数列水平。它反映社会经济现象在不同时期所达到的水平,是计算其他动态分析指标的基础。

发展水平一般是指总量指标,如工农业总产值、年末人口数等;也可用相对指标来表示,如工业总产值占工农业总产值的比重;或用平均指标来表示,如全国职工年平均工资等。

在动态数列中,由于发展水平所处的位置不同,有最初水平、最末水平、中间各项水平、基期水平和报告期水平之分。在动态数列中,第一个指标数值叫最初水平,最后一个指标数值叫最末水平,其余各指标数值叫中间各项水平。在对两个时间的发展水平作动态对比时,作为对比基础时期的水平称为基期水平,作为研究时期的指标水平称为报告期水平或计算期水平。如果用符号 $a_0, a_1, a_2, \cdots, a_{n-1}, a_n$ 代表数列中各个发展水平,则 a_0 就是最初水平,a_n 就是最末水平,其余就是中间各项水平,如表 5-3 所示。

表 5-3 我国 1996—2001 年彩色电视机产量

单位:万台

年 份	1996	1997	1998	1999	2000	2001
彩电产量	2 538	2 711	3 497	4 262	3 936	3 967

资料来源:《中国统计摘要》,中国统计出版社,2002 年版,第 115 页。

表 5-3 中,1996 年彩色电视机 2 538 万台是最初水平,2001 年彩色电视机 3 967 万台是最末水平,其余各项数值为中间各项水平。若用符号表示,即 1996—2001 年分别用 $a_0, a_1, \cdots, a_5$ 表示。如果 2001 年彩色电视机产量与 1996 年进行对比,那么,1996 年彩色电视机产量不仅是最初水平,也是基期水平,而 2001 年彩色

电视机产量不仅是最末水平，也是报告期水平或计算期水平。如果 2001 年彩色电视机产量与 2000 年彩色电视机产量对比，则 2000 年为基期水平，2001 年为报告期水平。这是随着研究时间和目的的改变而改变的。

（二）平均发展水平

将不同时期的发展水平加以平均而得的平均数叫平均发展水平，在统计上又称为序时平均数或动态平均数。它如前面讲的一般平均数有相同的一面，又有明显的区别。相同的是，两者都是将现象的个别数量差异抽象化，概括地反映现象的一般水平。区别是：① 平均发展水平是同一现象在不同时期上发展水平的平均，从动态上说明其在某一段时间内发展的一般水平，它是根据动态数列来计算的；而一般平均数是同质总体内各单位标志值的平均，从静态上说明其在具体历史条件下的一般水平，它是根据变量数列来计算的。② 平均发展水平是对同一现象不同时间上的数值差异的抽象化，而一般平均数是对同一时间总体某一数量标志值差异的抽象化。此外，平均发展水平还可解决动态数列中某些可比性问题，例如，由于各月的日历天数不同，会影响到企业总产值的大小，如果以计算出各月的每日平均总产值指标来进行对比，就具有可比性，更能反映总产值的发展变化情况。

序时平均数可根据绝对数动态数列计算，也可根据相对数动态数列或平均数动态数列来计算。绝对数动态数列序时平均数的计算方法是最基本的方法。

1．由绝对数动态数列计算序时平均数。由于绝对数动态数列分时期数列和时点数列，它们各具有不同性质，因而计算序时平均数的方法也就不一样。

（1）由时期数列计算序时平均数。由于数列中各项指标数值相加等于全部时期的总量，因此，可直接用数列中各时期指标值之和除以时期项数即得序时平均数。其计算公式为：

$$\bar{a}=\frac{a_1+a_2+\cdots+a_{n-1}+a_n}{n}=\frac{\sum a}{n}$$

式中，$\bar{a}$——序时平均数；

$a_1, a_2, \cdots, a_{n-1}, a_n$——各期发展水平；

n——时期项数。

例如，某企业 2001 年上半年的月平均增加值的计算如表 5-4 所示。

表 5-4 某企业 2001 年上半年各月工业增加值

单位：万元

月 份	1月	2月	3月	4月	5月	6月
增加值	21.4	18.6	23.5	39.2	35.7	28.2

$$月平均增加值=\frac{21.4+18.6+23.5+39.2+35.7+28.2}{6}$$

$$=\frac{166.6}{6}=27.8\text{（万元）}$$

（2）由时点数列计算序时平均数。由于不可能掌握现象发展过程中每一时点上的数字，只能间隔一段时间后统计其余额。所以时点数列的序时平均数是假定在某一时间间隔内现象的增减变动比较均匀或波动不大的前提下推算出来的近似值。现分别几种不同情况加以叙述：

① 根据连续时点数列计算序时平均数。

在连续时点数列中有连续变动和非连续变动两种情况：

a．对连续变动的连续时点数列求序时平均数。如果连续时点数列每日的指标数值都有变动，称为连续变动的连续时点数列。可用简单算术平均法求序时平均数，其计算公式为

$$\bar{a}=\frac{\sum a}{n}$$

例如,已知某企业一个月内每天的工人人数,要计算该月内每天平均工人人数,可将每天的工人人数相加,除以该月的日历日数即得。

b. 对非连续变动的连续时点数列求序时平均数。如果被研究现象不是逐日变动,而是间隔几天变动一次,这样的数列称为非连续变动的连续时点数列。可用加权算术平均法计算序时平均数。其计算公式为

$$\bar{a}=\frac{\sum af}{\sum f}$$

例如,某企业4月1日职工有300人,4月11日新进厂9人,4月16日离厂4人,则该企业4月份平均职工人数为

$$\bar{a}=\frac{300\times 10+309\times 5+305\times 15}{10+5+15}=304(\text{人})$$

② 根据间断时点数列计算序时平均数。在间断时点数列中有间隔相等和间隔不等两种情况:

a. 对间隔相等的间断时点数列求序时平均数。在实际统计工作中,对时点性质的指标,为了简化登记手续,往往每隔一定时间登记一次,如商业企业中商品储存额、流动资金占用额等等,只统计月末数字,这就组成间隔相等的间断时点数列。可采用简单算术平均法计算序时平均数,如表5-5所示。

表5-5 某企业2002年第二季度商品库存额

日 期	单 位	3月	4月	5月	6月
月末库存额	万 元	100	86	104	114

根据表5-5资料,可计算各月和第二季度的平均商品库存额:

$$4\text{月份平均库存额} = \frac{100+86}{2} = 93(\text{万元})$$

$$5\text{月份平均库存额} = \frac{86+104}{2} = 95(\text{万元})$$

$$6\text{月份平均库存额} = \frac{104+114}{2} = 109(\text{万元})$$

$$\text{第二季度平均库存额} = \frac{93+95+109}{3} = 99(\text{万元})$$

上述计算第二季度平均库存额的两个步骤,可以合并简化为:

$$\text{第二季度平均库存额} = \frac{\frac{100+86}{2}+\frac{86+104}{2}+\frac{104+114}{2}}{3}$$

$$= \frac{93+95+109}{3} = 99(\text{万元})$$

上面计算过程概括为一般公式:

$$\bar{a} = \frac{\frac{a_1+a_2}{2}+\frac{a_2+a_3}{2}+\cdots+\frac{a_{n-1}+a_n}{2}}{n-1}$$

$$= \frac{\frac{a_1}{2}+a_2+a_3+\cdots+a_{n-1}+\frac{a_n}{2}}{n-1}$$

式中,$\bar{a}$——序时平均数;

a——各项时点指标数值;

n——时点个数。

这种计算方法称为“首末折半法”。

b. 对间隔不等的间断时点数列求序时平均数。在时点数列中,如果相邻时点间隔不等时,就需首末折半后用相应的时点间隔数加权计算。其计算公式为:

$$\bar{a} = \frac{\frac{a_1 + a_2}{2} f_1 + \frac{a_2 + a_3}{2} f_2 + \cdots + \frac{a_{n-1} + a_n}{2} f_{n-1}}{\sum_{i=1}^{n-1} f_i}$$

式中，$\bar{a}$——序时平均数；

a——各时点值；

f——各时点间隔的距离。

例如，见表 5-6 所示。

表 5-6　某农场某年生猪存栏数

日　期	1月1日	3月1日	8月1日	10月1日	12月31日
生猪存栏数(头)	1 420	1 400	1 200	1 250	1 460

全年生猪平均存栏数

$$= \left(\frac{1\,420+1\,400}{2} \times 2 + \frac{1\,400+1\,200}{2} \times 5 + \frac{1\,200+1\,250}{2} \times 2 + \frac{1\,250+1\,460}{2} \times 3\right) \times \frac{1}{2+5+2+3}$$

$$= \frac{2\,820+6\,500+2\,450+4\,065}{12} \approx 1\,320(\text{头})$$

2. 由相对数或平均数动态数列计算序时平均数。由于相对数和平均数动态数列是派生数列，即其中各项指标都是由两个总量指标对比计算出来的。按照数列的性质，要求利用其相应的两个绝对数动态数列，分别计算分子数列的序时平均数和分母数列的序时平均数，而后加以对比，即可求得。相对数或平均数动态数列的序时平均数计算公式为

$$\bar{c} = \frac{\bar{a}}{\bar{b}}$$

式中，$\bar{c}$——相对数或平均数动态数列的序时平均数；

$\bar{a}$——分子数列的序时平均数；

$\bar{b}$——分母数列的序时平均数。

具体计算时又分以下几种情况。

(1) 由两个时期数列对比而成的相对数或平均数动态数列求序时平均数。

例如,某企业 7—9 月份生产计划完成情况的资料如表 5-7 所示,现计算其第三季度的平均计划完成程度。

表 5-7 某企业 7—9 月份生产计划完成情况

	7月份	8月份	9月份
a 实际产量(件)	500	618	872
b 计划产量(件)	500	600	800
c 产量计划完成% $\left(c=\frac{a}{b}\right)$	100	103	109

$$\because \bar{c}=\overline{\left(\frac{a}{b}\right)}=\frac{\sum \frac{a}{b}\cdot b}{\sum b}=\frac{\sum a}{\sum b}$$

根据表 5-7 资料代入公式,得

$$\text{第三季度平均每月计划完成程度}=\frac{500+618+872}{500+600+800}$$

$$=\frac{1\,990}{1\,900}=104.74\%$$

上式中的$\bar{a}$、$\bar{b}$需根据所掌握的资料不同采取不同的计算,当所掌握的资料不全时,即 a、b、c 有缺项时,同样可以计算$\bar{c}$。

$\because c=\frac{a}{b}$ $\quad\therefore a=bc$,代入上式得

$$\bar{c}=\frac{\sum bc}{\sum b}$$

这个公式实际就是加权算术平均数公式。

同理，$c=\frac{a}{b}$，$\therefore b=\frac{a}{c}$，代入上式得

$$\bar{c}=\frac{\sum a}{\sum \frac{1}{c}a}$$

这个公式实际就是加权调和平均数公式。

$$\bar{c}=\frac{\sum bc}{\sum b}=\frac{100\times 500+103\times 600+109\times 800}{500+600+800}$$

$$=104.74\%$$

或 $\bar{c}=\frac{\sum a}{\sum \frac{1}{c}a}=\frac{500+618+872}{\frac{500}{100}+\frac{618}{103}+\frac{872}{109}}=104.74\%$

可见，用三种公式，其计算结果是完全相同的。

(2) 由两个时点数列对比而成的相对数或平均数动态数列求序时平均数。

① 若时间间隔相等，可采用如下公式：

$$\bar{c}=\frac{\bar{a}}{\bar{b}}=\frac{\dfrac{\frac{a_1}{2}+a_2+\cdots+\frac{a_n}{2}}{n-1}}{\dfrac{\frac{b_1}{2}+b_2+\cdots+\frac{b_n}{2}}{n-1}}=\frac{\frac{a_1}{2}+a_2+\cdots+\frac{a_n}{2}}{\frac{b_1}{2}+b_2+\cdots+\frac{b_n}{2}}$$

当所掌握的资料不全时，可将 $a=bc$ 及 $b=\frac{a}{c}$ 代入上式，即可得出两个变形公式：

$$\bar{c}=\frac{\bar{a}}{\bar{b}}=\frac{\frac{b_1c_1}{2}+b_2c_2+\cdots+\frac{b_nc_n}{2}}{\frac{b_1}{2}+b_2+\cdots+\frac{b_n}{2}}$$

$$\bar{c}=\frac{\bar{a}}{\bar{b}}=\frac{\frac{a_1}{2}+a_2+\cdots+\frac{a_n}{2}}{\frac{a_1}{2c_1}+\frac{a_2}{c_2}+\cdots+\frac{a_n}{2c_n}}$$

例如(见表 5-8):

表 5-8 某企业第三季度生产工人在全体职工中所占的比重

日　　期	6 月 30 日	7 月 31 日	8 月 31 日	9 月 30 日
a 生产工人数	435	452	462	576
b 全体职工人数	580	580	600	720
c 生产工人占全体职工的%	75	78	77	80

$$\text{第三季度生产工人人数占全体职工人数的平均比重}=\frac{\frac{435}{2}+452+462+\frac{576}{2}}{\frac{580}{2}+580+600+\frac{720}{2}}$$

$$=\frac{1\,419.5}{1\,830}=77.6\%$$

若用两个变形公式计算,则

$$\bar{c}=\frac{\frac{580\times0.75}{2}+580\times0.78+600\times0.77+\frac{720\times0.80}{2}}{\frac{580}{2}+580+600+\frac{720}{2}}$$

$$=77.6\%$$

$$\bar{c}=\frac{\frac{435}{2}+452+462+\frac{576}{2}}{\frac{435}{2\times0.75}+\frac{452}{0.78}+\frac{462}{0.77}+\frac{576}{2\times0.80}}=77.6\%$$

② 若时间间隔不等,则要用各个间隔的长度作权数,用加权平均法计算分子和分母的序时平均数,然后再对比。其计算公式为

$$\bar{c} = \frac{\bar{a}}{\bar{b}}$$

$$= \frac{\left(\frac{a_1+a_2}{2}f_1 + \frac{a_2+a_3}{2}f_2 + \cdots + \frac{a_{n-1}+a_n}{2}f_{n-1}\right) \div \sum f}{\left(\frac{b_1+b_2}{2}f_1 + \frac{b_2+b_3}{2}f_2 + \cdots + \frac{b_{n-1}+b_n}{2}f_{n-1}\right) \div \sum f}$$

(3) 由一个时期数列和一个时点数列对比而成的相对数或平均数动态数列求序时平均数。

例如(见表 5-9)：

表 5-9　某商店某年第一季度商品流转次数

月　　份	1	2	3
a　商品流转额(万元)	200	243	272
b　平均商品储存额(万元)	80	90	85
c　商品流转次数 $\left(c=\frac{a}{b}\right)$	2.5	2.7	3.2

表 5-9 中的商品流转额是时期数列，平均商品储存额是时点数列的序时平均数，也是平均数动态数列；将商品流转额与平均商品储存额进行对比即得商品流转次数。如果要计算全季平均每月商品流转次数，则要先计算出两个动态数列的序时平均数，然后再进行对比，可采用如下公式：

$$\bar{c} = \frac{\bar{a}}{\bar{b}} = \frac{\sum a}{n} \div \frac{\sum b}{n} = \frac{\sum a}{\sum b}$$

根据表 5-9 资料，可计算该商店第一季度平均每月商品流转次数，即

$$\bar{c} = \frac{200+243+272}{80+90+85} = 2.80(\text{次})$$

第一季度的商品流转次数 $= 2.80 \times 3 = 8.4$(次)

当所掌握的资料不全时，可将 $a=bc$ 及 $b=\frac{a}{c}$ 代入上式，也可得出两个变形公式：

$$\bar{c}=\frac{\bar{a}}{\bar{b}}=\frac{\sum bc}{\sum b}$$

$$\bar{c}=\frac{\bar{a}}{\bar{b}}=\frac{\sum a}{\sum \frac{1}{c}a}$$

用变形公式计算表 5－9 资料，计算结果相同。

二、增长量和平均增长量

（一）增长量

增长量是说明社会经济现象在一定时期内所增长的绝对数量，它是报告期水平与基期水平之差，反映报告期比基期增长的水平。其计算公式为：

$$增长量 = 报告期水平 - 基期水平$$

由于采用的基期不同，增长量可以分为逐期增长量和累计增长量。逐期增长量是指报告期水平与前一期水平之差，它表明本期比上一期增长的绝对数量；累计增长量是指报告期水平与某一固定时期（基期）水平之差，它表明本期比某一固定时期增长的绝对数量，也即说明在某一段较长时期内总的增长量。这两个指标可用公式表示如下：

逐期增长量：$a_1-a_0, a_2-a_1, \cdots, a_n-a_{n-1}$

累计增长量：$a_1-a_0, a_2-a_0, \cdots, a_n-a_0$

逐期增长量与累计增长量的关系是：逐期增长量之和等于累计增长量，即

$$(a_1 - a_0) + (a_2 - a_1) + \cdots + (a_n - a_{n-1}) = a_n - a_0$$

在实际工作中,常计算年距增长量指标,它是报告期水平与上年同期水平之差。用公式表示如下：

$$\text{年距增长量} = \text{报告期发展水平} - \text{上年同期发展水平}$$

例如,某地区 2002 年第一季度钢产量为 300 万吨,2001 年第一季度为 240 万吨,则

$$\text{年距增长量} = 300 - 240 = 60(\text{万吨})$$

这说明 2002 年第一季度钢产量比上年同期增产 60 万吨。

计算年距增长量可以消除季节变动的影响,表明报告期水平较上年同期水平增加(或减少)的绝对数量。

(二) 平均增长量

平均增长量是说明社会经济现象在一定时期内平均每期增长的数量,从广义来说,它也是一种序时平均数,即是逐期增长量动态数列的序时平均数,反映现象平均增长水平。其计算公式为

$$\text{平均增长量} = \frac{\text{逐期增长量之和}}{\text{逐期增长量个数}} = \frac{\text{累计增长量}}{\text{动态数列项数} - 1}$$

例如,1996—2000 年我国水泥产量资料如表 5-10 所示,现具体计算增长量和平均增长量指标。

表 5-10　1996—2000 年我国水泥产量

单位：万吨

年　份		1996	1997	1998	1999	2000
水泥产量		49 119	51 174	53 600	57 300	59 700
增长量	逐期	—	2 055	2 426	3 700	2 400
	累计	—	2 055	4 481	8 181	10 581

$$\text{水泥年平均增长量}=\frac{2\,055+2\,426+3\,700+2\,400}{4}$$

$$=\frac{10\,581}{4}=2\,645.25(\text{万吨})$$

$$\text{或}=\frac{10\,581}{5-1}=2\,645.25(\text{万吨})$$

第三节　动态数列速度分析指标

动态数列的速度分析指标，也即反映国民经济速度的主要指标，有发展速度、增长速度、平均发展速度和平均增长速度，这四种指标具有密切联系，其中发展速度是基本的速度分析指标。

一、发展速度和增长速度

（一）发展速度

发展速度是表明社会经济现象发展程度的相对指标。它根据两个不同时期发展水平相对比而求得，一般用百分数或倍数表示。计算公式为

$$\text{发展速度}=\frac{\text{报告期水平}}{\text{基期水平}}$$

由于采用的基期不同，发展速度可分为定基发展速度和环比发展速度。定基发展速度是指以报告期水平与某一固定时期水平之比计算的发展速度，它用来说明报告期水平已经发展到了固定时期水平的百分之几（或多少倍），表明这种现象在较长时期内总的发展程度，因此，有时也叫做“总速度”。环比发展速度是以报告期水平与前一时期水平之比计算的发展速度，它用来说明报告期水平已经发展到了前一期水平的百分之几（或多少倍），表明这种现象逐期的发展程度。如果计算的单位时期为一年，这个指标也可

叫做“年速度”。这两种发展速度可表示为

定基发展速度：$\frac{a_1}{a_0},\frac{a_2}{a_0},\cdots,\frac{a_n}{a_0}$；

环比发展速度：$\frac{a_1}{a_0},\frac{a_2}{a_1},\cdots,\frac{a_n}{a_{n-1}}$。

定基发展速度和环比发展速度之间的关系表现为以下两点。

1. 定基发展速度等于环比发展速度的连乘积，即

$$\frac{a_n}{a_0}=\frac{a_1}{a_0}\times\frac{a_2}{a_1}\times\frac{a_3}{a_2}\times\cdots\times\frac{a_n}{a_{n-1}}$$

2. 两个相邻时期的定基发展速度之比，等于它们的环比发展速度，即

$$\frac{a_n}{a_0}\div\frac{a_{n-1}}{a_0}=\frac{a_n}{a_{n-1}}$$

利用以上的关系，我们可以进行相互推算。

在实际工作中，还常要计算一种年距发展速度指标。它是报告期发展水平与上年同期发展水平之比，用公式表示如下：

$$\text{年距发展速度}=\frac{\text{报告期发展水平}}{\text{上年同期发展水平}}$$

例如，某地区 2002 年第一季度钢产量为 300 万吨，2001 年第一季度钢产量为 240 万吨，则

$$\text{年距发展速度}=\frac{300}{240}=125\%$$

这说明 2002 年第一季度钢产量已达到上年同期产量水平的 125%。

计算年距发展速度，也可以消除季节变动的影响，表明本期比上年同期相对发展程度。

（二）增长速度

增长速度是表明社会经济现象增长程度的相对指标。它可以根据增长量与基期发展水平对比求得。通常用百分比或倍数表示。其计算公式为

$$增长速度 = \frac{增长量}{基期发展水平}$$

增长速度和发展速度既有区别又有联系。两者的区别在于概念的不同：增长速度表示社会经济现象报告期比基期增长的程度，而发展速度则表示报告期与基期相比发展到了什么程度。两者的联系可用公式表示：

$$增长速度 = 发展速度 - 1(或100\%)$$

由于采用的基期不同，增长速度也有定基增长速度和环比增长速度之分。定基增长速度是累计增长量与某一固定时期水平之比的相对数，它反映社会经济现象在较长时期内总的增长程度。环比增长速度是逐期增长量与前一期发展水平之比的相对数，它表示社会经济现象逐期的增长程度。但这两个指标是不能直接进行互相换算的。如要进行换算，须先将环比增长速度加“1”化为环比发展速度后，再连乘得定基发展速度，然后再减“1”，才能求得定基增长速度，即

$$定基增长速度 = 定基发展速度 - 1(或100\%)$$

$$环比增长速度 = 环比发展速度 - 1(或100\%)$$

由此可见，发展速度大于1，则增长速度为正值，说明社会经济现象增长的程度时用“增加了”表示；反之，发展速度小于1，则增长速度为负值，说明社会经济现象降低的程度时用“降低了”表示。

现仍以前述水泥产量资料，计算发展速度和增长速度如下（见

表 5-11 所示)。

表 5-11 1996—2000 年我国水泥产量

年份		1996	1997	1998	1999	2000
水泥产量(万吨)		49 119	51 174	53 600	57 300	59 700
发展速度(%)	定基	100	104.2	109.1	116.7	121.5
	环比	—	104.2	104.7	106.9	104.2
增长速度(%)	定基	—	4.2	9.1	16.7	21.5
	环比	—	4.2	4.7	6.9	4.2

从表 5-11 中可看出,2000 年定基发展速度为 121.5%,而 1996—2000 年的环比发展速度的连乘积为

$$104.2\% \times 104.7\% \times 106.9\% \times 104.2\% = 121.5\%$$

正好等于 2000 年定基发展速度。但环比增长速度的连乘积并不等于定基增长速度,所以不能进行数量上的相互推算。

在实际工作中,我们也常计算年距增长速度,用于说明年距增长量与上年同期发展水平对比达到的相对增长程度。用公式表示为

$$\text{年距增长速度} = \frac{\text{年距增长量}}{\text{上年同期发展水平}}$$

$$= \text{年距发展速度} - 1(\text{或 } 100\%)$$

例如,根据上述某地区 2002 年第一季度钢产量情况,其年距增长速度为:125% − 100% = 25%。这说明 2002 年第一季度钢产量比上年同期增加了 25%。

二、平均发展速度和平均增长速度

为了观察社会经济现象在一个较长时期内逐期平均发展变化的程度和逐期平均增长变化的程度,就须计算平均发展速度和平

均增长速度指标。平均速度指标是动态研究中很重要的两个分析指标。

（一）平均发展速度

平均发展速度是各期环比发展速度的序时平均数。由于环比发展速度是根据同一现象在不同时间发展水平对比而得的动态相对数，因此，它不能应用上述所讲的计算序时平均数的方法来计算。在实际工作中，计算平均发展速度的方法主要有两种，即几何平均法和方程法。两种方法数理依据不同，具体计算和应用场合也不一样，现分述之。

1．几何平均法。计算平均发展速度时，因为总速度不等于各期环比发展速度的算术总和，而等于各期环比发展速度的连乘积，所以不能应用算术平均法，而要应用几何平均法来计算。在实践中，如果用水平法制定长期计划，则要求用几何平均法计算其平均发展速度，按此平均发展速度发展，可以保证在最后一年达到规定的 a_n 水平，所以几何平均法也称“水平法”。即从最初水平 a_0 出发，以平均发展速度 $\overline{X}$ 代替各环比发展速度 $X_1, X_2, X_3, \cdots, X_n$，经过 n 期发展，正好达到最末水平 a_n，用公式表示如下：

$$a_0 \cdot X_1 \cdot X_2 \cdot X_3 \cdot \cdots \cdot X_n = a_n$$

$$a_0 \cdot \underbrace{\overline{X} \cdot \overline{X} \cdot \overline{X} \cdot \cdots \cdot \overline{X}}_{n\text{个}} = a_n$$

$$\therefore \overline{X}^n = \frac{a_n}{a_0}$$

因此，平均发展速度 $\overline{X}$ 计算公式为

$$\overline{X} = \sqrt[n]{\frac{a_n}{a_0}} \qquad ①$$

因为 $\frac{a_n}{a_0}$ 为 n 期的定基发展速度，根据定基发展速度等于相应

时期各环比发展速度的连乘积的关系，所以计算平均发展速度也可以用下列公式：

$$\overline{X}=\sqrt[n]{\frac{a_n}{a_0}}=\sqrt[n]{X_1\cdot X_2\cdot X_3\cdot\cdots\cdot X_n}=\sqrt[n]{\prod X}\qquad ②$$

又因为$\frac{a_n}{a_0}$也是整个时期的总速度，所以平均发展速度还可以根据总速度计算，公式如下：

$$\overline{X}=\sqrt[n]{\frac{a_n}{a_0}}=\sqrt[n]{R}\qquad ③$$

上述①、②、③公式中：

$\overline{X}$——平均发展速度；

$X_1,X_2,X_3,\cdots,X_n$——各期环比发展速度；

$\prod$——连乘符号；

R——总速度；

n——环比发展速度的项数。

计算平均发展速度时，根据所掌握的资料可选用以上任何一个公式来进行。如果掌握了最初水平和最末水平，可用①式计算；如果掌握了各期环比发展速度，可用②式计算；如果掌握了总速度，则可直接用③式计算。三个公式的计算结果是一致的。但不管应用哪个公式，由于用算术方法开高次方十分困难，在实际工作中解决这个问题的方法有三种：

(1) 用电子计算器直接开 n 次方，这是运用最广泛、最方便的办法。

(2) 查“平均增长速度查对表”，采用查表法直接可以找到开方的值，也简便易行。

(3) 采用对数的方法求解。以上三个公式可改写为：

$$\lg \overline{X} = \frac{1}{n}(\lg a_n - \lg a_0)$$

或 $$\lg \overline{X} = \frac{1}{n}(\lg X_1 + \lg X_2 + \lg X_3 + \cdots + \lg X_n)$$

$$= \frac{1}{n}\sum \lg X$$

下面举例说明第一、第三种方法的运用。

仍以表 5－11 我国 1996—2000 年水泥产量资料为例。

若根据最初水平和最末水平计算平均发展速度：

用电子计算器直接开 4 次方计算：

$$\overline{X} = \sqrt[n]{\frac{a_n}{a_0}} = \sqrt[4]{\frac{59\,700}{49\,119}} = 105\%$$

或用对数法计算：

$$\lg \overline{X} = \frac{1}{4}(\lg 59\,700 - \lg 49\,119)$$

$$= \frac{1}{4}(4.776\,0 - 4.691\,3)$$

$$= 0.021\,2$$

查反对数表$\overline{X}$=1.050 或 105%。

若根据各环比发展速度计算平均发展速度：

$$\overline{X} = \sqrt[n]{\prod X}$$

$$= \sqrt[4]{104.2\% \times 104.7\% \times 106.9\% \times 104.2\%}$$

$$= 105\%$$

若根据总速度计算平均发展速度：

$$\overline{X} = \sqrt[n]{R} = \sqrt[4]{1.215} = 105\%$$

2. 方程法。在实践中，如果长期计划按累计法制定，则要求用方程法计算平均发展速度，按此平均速度发展，可以保证计划内各期发展水平的累计达到计划规定的总数，所以方程法也称累计法。即，从最初水平 a_0 出发，各期按平均发展速度$\overline{X}$计算发展水平，则计算的各期发展水平累计总和，应与实际所具有的各期发展水平的累计总和相等。列出方程式，再求解，便得出平均发展速度。

设$\overline{X}$为平均发展速度，按平均发展速度计算的各期水平的假定值为：

第一期　$a_1 = a_0\overline{X}$；

第二期　$a_2 = a_0\overline{X}\cdot\overline{X} = a_0\overline{X}^2$；

第三期　$a_3 = a_0\overline{X}^2\cdot\overline{X} = a_0\overline{X}^3$；

⋮　　⋮　　⋮

第 n 期　$a_n = a_0\overline{X}^{n-1}\cdot\overline{X} = a_0\overline{X}^n$。

故各期假定水平之和为：

$$\begin{aligned}&a_0\overline{X} + a_0\overline{X}^2 + a_0\overline{X}^3 + \cdots + a_0\overline{X}^n\\&= a_0(\overline{X}^n + \overline{X}^{n-1} + \cdots + \overline{X}^2 + \overline{X})\end{aligned}$$

因各期实际水平之和为：

$$a_1 + a_2 + a_3 + \cdots + a_n = \sum_{i=1}^{n} a_i$$

两者相等，则可列如下方程式：

$$a_0(\overline{X}^n + \overline{X}^{n-1} + \cdots + \overline{X}^2 + \overline{X}) = \sum_{i=1}^{n} a_i$$

即

$$\overline{X}^n + \overline{X}^{n-1} + \cdots + \overline{X}^2 + \overline{X} = \frac{\sum_{i=1}^{n} a_i}{a_0}$$

解此方程所得的正根就是要计算的平均发展速度。但是要解这个高次方程是比较复杂的，实际工作中都根据事先编就的《平均增长速度查对表》[①] 来计算。

（二）平均增长速度

平均增长速度是各期环比增长速度的序时平均数，它表明现象在一定时期内逐期平均增长变化的程度。根据增长速度与发展速度之间的运算关系，要计算平均增长速度，首先要计算出平均发展速度指标，然后将其减“1”（或100%）求得，即

$$平均增长速度 = 平均发展速度 - 1（或100\%）$$

平均发展速度大于“1”，平均增长速度就为正值，表示某种现象在一个较长时期内逐期平均递增的程度，这个指标也叫做“平均递增速度”或“平均递增率”；反之，平均发展速度小于“1”，平均增长速度为负值，表示某种现象在一个较长时期内逐期平均递减程度，这个指标也可叫做“平均递减速度”或“平均递减率”。

下面，我们举例说明如何应用查表法来求平均发展速度和平均增长速度。表5-12所示某地区1997—2001年原油产量。

表5-12 某地区1997—2001年原油产量

单位：万吨

年 份	原油产量	年 份	原油产量
1996	6 122(a_0)	1999	8 395(a_3)
1997	6 775(a_1)	2000	9 281(a_4)
1998	7 539(a_2)	2001	9 861(a_5)

第一步，计算递增或是递减速度：

$$\frac{a_1 + a_2 + a_3 + a_4 + a_5}{n}$$

① 《平均增长速度查对表》，中国财政经济出版社，1981年版。

$$= \frac{6\,775 + 7\,539 + 8\,395 + 9\,281 + 9\,861}{5}$$

$$= \frac{41\,851}{5} = 8\,370.2 \quad 则$$

$\frac{a_1 + a_2 + a_3 + a_4 + a_5}{n} > a_0$ 为递增速度，应在累计法查对表的增长速度部分查找。

第二步，计算总发展速度：

$$\frac{a_1 + a_2 + a_3 + a_4 + a_5}{a_0} = \frac{41\,851}{6\,122} = 6.836\,2$$

或 683.62%

第三步，查表，见表 5－13，在累计法查对表中的 $n=5$ 的栏内，找到接近 683.62%的数字是 683.34%，再查到该数所在行左边第一栏内百分比为 10.6%，即为所求的平均每年增长速度。该地区 1997—2001 年原油产量的平均发展速度为 100% + 10.6% = 110.6%。为了说明累计法查对表的使用方法，现摘录与此有关的累计法查对表的一部分（见表 5－13）。

表 5－13　累计法查对表（间隔期：1—5 年）

平均每年增长（%）	各年发展总和为基期的%				
	1 年	2 年	3 年	4 年	5 年
⋮	⋮	⋮	⋮	⋮	⋮
10.6	110.60	232.92	368.21	517.84	683.34
10.7	110.70	233.24	368.90	519.07	685.32
10.8	110.80	233.57	369.59	520.31	687.30
10.9	110.90	233.89	370.28	521.54	689.29
11.0	111.00	234.21	370.97	522.78	691.29
⋮	⋮	⋮	⋮	⋮	⋮

（三）计算和运用平均发展速度时应注意的问题

1．根据统计研究目的选择计算方法。前述计算平均发展速度有几何平均法（水平法）和方程法（累计法）两种方法，这两个方法在具体运用上各有其特点和局限性。当目的在于考察最末一年发展水平而不关心各期水平总和时，可采用水平法；当目的在于考察各期发展水平总和而不关心最末一年水平时，可采用累计法。这样可以扬长避短，发挥两种计算方法的作用。

2．要注意社会经济现象的特点。(1) 当现象随着时间的发展比较稳定地逐年上升或逐年下降时，一般采用水平法计算平均发展速度。但要注意，如果编制的动态数列中，最初水平和最末水平受特殊因素的影响而出现过高或过低的情况，则不可计算平均发展速度。(2) 当现象的发展不是有规律地逐年上升或下降，而是经常表示为升降交替，一般采用累计法计算平均发展速度。但要注意，如果资料中间有几年环比速度增长得特别快，而有几年又降低得较多，出现显著的悬殊和不同的发展方向，就不可计算平均发展速度，因为用这样的资料计算的平均发展速度会降低这一指标的意义，从而不能确切说明实际情况。

3．应采取分段平均速度来补充说明总平均速度。这在分析较长历史时期资料时尤为重要。因为仅根据一个总的平均速度指标只能笼统概括地反映其在很长时期内逐年平均发展或增长的程度，对深入了解这种现象的发展过程和变化情况往往是不够的。例如，要分析我国建国以来粮食产量的平均发展速度和平均增长速度时，就有必要分别以国民经济恢复时期、各个五年计划时期和各个特定时期（如某几年受自然灾害的影响，产量逐年下降）等分段计算其平均速度加以补充说明。

4．平均速度指标要与其他指标结合应用。(1) 要与发展水平、增长量、环比速度、定基速度等各项基本指标结合应用，起到分析研究和补充说明的作用，以便对现象有比较确切和完整的认识。

(2) 在经济分析中，要与其他有关经济现象的平均速度指标结合运用。例如，工农业生产的平均速度、基本建设投资额与新增固定资产的平均速度、商品销售额与利润额的平均速度等，都可结合进行比较研究，以便深入了解有关现象在各个研究时期中每年平均发展和增长程度等，为研究国民经济各种具有密切联系的现象的发展动态提供数据。

第四节　长期趋势的测定与预测

动态数列反映现象的发展变化，是由多种复杂因素共同作用的结果。从长期来看，揭示经济现象发展的长期趋势和测定其受季节变动的影响，则对于每一个具体的动态数列来讲都是十分重要的问题。本节阐述长期趋势的测定与预测方法，下节阐述季节变动的测定与预测方法。

一、长期趋势测定与预测的意义

长期趋势就是研究某种现象在一个相当长的时期内持续向上或向下发展变动的趋势。如我国的工农业生产在社会主义市场经济运作中，要呈现不断上升的长期趋势。测定长期趋势的主要目的是：首先，在于把握现象的趋势变化；其次，从数量方面来研究现象发展的规律性，探求合适趋势线，为进行统计预测提供必要条件；最后，测定长期趋势，可以消除原有动态数列中长期趋势的影响，以便更好地显示和测定季节变动。

在实际工作中，常常把趋势分析与统计预测结合在一起。趋势分析与统计预测是现代化管理方法，它可以反映社会经济现象发展变化的规律，从而使我们对未来有比较科学的认识。通过预测为领导机关和管理部门制定正确的决策提供依据。

反映现象发展的长期趋势有两种基本形式：一种是直线趋

势，另一种是非直线趋势即趋势曲线。当所研究现象在一个相当长的时期内呈现出比较一致上升或下降的变动，如循一直线发展，则为直线趋势，可求出一条直线代表之，这条直线也可叫做趋势直线。趋势直线上升或下降，表示这种现象的数值逐年俱增或俱减，且每年所增加或减少的数量大致相同。所以直线趋势的变化率或趋势线的斜率基本上是不变的。而非直线趋势，其变化率或趋势线的斜率是变动的。

研究现象发展的长期趋势，就须对原来的动态数列进行统计处理，一般称之为动态数列修匀，即进行长期趋势测定，测定长期趋势常用的主要方法有间隔扩大法、移动平均法、最小平方法。

二、间隔扩大法

这是测定直线趋势的一种简单的方法。当原始动态数列中各指标数值上下波动，使现象变化规律表现不明显时，可通过扩大数列时间间隔，对原资料加以整理，以反映现象发展的趋势。

例如，某机器厂各月生产机器台数资料如表 5－14 所示。

表 5－14 某机器厂各月生产机器台数

单位：台

月　　份	1	2	3	4	5	6	7	8	9	10	11	12
机器台数	41	42	52	43	45	51	53	40	51	49	56	54

从表 5－14 中可看出，数列变化并不均匀，即各月之间的机器台数起伏不定，用该动态数列不能清楚地反映该厂生产量变动的趋势。现将月资料整理成季资料，可将表 5－14 资料整理见表 5－15 所示。

间隔扩大后的资料，可以明显地显示出生产的机器台数呈逐期增长的变化趋势。

表 5-15　某机器厂各季度生产机器台数

单位：台

季　度	1	2	3	4
机器台数	135	139	144	159

间隔扩大法，可以用间隔扩大总数(见表 5-15)，也可以用间隔扩大平均数来编制新的动态数列。如把上例资料改用间隔扩大平均数编制成新的动态数列见表 5-16 所示。

表 5-16　某机器厂各季平均生产机器台数

单位：台

季　度	1	2	3	4
平均机器台数	45	46.3	48	53

由此也可以看出该厂机器生产量呈逐期增长趋势。

应用间隔扩大法应注意：第一，同一数列前后时间间隔应当一致，以便于比较；第二，时间间隔的长短，应根据具体现象的性质和特点而定，以能显示现象变化趋势为宜。

三、移动平均法

这也是对原有动态数列进行修匀，来测定其长期趋势的一种较为简单的方法。这个方法就是采用逐项递推移动的方法，分别计算一系列移动的序时平均数，形成一个新的派生的序时平均数动态数列，来代替原有的动态数列。在这个新的动态数列中，短期的偶然因素引起的变动被削弱了，从而呈现出明显的长期趋势。

现仍以表 5-14 某厂生产机器台数资料，采取 3 项和 5 项移动平均数分别进行修匀，计算其各个移动平均数(如表 5-17 所示)。

表 5-17 某机器厂各月生产机器台数的移动平均数

月 份	机器台数(台)	3 项移动平均数	5 项移动平均数
1	41	—	—
2	42	45	—
3	52	45.7	44.6
4	43	46.7	46.6
5	45	46.3	48.8
6	51	49.7	46.4
7	53	48	48
8	40	48	48.8
9	51	46.7	49.8
10	49	52	50
11	56	53	—
12	54	—	—

应用移动平均法分析长期趋势时,应注意下列四点。

1. 用移动平均法对原动态数列修匀,修匀程度的大小,与原数列移动平均的项数多少有关。

例如,用 5 项移动平均比 3 项移动平均修匀程度更大些(见图 5-1)。这就是说,修匀的项数越多,效果越好,即趋势线越为平滑。

2. 移动平均法所取项数的多少,应视资料的特点而定。

原有动态数列如有循环周期,则移动平均的项数以循环周期的长度为准。事实证明,当移动平均的时期长度等于周期长度或其整倍数时,它就能把周期的波动完全抹掉。例如,当数列资料为季资料时,可采用 4 项移动平均;若根据各年的月份资料,则应取 12 项移动平均,这样可消除受季节变动的影响,能较为准确地揭示现象发展的长期趋势。

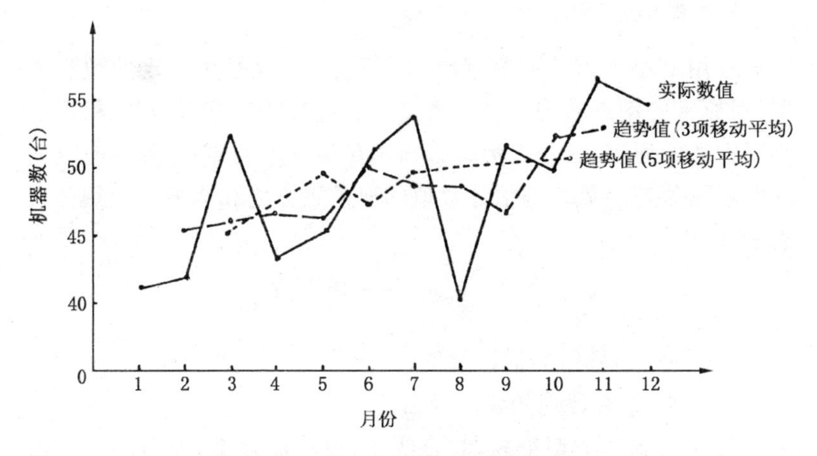

图 5-1　移动平均法趋势线配合图

3. 移动平均法,采用奇数项移动比较简单,一次即得趋势值。

如表 5-17 所示,3 项移动第一个移动平均数为 (41 + 42 + 52) ÷ 3 = 45(台),即可对正为 2 月份的原值。第二个移动平均数为 (42 + 52 + 43) ÷ 3 = 45.7(台),即可对正为 3 月份的原值等。采用偶数项移动平均时,由于偶数项移动平均数都是在两项中间位置,所以要将第一次移动的平均值再进行两项“移正平均”,得出移正值动态数列,以显示出现象变动趋势。由于偶数项移动平均比较复杂,因此,一般常以奇数项为长度。

4. 移动平均后的数列,比原数列项数要减少。

移动时采用的项数愈多,虽能更好地进行修匀,但所得趋势值的项数就愈少。一般情况下,移动平均项数与趋势值的项数关系为:趋势值项数=原数列项数-移动平均项数+1。如上例,原数列项数为 12,采取 3 项移动平均所得趋势值项数 = 12 - 3 + 1 = 10(项);如采用 5 项移动平均则趋势值项数 = 12 - 5 + 1 = 8(项)。因此,为了便于看出现象的发展趋势,要视具体情况,以确定移动平均的项数,但不宜太多。

四、最小平方法

应用最小平方法研究现象的发展趋势,就是用一定的数学模型,对原有的动态数列配合一条适当的趋势线来进行修匀。根据最小平方法的原理,这条趋势线必须满足最基本的要求,即原有数列的实际数值与趋势线的估计数值的离差平方之和为最小。用公式表示如下:

$$\sum (y - y_c)^2 \rightarrow \text{最小值}$$

式中,y_c——趋势线的估计数值;

y——原有数列的实际数值。

长期趋势的类型很多,有直线型,也有曲线型,而最小平方法既可用于配合直线,也可用于配合曲线,所以它是分析长期趋势的十分普遍和理想的方法。下面主要介绍根据社会经济现象的基本趋势,如何用最小平方法配合直线方程、抛物线方程及指数曲线方程。

(一)直线方程

如果现象的发展,其逐期增长量大体上相等,则可考虑配合直线趋势。直线方程的一般形式为

$$y_c = a + bt$$

式中,a——截距;

b——直线的斜率。

上述直线方程式中,a、b 为两个未定参数,根据最小平方法的要求,即 $\sum (y - y_c)^2 \rightarrow$ 最小值,可用求偏导数的方法,导出以下联立方程组:

$$\begin{cases} \sum y = na + b\sum t \\ \sum ty = a\sum t + b\sum t^2 \end{cases}$$

式中，t——动态数列的时间；

y——动态数列中各期水平；

n——动态数列的项数。

为了计算方便，我们可以假设时间 t：当时间项数为奇数时，可假设 t 的中间项为 0，这时时间项依次排列为：…，−3，−2，−1，0，1，2，3，…；当时间项数为偶数时，时间项依次排列为：…，−5，−3，−1，1，3，5，…，这时，原点 0 实际上是在数列正中相邻两个时间的中点。以上两种设 t 的方法是要使时间项的正负相消，使 $\sum t=0$，则上述联立方程组可简化为：

$$\begin{cases}\sum y = na \\ \sum ty = b\sum t^2\end{cases}$$

例如，某地区粮食产量资料见表 5-18 所示。

表 5-18　某地区粮食产量

单位：千克

年　份	粮食产量	逐期增长量	年　份	粮食产量	逐期增长量
1993	217	—	1998	253	11
1994	230	13	1999	280	27
1995	225	−5	2000	309	29
1996	248	24	2001	343	34
1997	242	−6			

根据表 5-18 资料初步计算分析，可视为逐期增长量大体相等，所以可配合一个直线趋势方程，现列表说明其计算方法，如表 5-19 所示。

表 5-19　某地区粮食产量直线趋势方程计算表

年　份	t	y	ty	t^2	y_c
1993	−4	217	−868	16	230.71
1994	−3	230	−690	9	217.98
1995	−2	225	−450	4	232.25
1996	−1	248	−248	1	246.51
1997	0	242	0	0	260.78
1998	1	253	253	1	275.05
1999	2	280	560	4	289.31
2000	3	309	927	9	303.58
2001	4	343	1 372	16	317.85
合　计	—	2 347	856	60	2 347.02

由表 5-19 可知：$\sum y = 2\,347$

$$\sum ty = 856$$

$$\sum t^2 = 60$$

$$n = 9$$

代入上列联立方程组中，得

$$\begin{cases} 2\,347 = 9a \\ 856 = 60b \end{cases}$$

$$\therefore a = \frac{2\,347}{9} = 260.78$$

$$b = \frac{856}{60} = 14.267$$

将 a、b 值代入直线方程式，得

$$y_c = 260.78 + 14.267t$$

接着把各年 t 值代入上列方程式，可得各年的趋势值 y_c，如表 5－19 最后一栏所示。可见 $\sum y_c$ 和 $\sum y$ 的数值非常接近。

如果将趋势直线向外延伸，可预测该地区 2002 年的粮食产量。也即当 $t=5$ 时

$$y_c = 260.78 + 14.267 \times 5 = 332.12(\text{千克})$$

这个数字可作为经济预测的参考数据。

（二）抛物线方程

如果现象的发展，其逐期增长量的增长量（即各期的二级增长量）大体相同，则可考虑曲线趋势——配合抛物线方程。抛物线的一般方程为

$$y_c = a + bt + ct^2$$

此抛物线方程的二级增长量是相等的，如表 5－20 所示。

表 5－20　抛物线方程计算表

t	$y = a + bt + ct^2$	逐期增长量	二级增长量
1	$a + b + c$	—	—
2	$a + 2b + 4c$	$b + 3c$	—
3	$a + 3b + 9c$	$b + 5c$	$2c$
4	$a + 4b + 16c$	$b + 7c$	$2c$
5	$a + 5b + 25c$	$b + 9c$	$2c$
⋮	⋮	⋮	⋮

从表 5－20 看，各期的二级增长量均为 $2c$。

上述抛物线方程式中，有 a、b、c 三个未定参数，根据最小平方法的要求，同样用求偏导数的方法，导出以下由三个方程组成的联立方程组：

$$\begin{cases} \sum y = na + b\sum t + c\sum t^2 \\ \sum ty = a\sum t + b\sum t^2 + c\sum t^3 \\ \sum t^2 y = a\sum t^2 + b\sum t^3 + c\sum t^4 \end{cases}$$

同样,为了计算方便,我们可以通过假设 t,使 $\sum t = 0$, $\sum t^3 = 0$,则上列联立方程组可简化为

$$\begin{cases} \sum y = na + c\sum t^2 \\ \sum ty = b\sum t^2 \\ \sum t^2 y = a\sum t^2 + c\sum t^4 \end{cases}$$

如表 5-21 所示。

表 5-21 某工业产品产量

单位:吨

年 份	产品产量	逐期增长量	二级增长量
1993	988	—	—
1994	1 012	24	—
1995	1 043	31	7
1996	1 080	37	6
1997	1 126	46	9
1998	1 179	53	7
1999	1 239	60	7
2000	1 307	68	8
2001	1 382	75	7

根据表 5-21 资料初步计算分析,各年二级增长量大体相等,所以该产品产量发展的基本趋势,比较接近于抛物线型,可配合一个抛物线方程。现列表 5-22 说明其计算过程。

表 5-22　某工业产品产量抛物线方程计算表

年　份	t	y	ty	t^2	t^2y	t^4	y_c
1993	−4	988	−3 952	16	15 808	256	988.27
1994	−3	1 012	−3 036	9	9 108	81	1 011.64
1995	−2	1 043	−2 086	4	4 172	16	1 042.39
1996	−1	1 080	−1 080	1	1 080	1	1 080.52
1997	0	1 126	0	0	0	0	1 126.03
1998	1	1 179	1 179	1	1 179	1	1 178.92
1999	2	1 239	2 478	4	4 956	16	1 239.19
2000	3	1 307	3 921	9	11 763	81	1 306.84
2001	4	1 382	5 528	16	22 112	256	1 381.87
合　计	—	10 356	2 952	60	70 178	708	10 355.67

由表 5-22 可知：$\sum y = 10\,356$

$$\sum ty = 2\,952$$

$$\sum t^2 = 60$$

$$\sum t^2 y = 70\,178$$

$$\sum t^4 = 708$$

代入上列联立方程组，得

$$\begin{cases} 10\,356 = 9a + 60c \\ 2\,952 = 60b \\ 70\,178 = 60a + 708c \end{cases}$$

用消元法，解得

$$a = 1\,126.03$$

$$b = 49.20$$

$$c = 3.69$$

将 a、b、c 值代入抛物线方程，得

$$y_c = 1126.03 + 49.20t + 3.69t^2$$

如果将这条趋势线向外延伸，可预测该产品 2002 年产量。也即当 $t=5$ 时：

$$y_c = 1126.03 + 49.20 \times 5 + 3.69 \times 5^2 = 1464.28(\text{吨})$$

这个数字可作为经济预测的参考数据。

（三）指数曲线方程

如果现象的发展，其环比发展速度或环比增长速度大体相同，则可考虑曲线趋势——配合指数曲线方程。指数曲线的一般方程为

$$y_c = ab^t$$

式中，a——动态数列的基期水平；

b——现象的一般发展速度；

t——动态数列的时间。

a、b 均为未定参数。公式表明：t 年的变量 y 等于基期水平乘上一般发展速度的 t 次方。

进行指数曲线拟合时，一般是将指数方程通过取对数转化成直线方程，然后按直线方程办法确定出参数，再对直线方程求得的结果查反对数表还原。

先对上述方程式两边各取对数，得

$$\lg y_c = \lg a + t\lg b$$

设：$Y=\lg y_c$

$A=\lg a$

$B=\lg b$

则：$Y = A + Bt$

应用最小平方法求得的联立方程组为

$$\begin{cases}\sum Y = nA + B\sum t \\ \sum tY = A\sum t + B\sum t^2\end{cases}$$

同样设法使 $\sum t = 0$，则此联立方程组可简化为

$$\begin{cases}\sum Y = nA \\ \sum tY = B\sum t^2\end{cases}$$

表 5－23 资料表明各年环比增长速度大体相同，所以该地区工业净产值发展的基本趋势比较接近于指数曲线型，可给本资料配合一个指数曲线方程。

表 5－23　某地区工业净产值

年　份	净产值(千万元)	各年环比增长速度(%)
1996	5.3	—
1997	7.2	36
1998	9.6	33
1999	12.9	34
2000	17.1	33
2001	23.2	36

具体计算过程见表 5－24。

表 5－24　某地区工业净产值指数曲线方程计算表

年　份	净产值 y	t	$Y=\lg y$	$t\lg y$	t^2	$\lg y_c$	y_c
1996	5.3	−5	0.724 3	−3.621 5	25	0.726 9	5.331 5
1997	7.2	−3	0.857 3	−2.571 9	9	0.854 3	7.150 0
1998	9.6	−1	0.982 3	−0.982 3	1	0.981 8	9.588 9
1999	12.9	1	1.110 6	1.110 6	1	1.109 2	12.819 7
2000	17.1	3	1.233 0	3.699 0	9	1.236 7	17.246 1
2001	23.2	5	1.365 5	6.827 5	25	1.364 2	23.131 3
合　计	75.3	0	6.273 0	4.461 4	70	—	75.267 5

由表 5－24 资料可知：$\sum Y = \sum \lg y = 6.2730$

$$\sum tY = \sum t\lg y = 4.4614$$

$$\sum t^2 = 70$$

代入上述联立方程组，得

$$\begin{cases} 6.2730 = 6A \\ 4.4614 = 70B \end{cases}$$

解得 $A = 1.0455$

$B = 0.06373$

$\because A = \lg a = 1.0455 \qquad \therefore a = 11.1045$

$\because B = \lg b = 0.06373 \qquad \therefore b = 1.1581$

对数趋势直线方程式为 $Y = \lg y_c = \lg a + t\lg b$

$$= 1.0455 + 0.06373t$$

指数曲线方程式为 $y_c = ab^t = 11.1045 \times (1.1581)^t$

将代表各年的 t 值代入上列方程式，就可求得各年的趋势值 y_c，如表 5－24 最后一栏所示，由于 $\sum y_c$ 数值非常接近于 $\sum y$ 数值，所以此方程拟合较好。

如果将这条趋势线向外延伸，可预测该地区 2002 年工业净产值。也即当 $t=7$ 时

$$y_c = 11.1045 \times (1.1581)^7 = 31.03\text{(千万元)}$$

或

$$\lg y_c = \lg a + t\lg b = 1.0455 + 0.06373 \times 7$$

$$= 1.49161$$

$$y_c = 31.03\text{(千万元)}$$

可见,代入对数趋势直线方程预测,计算较为方便。这个数字可作为经济预测的参考数据。

综上所述,我们在分析社会经济现象发展的长期趋势时,应该注意到,不论将哪一种趋势线向外延伸来预测未来可能达到的数值,都具有一定的假定性。因此,要做好经济预测工作,除了用必要的数学方法来建立数学模型外,一定要结合调查研究,具体情况具体分析,才能得出较为准确的结果。

第五节　季节变动的测定与预测

在一个动态数列中,除存在长期趋势外,往往还存在季节变动。例如,夏天汗衫、背心、冷饮的销售量就高于其他季节;冬天围巾、取暖器的销售量就比较大;铁路客运量以过年前后为高峰。在另外一些情况下,季节变动会引起设备和劳动力使用不平衡,原料供应不足,运输量不够,这给生产和人们生活带来某些影响。我们研究季节变动的目的,主要是为了认识它、掌握它,从而克服由于季节变动而引起的不良影响,以便为合理组织生产、安排人民经济生活提供资料。例如,在商业工作中,由于季节变动对某些商品零售额的影响,我们要很好地掌握这一变动规律,这对商业部门合理组织货源、有效地使用资金,对金融部门恰当地安排商业信贷计划等,都具有十分重要的作用。

测定季节变动的方法很多,从其是否考虑受长期趋势的影响来看,有两种方法:一是不考虑长期趋势的影响,直接根据原始的动态数列来计算,常用的方法是按月平均法;另一是根据剔除长期趋势影响后的数列资料来计算,常用的方法是移动平均趋势剔除法。不管使用哪种方法来计算季节变动,都须用 3 年或更多年份的资料(至少 3 年)作为基本数据进行计算分析,这样才能较好地消除偶然因素的影响,使季节变动的规律性更切合实际。

一、按月平均法

按月平均法亦称按季平均法。若是月资料就是按月平均；若是季资料则按季平均。其计算的一般步骤如下：

1. 列表。将各年同月(季)的数值列在同一栏内；
2. 将各年同月(季)数值加总，并求出月(季)平均数；
3. 将所有月(季)数值加总，求出总的月(季)平均数；
4. 求季节比率(或季节指数)S.I.，其计算公式为：

$$\text{S.I.}=\frac{\text{各月平均数}}{\text{全期各月平均数}}\times 100\%$$

例如，某厂 3 年围巾销售量资料如表 5－25 所示，试计算季节比率并预测第 4 年 10 月份和 11 月份围巾的销售量。

由于是月资料，季节比率之和应等于 1 200%，本例季节比率之和为 1 199.83%，基本接近。若相差过大，应作调整，方法是先求出校正系数$\left(\text{校正系数}=\frac{1\,200}{12\text{ 个月季节比率之和}}\right)$，再用此系数乘以原来的各月季节比率。如果是季资料，则季节比率之和应等于 400%。

从表 5－25 资料可看出，由于受气候变化的影响，该厂的销售量有较明显的季节变动。秋冬季节，气候比较寒冷，故围巾的销售量也增多，尤以 11、12、1 月份为最高。6 月、7 月、8 月天气较热，则围巾销售量随之而降，为最低。我们掌握了销售量季节变动的规律，就可以采取适当的生产与销售措施。

根据表 5－25 所列季节比率资料，如绘成季节变动曲线图，可以更清楚地看出季节变动的规律性(见图 5－2)。

根据季节变动资料也可进行某些经济预测。例如，已知今年 4 月份围巾销售量为 50 万条，预测今年 10 月份和 11 月份的销售量。

$$10\text{ 月份销售量}=\frac{50}{70.81}\times 155.44=109.76(\text{万条})$$

$$11\text{ 月份销售量}=\frac{50}{70.81}\times 229.71\doteq 162.2(\text{万条})$$

表 5-25 季节比率计算表

单位：万条

月份 / 年份	1	2	3	4	5	6	7	8	9	10	11	12	合计
第一年	82	72	62	38	20	5	3	4	11	80	90	85	552
第二年	110	65	70	40	28	7	4	5	13	96	148	134	720
第三年	123	81	84	45	45	9	5	6	15	94	161	144	812
合计	315	218	216	123	93	21	12	15	39	270	399	363	2 084
月平均数	105	72.7	72	41	31	7	4	5	13	90	133	121	57.9
季节比率（%）	181.35	125.56	124.35	70.81	53.54	12.09	6.91	8.64	22.45	155.44	229.71	208.98	1 199.83

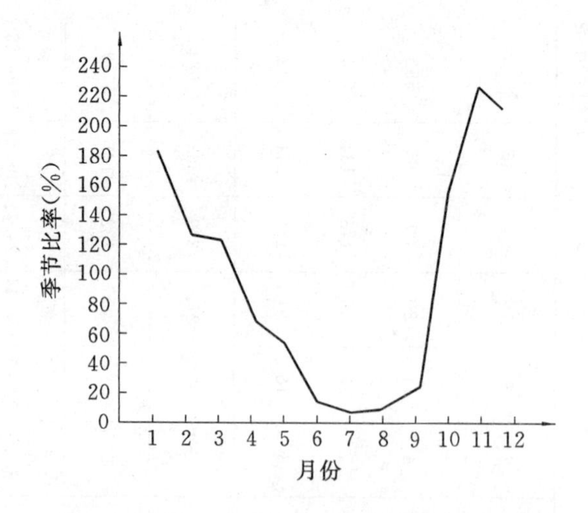

图 5-2 某厂 3 年围巾销售量的季节变动曲线图

按月(季)平均法的优点是计算简便,缺点是没有考虑数列中长期趋势的影响。从理论上来说,在计算季节比率所依据的月(季)平均数中,各年同月(季)的数值应起同等重要的作用,不应过分倚重或倚轻。但在上例中明显可见,后一年的数字比前一年的同期数字高,这样,会造成月(季)平均数中后期各月(季)的数字比前期同月(季)的数字具有较大的作用,从而对平均数的影响较大。所以在有长期趋势变动情况时,使用按月(季)平均法得出的季节比率不够精确。为了弥补这个缺点,我们可以采用移动平均趋势剔除法来测定季节变动。

二、移动平均趋势剔除法

这个方法是利用移动平均法来剔除长期趋势影响后,再来测定其季节变动。用移动平均法求长期趋势和用按月(季)平均法求季节比率,前面已详细介绍过了。这里着重说明如何剔除长期趋势。

一般来说,对于各因素属于乘积形式的现象,应采用原数列除以长期趋势的方法剔除长期趋势；对于各因素属于和的形式的现象，应采用原数列减去长期趋势的方法剔除长期趋势。

现仍以某厂围巾资料为例来介绍移动平均趋势剔除法。为方便计算，我们把上例的月资料改为季资料，如表 5－26 所示。

表 5－26　某厂 3 年各季度围巾销售量

单位：万条

年份＼季度	第 1 季	第 2 季	第 3 季	第 4 季
第 1 年	216	63	18	255
第 2 年	245	75	22	378
第 3 年	288	99	26	399

1．除法剔除趋势值求季节比率。

第一，用移动平均法求出长期趋势。在表 5－27 中，因是季资料，故先用四项移动平均后，再做二项移正平均，便得到趋势值 y_c。

表 5－27　某厂围巾销售量剔除长期趋势计算表

季　度	销售量（万条）y	四项移动平均	二项移正平均 y_c	趋势值剔除	
				除法 $y/y_c \times 100\%$	减法 $y-y_c$
第 1 年 Ⅰ	216		—	—	—
Ⅱ	63		—	—	—
		138			
Ⅲ	18		141.625	12.71	−123.625
		145.25			
Ⅳ	255		146.75	173.76	108.25
		148.25			
第 2 年 Ⅰ	245		148.75	164.71	96.25
		149.25			
Ⅱ	75		164.625	45.56	−89.625
		180			
Ⅲ	22		185.375	11.87	−163.375
		190.75			
Ⅳ	378		193.75	195.097	184.25
		196.75			
第 3 年 Ⅰ	288		197.25	146.01	90.75
		197.75			
Ⅱ	99		200.375	49.41	−101.375
		203			
Ⅲ	26		—	—	—
Ⅳ	399		—	—	—

第二,剔除长期趋势。用原数列除以同一时期的趋势值。如表 5-27 中,第 1 年第 Ⅲ 季度:$\frac{18}{141.625}=12.71\%$,第 Ⅳ 季度:$\frac{255}{146.75}=173.76\%$。其余以此类推。

第三,求季节比率。用表 5-27 中 y/y_c 得到的数据重新编排,成为表 5-28 的基本数据,再按季求其平均的季节比率。

表 5-28 除法剔除长期趋势后季节比率计算表

年份 \ 季度	第一季	第二季	第三季	第四季	合 计
第 1 年	—	—	12.71	173.76	
第 2 年	164.71	45.56	11.87	195.097	
第 3 年	146.01	49.41	—	—	
合 计	310.72	94.97	24.58	368.857	
平 均	155.36	47.485	12.29	184.429	399.564
校正系数	1.001 09	1.001 09	1.001 09	1.001 09	
季节比率(%)	155.53	47.54	12.30	184.63	400

第四,调整季节比率,将求得的平均季节比率相加,各季的季节比率之和应为 400%,各月的季节比率之和应为 1 200%,如果大于或小于 400%或 1 200%,应计算校正系数进行校正。校正系数的公式为

$$校正系数=\frac{400\%}{\sum 季节比率}\left(或=\frac{1\,200\%}{\sum 季节比率}\right)$$

然后将校正系数乘上各季或各月的平均季节比率，使其总和等于400%或1 200%。如表5－28中，平均季节比率之和为399.564，应予调整，先计算校正系数 $=\frac{400\%}{399.564\%}=1.00109$，再用1.00109乘以各季的平均季节比率，表中的第一季度的季节比率 $=1.00109\times1.5536=1.5553$（或155.53%），其余类推。经校正后的各季（月）平均季节比率，即为应用移动平均趋势剔除法所求得的季节比率。

2. 减法剔除趋势值求季节变差。

为叙述方便，仍以上例说明计算方法。

第一，用移动平均法求出长期趋势。

第二，剔除长期趋势。用原数列减去同一时期的趋势值。如表5－27中，第一年第三季度：$18-141.625=-123.625$；第四季度：$255-146.75=108.25$。其余以此类推。

第三，计算同期平均数。用表5－27中$(y-y_c)$得到的数据重新编排，成为表5－29的基本数据，再计算同季平均数。见表5－29所示，第一季度：$\frac{96.25+90.75}{2}=93.5$；第二季度：$\frac{(-89.625)+(-101.375)}{2}=-95.5$。

第四，分摊余数得季节变差S.V.。把同期平均数合计数分摊到各时期的同期平均数中去。即

$$\text{S.V.}=\text{同期平均数}-\frac{\sum\text{同期平均数}}{\text{时期数}}$$

如表5－29中，第一季度季节变差 $=93.5-\frac{0.75}{4}=93.5-0.1875=93.3125$（万条），式中0.1875即为校正数。

季节变差的意义是，以移动平均的长期趋势为基础，各季度上下波动的标准幅度，其计量单位是原资料的销售量“万条”。

表 5-29 减法剔除长期趋势后季节变差计算表

季度 年份	第一季	第二季	第三季	第四季	合　计
第1年	—	—	−123.625	108.25	
第2年	96.25	−89.625	−163.375	184.25	
第3年	90.75	−101.375	—	—	
合　计	187	−191	−287	292.5	
平　均	93.5	−95.5	−143.5	146.25	+0.75
校正数	−0.1875	−0.1875	−0.1875	−0.1875	
季节变差	93.3125	−95.6875	−143.6875	146.0625	0

练　习　题

一、单项选择题

1. 动态数列的构成要素是(　　)。

(1) 变量和次数　(2) 时间和指标数值　(3) 时间和次数　(4) 主词和宾词

2. 动态数列中,每个指标数值可以相加的是(　　)。

(1) 相对数动态数列　(2) 时期数列　(3) 间断时点数列　(4) 平均数动态数列

3. 某地从 1996—2001 年各年 6 月 30 日统计的人口资料如下:

年　份	1996	1997	1998	1999	2000	2001
6月30日人口数(万人)	23	23	24	25	25	26

则该地区1997—2001年的年平均人数为(　　)。

(1) $\frac{\frac{23}{2}+23+24+25+25+\frac{26}{2}}{5}=24.3$(万人)

(2) $\frac{23+24+25+25+26}{5}=\frac{123}{5}=24.6$(万人)

(3) $\frac{\frac{23}{2}+24+25+25+\frac{26}{2}}{5}=\frac{98.5}{5}=19.7$(万人)

(4) $\frac{\frac{23}{2}+23+24+25+25+\frac{26}{2}}{6}=\frac{121.5}{6}=20.25$(万人)

4. 定基增长速度与环比增长速度的关系为(　　)。

(1) 定基增长速度等于相应的各个环比增长速度的算术和

(2) 定基增长速度等于相应的各个环比增长速度的连乘积

(3) 定基增长速度等于相应的各个环比增长速度加1后的连乘积再减1

(4) 定基增长速度等于相应的各个环比增长速度连乘积加1(或100%)

5. 按季平均法测定季节比率时，各季的季节比率之和应等于(　　)。

(1) 100%　(2) 400%　(3) 120%　(4) 1 200%

6. 以1953年a_0为最初水平，2001年a_n为最末水平，计算钢产量的年平均发展速度时，须开(　　)。

(1) 41次方　(2) 47次方　(3) 48次方　(4) 49次方

7. 按水平法计算的平均发展速度推算可以使(　　)。

(1) 推算的各期水平之和等于各期实际水平之和

(2) 推算的期末水平等于实际期末水平

(3) 推算的各期定基发展速度等于实际的各期定基发展速度

(4) 推算的各期增长量等于实际的逐期增长量

二、多项选择题(每题至少有两个正确答案)

1．某工业企业 1993 年产值为 2 000 万元，2001 年产值为 1989 年的 150%，则年平均增长速度及年平均增长量为(　　)。

(1) 年平均增长速度 = 6.25%　(2) 年平均增长速度 = 5.2%　(3) 年平均增长速度 = 4.6%　(4) 年平均增长量 = 125 万元　(5) 年平均增长量 = 111.11 万元

2．下列叙述正确的是(　　)。

(1) 发展速度表明了现象发展变化程度，是以基期水平为分母的　(2) 增长速度表明现象在某段时期增长程度的相对数　(3) 环比发展速度是报告期水平与前期水平的相对数，表现现象的逐期发展　(4) 定基发展速度是报告期水平与固定某期水平的相对数，体现现象的总速度　(5) 定基增长速度可由环比增长速度连乘积得到

3．应用最小平方法配合一条理想的趋势线(方程式)要求满足的条件是(　　)。

(1) $\sum(y-y_c)^2=0$　(2) $\sum(y-y_c)^2=$ 最小值

(3) $\sum(y-y_c)^2>0$　(4) $\sum(y-y_c)=$ 最小值

(5) $\sum(y-y_c)=0$

4．用于分析现象发展水平的指标有(　　)。

(1) 发展速度　(2) 发展水平　(3) 平均发展水平　(4) 增减量　(5) 平均增减量

5．序时平均数是指(　　)。

(1) 平均发展水平　(2) 平均发展速度　(3) 平均增长速度　(4) 动态平均数　(5) 平均增长量

6．时点数列的特点有(　　)。

(1) 数列中各个指标数值可以相加　(2) 数列中各个指标数值不具有可加性　(3) 指标数值是通过一次登记取得的　(4) 指

标数值的大小与时期长短没有直接联系 (5) 指标数值是通过连续不断登记取得的

7. 若已知“九五”时期各年的国内生产总值环比发展速度，就可以计算出(　　　　)。

(1) 五年的平均发展速度 (2) 五年的平均发展水平 (3) 各年的定基发展速度 (4) 各年的逐期增长量 (5) 累积增长量

三、计算题

1. 某工厂职工人数4月份增减变动如下：1日职工总数500人，其中非直接生产人员100人；15日职工10人离厂，其中有5人为企业管理人员；22日新来厂报到工人5人。

试分别计算本月该厂非直接生产人员及全部职工的平均人数。

2. 某建筑工地水泥库存量资料如下：

日　期	1月1日	2月1日	3月1日	4月1日	6月1日	7月1日	10月1日	11月1日	次年1月1日
水泥库存量(吨)	8.14	7.83	7.25	8.28	10.12	9.76	9.82	10.04	9.56

要求：计算该工地各季度及全年的平均水泥库存量。

3. 1996—2001年某企业职工人数和工程技术人员数如下：

年　份	1996	1997	1998	1999	2000	2001
年末职工人数	1 000	1 020	1 083	1 120	1 218	1 425
年末工程技术人员数	50	50	52	60	78	82

试计算1997—2001年工程技术人员占全部职工人数的平均比重。

4. 某企业2002年第一季度职工人数及产值资料如下：

	单位	1月	2月	3月	4月
产　值	百元	4 000	4 200	4 500	—
月初人数	人	60	64	68	67

要求：(1) 编制第一季度各月劳动生产率的动态数列。

(2) 计算第一季度的月平均劳动生产率。

(3) 计算第一季度的劳动生产率。

5. 某炼钢厂连续5年钢产量资料如下：

数　量	第1年	第2年	第3年	第4年	第5年
钢产量(千吨)	200	240	360	540	756

要求：(1) 试编制一统计表，列出下列各种分析指标：发展水平与平均发展水平；增长量(逐期、累计)与平均增长量；发展速度(定基、环比)与平均发展速度；增长速度(环比、定基)与平均增长速度；增长1%绝对值(环比、定基)(不必反映各指标的计算过程)。

(2) 就表中数字说明下列各种关系：

① 发展速度和增长速度的关系；

② 定基发展速度和环比发展速度的关系；

③ 增长1%的绝对值与基期发展水平的关系；

④ 增长量、增长速度与增长1%绝对值的关系；

⑤ 逐期增长量与累计增长量的关系；

⑥ 平均发展速度与环比发展速度的关系；

⑦ 平均发展速度与平均增长速度的关系。

6. 已知某工厂1997年比1996年增长20%，1998年比1997年增长50%，1999年比1998年增长25%，2000年比1996增长110%，2001年比2000年增长30%。试根据以上资料编制1996—2001年的环比增长速度数列和定基增长速度数列，并求平均发展速度。

7. 设有甲、乙、丙三家工厂，其 1992—1997 年增加值如下：

单位：万元

工厂 / 年份	甲工厂	乙工厂	丙工厂
1996	102	90	102
1997	105	90	110
1998	110	85	110
1999	115	100	120
2000	120	110	120
2001	130	130	120
1997—2001 合计	580	515	580

要求：(1) 按几何平均法和方程法两种方法计算甲、乙、丙三个工厂的平均发展速度。

(2) 说明按两种计算方法所求得的结果发生差异的原因，并简述两种方法的优缺点。

8. 某煤矿某月份每日原煤产量如下：

单位：吨

日　期	原煤产量	日　期	原煤产量	日　期	原煤产量
1	2 010	11	2 080	21	2 361
2	2 025	12	2 193	22	2 345
3	2 042	13	2 204	23	2 382
4	1 910	14	2 230	24	2 282
5	1 960	15	1 965	25	2 390
6	2 101	16	1 900	26	2 450
7	2 050	17	2 280	27	2 424
8	2 130	18	2 300	28	2 468
9	2 152	19	2 342	29	2 500
10	2 103	20	2 338	30	2 504

要求：(1) 用移动平均法(五项移动平均)求上表资料的长期趋势并作图。

(2) 用最小平方法为本题资料配合直线方程式。

9. 某部门各年基本建设投资资料如下：

年份	投资额(万元)	年份	投资额(万元)
1993	1 240	1998	1 695
1994	1 291	1999	1 845
1995	1 362	2000	2 018
1996	1 450	2001	2 210
1997	1 562		

要求：(1) 判断投资额发展的趋势接近于哪一种类型。

(2) 用最小平方法配合适当的曲线方程。

(3) 预测该部门 2002、2003 年基本建设投资额。

10. 某地区 1997—2001 年各年末人口数资料如下：

年份	年末人口数(万人)	年份	年末人口数(万人)
1997	25	2000	44
1998	30	2001	53
1999	36		

要求：(1) 判断人口数发展的趋势接近于哪一种类型。

(2) 用最小平方法配合适当的曲线方程。

(3) 预测该地区 2002 年底人口数。

11. 某市汗衫、背心零售量资料如下：

年份＼月份	1	2	3	4	5	6	7	8	9	10	11	12
1998	10	17	41	64	111	225	203	89	42	23	16	12
1999	16	20	58	90	139	235	198	96	53	28	16	17

续表

年份＼月份	1	2	3	4	5	6	7	8	9	10	11	12
2000	15	23	66	91	148	253	240	127	78	50	25	19
2001	16	23	69	96	155	265	250	132	81	52	26	20

要求：(1) 用月平均法计算汗衫、背心零售量的季节比率。

(2) 用移动平均法计算剔除趋势影响的季节比率。

第六章 统计指数

第一节 统计指数的概念

一、指数的概念

统计中指数概念产生于18世纪后半期，在这两百年左右的历史中，指数的运用在发展，指数的理论在发展，关于指数的概念也在发展。同时，由于对事物观察的角度不同，统计学家对指数的解释也有所不同。

指数的编制是从物价的变动产生的。18世纪中叶，由于金银大量流入欧洲，欧洲的物价飞涨，引起社会不安，于是产生了反映物价变动的要求，这就是物价指数产生的根源。有些指数，如消费品价格指数、居民生活费用价格指数，同人们的日常生活休戚相关；有些指数，如生产资料价格指数、股票价格指数等，则直接影响人们的投资活动，成为社会经济的晴雨表。

社会经济统计理论中的指数，主要研究指数的方法论问题。目前，无论在国外还是在国内，也无论在实际工作中或理论著作中指数还推广应用于反映不同地区、部门和国家的对比，反映实际和计划的对比等方面。

指数的涵义有广义和狭义两种。广义的指数是指一切说明社会经济现象数量变动或差异程度的相对数，如动态相对数、比较相对数、计划完成相对数等都可称为指数。狭义的指数是一种特殊的相对数，也即专指不能直接相加和对比的复杂社会经济现象综合变动程度的相对数。例如，零售物价指数，是说明全部零售商品价格总变动的相对数；工业产品产量指数，是说明一定范围内全部工业产品实物量总变动的相对数，等等。统计中的指数，主要指这种狭义的指数。

二、指数的作用

（一）综合反映事物变动方向和变动程度

这是指数的主要作用。无论哪一种指数，计算的结果，一般都是用百分比表示相对指标。这个百分比大于或小于100%，表示上升或下降变动的方向，比100%大多少或小多少，就是升降变动的程度。例如零售物价指数110%，说明许多种商品零售价格有涨有落，总的讲来，涨了10%。在指数中，由于指数的子项和母项是两个总量指标，所以既可以计算经济量的变动程度，还可以计算子项和母项两个总量指标之差，表示绝对变动。

（二）分析多因素影响现象的总变动中，各个因素的影响大小和影响程度

现象的总量指标是若干因素的乘积：

商品销售额 = 商品销售量 × 单位商品价格
产品总成本 = 产品生产量 × 单位产品成本
（以上两式）一个总量指标受两个因素影响

原材料费用总额 = 产品生产量 × 单位产品原材料消耗量 × 单位原材料价格——一个总量指标受三个因素影响。

在商品销售额变动中受商品销售量和商品价格影响各为多少；原材料费用总额变动中受产品生产量、单位产品原材料消耗量和单位原材料价格的影响各为多少，等等。这种影响可从相对数和绝对数两方面分析，分析因素的影响方向和影响程度。

（三）研究事物在长时间内的变动趋势

在由连续编制的动态数列形成的指数数列中，可反映事物的发展变化趋势。这种方法特别适合于对比分析有联系而性质又不

同的动态数列之间的变动关系，因为用指数的变动进行比较，可解决不同性质数列之间不能对比的困难。

三、指数的种类

由于着眼点不同，统计指数可以划分成不同的种类。

(一) 按照说明现象的范围不同，分为个体指数和总指数

说明单项事物动态的比较指标称个体指数，也叫单项指数。例如，说明一种商品价格动态的个体价格指数、说明一种产品生产量动态的个体生产量指数，以及个体销售量指数、个体成本指数等等。

说明多种事物综合动态的比较指标称为总指数。例如：说明多种商品价格综合变动的批发价格指数、零售价格指数，说明多种产品生产量综合变动的工业产品生产量总指数，以及商品销售量总指数，成本总指数等等。

总指数的特点是多种事物计量单位不相同，不能够直接相加。为了解决这个问题产生了多种方法。

计算统计指标时，可以同时使用分组方法，即对包含的多项事物进行分类或分组，按每个类或组计算统计指数。这样在个体指数和总指数之间又产生了一个类指数。以我国零售商品分类来解释，零售商品分成：

1. 食品类

(1) 粮食

① 细粮

② 粗粮

(2) 肉禽及其制品

(3) 蛋

(4) 水产品

(5) 鲜菜

(6) 在外用餐

2. 衣着类

（略）

零售商品价格指数为总指数，细粮、粗粮等小类指数称为个体指数，那么食品类、衣着类指数为类指数。类指数实质上也是总指数，因为它包含了不能直接相加的多种事物，只是它比总指数所包含的范围小而已。

（二）按照统计指标的内容不同，分为数量指标指数和质量指标指数

数量指标指数是说明总体规模变动情况的指数。例如，工业产品物量指数、商品销售量指数、职工人数指数等等。

质量指标指数是说明总体内涵数量变动情况的指数。例如，价格指数、工资水平指数、单位成本指数等。

这种分类和指数的计算方法有关系，要把这两个概念分辨清楚。

（三）按照指数表现形式不同，可分为综合指数、平均指标指数和平均指标对比指数

综合指数是通过两个有联系的综合总量指标的对比计算的总指数；平均指标指数是用加权平均的方法计算出来的指数，分算术平均数指数和调和平均数指数；平均指标对比指数则是通过两个有联系的加权算术平均指标对比来计算的总指数。这三类指数之间既有区别，又有密切联系，各适用于说明不同的问题。

（四）按照指数所说明的因素多少，可分为两因素指数和多因素指数

两因素指数反映由两个因素构成的总体变动情况，多因素指数则反映由三个以上因素构成的总体变动情况。两因素指数原理是基本的，多因素指数是两因素指数的推广。

（五）按照在一个指数数列中所采用的基期不同，指数可分为定基指数和环比指数两种

指数时常是连续编制的，形成在时间上前后衔接的指数数列。

凡是在一个指数数列中的各个指数都是以某一固定时期作为基期,叫做定基指数。凡是各个指数都是以前一期作为基期的,就是环比指数。

本章各节将以各种数量指标指数和质量指标指数为例,着重介绍综合指数、平均指标指数、平均指标对比指数的编制方法及其在统计分析中的作用。

第二节　综 合 指 数

总指数的计算形式有两种:综合指数和平均数指数。综合指数是总指数的基本形式。

综合指数的重要意义,在于它能最完善地显示出所研究现象的经济内容,即不仅在相对量方面反映,而且能在绝对量方面反映。

如何设计综合指数的形式,关键是在经济联系中寻找同度量因素,而后再把它固定不变,以反映我们所要研究总体的某种现象的变化情况。归纳起来要解决以下两个问题:

1. 用什么因素为同度量因素是合理的?

2. 把同度量因素固定在哪个时期是恰当的?

同度量因素是把不能直接相加的指标过渡为可以相加的因素。假设要求计算社会商品零售价格总指数,由于商品的单价不能相加而无法计算,用同度量因素把单价过渡为销售额就可以相加了。又如,要计算社会商品销售量指数,由于实物量计量单位不同不能相加,用同度量因素把它过渡为销售额就可以相加了。同度量因素不是随意选定的,而是从它们的经济联系考虑,这个假设就是从下面的经济关系式出发的。

$$商品销售额 = 商品销售量 \times 商品销售价格$$

计算商品销售价格总指数时以商品销售量为同度量因素；计算商品销售量总指数时，以商品销售价格为同度量因素。经济关系式中的三个指标各自独立而又互相联系。既可以把销售额作为销售量与销售价格的综合，又可以把销售量、销售价格视为销售额的分解。

综合指数有两种，数量指标综合指数和质量指标综合指数。两种综合指数在计算形式上基本道理是一样的，但是在处理方法上有联系也有区别。

一、数量指标综合指数

（一）数量指标综合指数公式的建立

数量指标综合指数是说明总体规模变动情况的相对指标指数。例如，商品销售量指数、工业产品生产量指数、农业产品生产量指数、职工人数指数、货物运输量指数、股票交易量指数等等。

以商品销售量指数为例来说明数量指标综合指数计算公式的形成过程。

如表 6－1 的商品销售量和相应的商品价格资料。

表 6－1　商品销售量和商品价格资料

商品名称	计量单位	销售量		价格(元)	
		基期 q_0	报告期 q_1	基期 p_0	报告期 p_1
甲	件	480	600	25	25
乙	千克	500	600	40	36
丙	米	200	180	50	70

表中：q——物量（生产量、销售量）；

p——商品价格；

下标 1——报告期；

下标 0——基期。

用 k 代表个体指数,如果计算商品销售量的个体指数,可得

$$k_{甲} = \frac{q_1}{q_0} = \frac{600\text{件}}{480\text{件}} = 125\%$$

$$k_{乙} = \frac{q_1}{q_0} = \frac{600\text{千克}}{500\text{千克}} = 120\%$$

$$k_{丙} = \frac{q_1}{q_0} = \frac{180\text{米}}{200\text{米}} = 90\%$$

计算结果表明,甲商品的销售量增加了 25%,乙商品增加了 20%,丙商品减少了 10%。

商品销售量指数并非某种具体商品的个体指数,而是反映多种商品销售量的总指数。在编制数量指标综合指数中要注意以下几个问题:

第一,各种商品的度量单位不相同,它们的商品销售量不能够直接相加。拿基期的商品销售量来讲,甲商品销售 480 件,乙商品销售 500 千克,丙商品销售 200 米。这三种商品销售量是无法直接相加的。

第二,使用同度量因素,使不能直接相加的指标过渡到能够相加的指标。我们将各个商品销售量乘以商品价格就可以得到商品销售额,即

$$商品销售量 \times 商品价格 = 商品销售额$$

即
$$q \times p = qp$$

这里,商品价格叫做同度量因素,它起着媒介作用,将不能相加的商品销售量过渡到能够相加的商品销售额,因而可以形成总销售额 $\sum qp$。为了比较,需要分别计算两个时期的总销售额。

第三,为了说明商品销售量的变动,同度量因素必须使用同一时期的,即假定两个时期的商品销售额是按同一个时期的价格计算的。用公式表示就是

$$\overline{K}_q = \frac{\sum q_1 p}{\sum q_0 p}$$

式中，$\overline{K}$——销售量总指数；

p——同一时期的价格。

第四，同度量因素（价格）用哪一时期的，是报告期、基期，还是用另一种价格？使用不同时期的价格会得到不同的结果，具有不同的经济内容。既然为了突出产量的变动就必须把价格固定下来，也就是分子分母所乘的价格必须是相同的。那么，三种价格究竟用哪种为好呢？对于这个问题统计学术界一向有不同看法和主张，因而就产生了采用不同的同度量因素的各种指数公式。

（二）用基期价格作为同度量因素的综合指数

计算表的形式如表 6－2 所示。

$$\overline{K}_q = \frac{\sum q_1 p_0}{\sum q_0 p_0} = \frac{48\,000}{42\,000} = 114.29\%$$

$$\sum q_1 p_0 - \sum q_0 p_0 = 48\,000 - 42\,000 = 6\,000\text{（元）}$$

计算结果，商品销售量总指数为 114.29%。

商品销售量综合指数的经济内容十分明显，它是两个商品销售额之比，两个商品销售额的数值不同只有一个原因，即各种商品销售量不同。因此，这个公式及其计算结果说明：

1. 多种商品销售量综合变动的方向和程度。例中有三个商品，销售量有增有减，程度不同，总的来讲，商品销售量增长了 14.29%。

2. 商品销售量变动对商品销售额的影响程度。例中商品销售量增长了 14.29%，也就是说，它的变动使商品销售额增加 14.29%。

3. 分子和分母相减的差额说明由于商品销售量变动对销售额绝对值的影响。例中差额为 6 000 元，即商业企业由于多销售了商品使销售额增加了6 000元。

（三）用报告期价格作为同度量因素的综合指数

如果不用基期价格作为同度量因素，而用报告期价格作为同度量因素，结果就不同，见表6-2所示。

$$\overline{K}_q = \frac{\sum q_1 p_1}{\sum q_0 p_1} = \frac{49\,200}{44\,000} = 118.81\%$$

$$\sum q_1 p_1 - \sum q_0 p_1 = 49\,200 - 44\,000 = 5\,200\ (\text{元})$$

表6-2 商品销售量综合指数计算表

商品名称	计量单位	销售量		价格		q_0p_0	q_1p_1	q_1p_0	q_0p_1
		q_0	q_1	p_0	p_1				
甲	件	480	600	25	25	12 000	15 000	15 000	12 000
乙	千克	500	600	40	36	20 000	21 600	24 000	18 000
丙	米	200	180	50	70	10 000	12 600	9 000	14 000
合计	—	—	—	—	—	42 000	49 200	48 000	44 000

计算结果，无论是商品销售量的增长程度和对销售额的影响都小于用基期价格作为同度量因素的销售量指数。在另外的条件下，也可能产生大于前一个指数的情况。

（四）用不变价格作为同度量因素的综合指数

如用固定价格（不变价格）作为同度量因素，公式为：

$$\overline{K}_q = \frac{\sum q_1 p_n}{\sum q_0 p_n}$$

式中，p_n——某一时期的固定价格（不变价格）。

用固定价格编制的销售量指数，这种价格是汇总多种商品销售量并进行分析的有效工具，并可利用其作各种不同的换算。即：各环比指数的连乘积等于相应的定基指数；相邻的两个定基指数相除等于相应的环比指数，据此换算可节省计算的工作量。

通过上述分析，可以看出，运用不同的指数公式计算结果有所不同。这是由于综合指数都要假定同度量因素不随基期或报告期的变动而变动，而这是不符合实际情况的。因此计算结果都带有近似性。实际编制数量指数时，究竟采用哪一个价格作为同度量因素，要根据不同的研究对象、目的以及资料取得的难易程度来选用相应的计算公式，并根据具体情况进行修正，使得到的指数合乎客观实际。我国实际中常用的是数量指标指数时，以基期的质量指标为同度量因素，即

$$\overline{K}_q = \frac{\sum q_1 p_0}{\sum q_0 p_0}$$

二、质量指标综合指数

（一）质量指标综合指数公式的建立

质量指标指数是说明总体内涵数量变动情况的比较指标指数。例如价格指数、工资水平指数、成本指数、股票价格指数等。

我们用商品价格指数为例来说明质量指标综合指数的编制方法。仍使用表 6－1 的例子。

根据表 6－1 的资料，如果计算商品价格的个体指数，按照前述方法计算可得

$$k_{甲} = \frac{p_1}{p_0} = \frac{25}{25} = 100\%$$

$$k_{乙} = \frac{p_1}{p_0} = \frac{36}{40} = 90\%$$

$$k_{丙} = \frac{p_1}{p_0} = \frac{70}{50} = 140\%$$

计算结果说明，甲商品价格保持不变，乙商品降低 10%，丙商品提高了 40%。

现在要说明三种商品价格总的变动情况，即计算价格总指数。同数量指标指数编制方法相同，商品价格指数要以商品销售量为同度量因素。

(二) 以基期销售量为同度量因素的综合指数

用公式表示如下，并用表 6-2 的资料计算可得

$$\overline{K}_p = \frac{\sum p_1 q_0}{\sum p_0 q_0} = \frac{44\,000}{42\,000} = 104.76\%$$

$$\sum p_1 q_0 - \sum p_0 q_0 = 44\,000 - 42\,000 = 2\,000(\text{元})$$

式中，$\overline{K}_p$——价格总指数。

这个公式也是由德国经济学家拉斯贝尔在 1864 年提出的，故称拉斯贝尔质量指标指数。

三种商品的购买力保持不变，分子分母差额表明居民在维持基期生活水平的情况下，报告期比基期多支出 2 000 元。

(三) 以报告期销售量为同度量因素的综合指数

可用以下公式表示，并用表 6-2 资料计算可得

$$\overline{K}_p = \frac{\sum p_1 q_1}{\sum p_0 q_1} = \frac{49\,200}{48\,000} = 102.5\%$$

$$\sum q_1 p_1 - \sum p_0 q_1 = 49\,200 - 48\,000 = 1\,200(\text{元})$$

这个公式也是由德国经济学家派许在 1874 年提出的，故称派许质量指标指数。

三种商品价格平均上涨了 2.5%，分子分母之差，表明居民在维持报告期生活水平的情况下，由于物价上涨，多支出 1 200 元。

(四) 用固定时期的销售量作为同度量因素的综合指数

$$\overline{K}_p = \frac{\sum p_1 q_n}{\sum p_0 q_n}$$

同样在综合指数公式中质量指标指数也有应该如何选择同度量因素的问题。计算质量指标指数究竟采用哪一个公式，要根据具体情况而定，一般还应依据实际情况作某些修正，使结果客观真实。我国实际中常用的是质量指标指数时，以报告期的数量指标为同度量因素，即

$$\overline{K}_p = \frac{\sum p_1 q_1}{\sum p_0 q_1}$$

第三节　平均指标指数

综合指数是编制总指数的基本形式，它正确地反映了被研究现象总体动态变化的客观实际内容。但在实际统计工作中，有时由于受统计资料的限制，不能直接利用综合指数公式编制总指数。这时，须改变公式形式，根据综合指数公式推导出平均指标形式来编制总指数。以个体指数为基础采取平均指标形式编制的总指数，叫做平均指标指数（也称为平均数指数）。从综合指数公式推导出平均数指数公式形式有两种：加权算术平均数指数形式和加权调和平均数指数形式。但是作为一种独立指数形式的平均数指数，不只是作为综合指数的变形来使用，它本身具有广泛的应用价值。

一、平均指标指数的基本形式

（一）加权算术平均数指数

1．数量指标指数。其公式为

$$\overline{K}_q = \frac{\sum k p_0 q_0}{\sum p_0 q_0} = \frac{\sum \frac{q_1}{q_0} \times p_0 q_0}{\sum p_0 q_0} = \frac{\sum p_0 q_1}{\sum p_0 q_0}$$

式中，k——个体指数。

以 p_0q_0 为权数的个体数量指标指数的加权算术平均数等于数量指标综合指数。

2. 质量指标指数。其公式为

$$\overline{K}_p=\frac{\sum kp_0q_1}{\sum p_0q_1}=\frac{\sum \frac{p_1}{p_0}\times p_0q_1}{\sum p_0q_1}=\frac{\sum p_1q_1}{\sum p_0q_1}$$

以 p_0q_1 为权数的个体质量指标指数的加权算术平均数等于质量指标综合指数。p_0q_1 是较难得到的虚拟销售额资料，计算单位成本总指数时，p_0q_1 是由企业计算出来上报的，只有较健全的成本会计资料的大中型企业，才能得到齐全的资料，但一般有齐全资料的企业不用此方法，而是直接用综合指数变形形式进行计算。那么，是否可以就此认为这个公式是无用的呢？因为能得到 p_0q_1 资料的单位不用这个公式，想用这个公式的单位又得不到(或很难得到)p_0q_1 资料。究竟应该如何，在后面讲到应用时再来分析。

现将表 6-1 的资料改成表 6-3。

表 6-3　算术平均数指数计算表

商品名称	销售量个体指数 $k_q=q_1/q_0$	基期销售额
甲	1.25	12 000
乙	1.20	20 000
丙	0.90	10 000
合　计	—	42 000

利用加权算术平均数的指数公式，计算得销售量指数为：

$$\begin{aligned}\overline{K}_q&=\frac{\sum k_qp_0q_0}{\sum p_0q_0}\\&=\frac{1.25\times 12\,000+1.2\times 20\,000+0.9\times 10\,000}{42\,000}\end{aligned}$$

$$= 114.29\%$$

$$\sum k_q p_0 q_0 - \sum p_0 q_0 = 48\,000 - 42\,000 = 6\,000(\text{元})$$

这个计算结果与前面一节数量指标综合指数计算的结果完全一致。由此可见，当编制指数时只掌握个体指数和基期资料，运用算术平均数公式编制总指数比较方便。

（二）加权调和平均数指数

1．数量指标指数。其公式为

$$\overline{K}_q = \frac{\sum p_0 q_1}{\sum \frac{1}{k} p_0 q_1} = \frac{\sum p_0 q_1}{\sum \frac{q_0}{q_1} p_0 q_1} = \frac{\sum p_0 q_1}{\sum p_0 q_0}$$

以 $p_0 q_1$ 为权数，个体指数为倒数的加权调和平均数等于综合指数。这种形式中又有难得到的虚拟销售额 $p_0 q_1$ 的资料。

2．质量指标指数。其公式为

$$\overline{K}_p = \frac{\sum p_1 q_1}{\sum \frac{1}{k} p_1 q_1} = \frac{\sum p_1 q_1}{\sum \frac{p_0}{p_1} p_1 q_1} = \frac{\sum p_1 q_1}{\sum p_0 q_1}$$

以 $p_1 q_1$ 为权数，个体指数为倒数的加权调和平均数等于综合指数。

现仍以表 6－1 资料改成表 6－4 为例。

表 6－4　调和平均数指数计算表

商品名称	商品价格个体指数 $k_p = \frac{p_1}{p_0}$	报告期商品销售额 $q_1 p_1$
甲	1.00	15 000
乙	0.90	21 600
丙	1.40	12 600
合　计	—	49 200

利用加权调和平均数指数公式，可计算价格指数为：

$$\overline{K}_p = \frac{\sum p_1 q_1}{\sum \frac{1}{k_p} p_1 q_1}$$

$$= \frac{49\,200}{\frac{1}{1} \times 15\,000 + \frac{1}{0.9} \times 21\,600 + \frac{1}{1.40} \times 12\,600}$$

$$= \frac{49\,200}{48\,000} = 102.5\%$$

$$\sum p_1 q_1 - \sum \frac{1}{k_p} p_1 q_1 = 49\,200 - 48\,000 = 1\,200(\text{元})$$

利用调和平均数指数公式计算的价格指数，与运用综合指数公式计算的价格指数，在经济内容和实际意义上是一样的。

二、平均指标指数的应用

上述加权算术平均数指数和加权调和平均数指数是综合指数的变形形式，除此之外，平均数指数还有一种独立形式。但在编制质量指标指数时，采用以报告期总量指标加权计算的调和平均数指数还是以基期总量指标加权计算的算术平均数指数，是值得加以具体考虑的。前者调和平均数指数，依据当前实际数量构成状态编制指数，较有优点，但取得当年资料难度较大；后者算术平均数指数，在应用资料条件上较为有利，如果两期数量指标没有明显变化，也能取得正确的结论，所以，平均数指数形式及其权数的应用，可以根据研究现象的实际情况以及资料条件，加以具体决定。

平均数指数形式及其权数的应用与综合指数比较，表现出下面两点不同。

（一）综合指数主要适用于全面资料的编制，而平均数指数除了可以适用全面资料编制外，对于非全面资料的编制，更有其现实应用意义

以居民消费价格指数为例，市场上有成千上万种零售商品价格变动,不可能取得全面资料编制居民消费价格指数。我国居民消费价格调查在全国选择不同经济区域,以及有代表性的商品作为样本,对其市场价格进行经常性调查,以样本推断总体。目前我国抽选出的调查市、县226个。居民消费价格指数调查食品、衣着、服务项目等八大类,300多种商品和服务项目的价格,计算权数根据9万多户城乡居民家庭消费支出构成确定。

(二) 综合指数一般采用实际资料作为同度量因素来编制

仍以上述居民消费价格指数为例,计算综合指数,要用400种代表规格品价格相对应的实际零售量资料,既有困难,也不恰当。用平均数指数编制,除了可用实际零售额为权数外,也可以在实际零售资料的基础上推算确定零售比重进行加权平均计算。因此编制质量指标指数,既可以节省不少调查工作量,又能够保证指数计算结论的准确性。

鉴于以上两点情况,在国内外广泛运用加权算术平均数指数和加权调和平均数指数来编制一些重要的经济指数。这些经济指数的编制往往使用重点产品或代表产品的个体指数,权数则根据实际资料做进一步推算确定。下面以我国居民消费价格和农副产品收购价格指数的编制为例加以说明。

1. 我国物价指数的编制。物价指数是一种重要的指数,与人民生活息息相关。为适应社会主义市场经济和新国民经济核算体系的要求,并与国际上价格统计方法逐步接轨,从1994年起,我国对原有编制物价指数的方法进行了重大改革。从2001年开始,我国价格统计指数的公布和使用将由以商品零售价格为主改为以居民消费价格为主。

商品零售价格指数,是反映城乡商品零售价格变动趋势的一种经济指数。零售物价的调整变动直接影响到城乡居民的生活支出和国家的财政收入,影响居民购买力和市场供需平衡,影响消费与积累的比例。因此,计算零售价格指数,可以从一个侧面对上述经济活动进行观察分析。居民消费价格指数，是反映一定时期内城乡居民所购买的生活消费品价格和服务项目价格变动趋势和程度的相对数，是对城市居民消费价格指数和农村居民消费价格指数进行综合汇总计算的结果。利用居民消费价格指数，可以观察和分析消费品的零售价格和服务价格变动对城乡居民实际生活费支出的影响程度。

国务院批准改换价格指数基于以下三个原因：

第一，商品零售价格主要反映居民消费品零售价格的变动，而居民消费价格除此以外，还能反映居住和服务价格的变动；

第二，世界上多数国家均采用居民消费价格指数来衡量价格总水平变动幅度，我国改以居民消费价格指数为主，有利于与国际惯例接轨，也有利于我国与世界大多数国家进行比较和分析；

第三，居民消费价格指数能够比较全面、真实地反映市场价格实际变动情况，有利于价格调控。

世界上大多数国家普遍把居民消费定基价格指数作为测定通货膨胀（或紧缩）的主要指标，已编制了多年。我国从 2001 年开始编制以 2000 年为基期的定基价格指数，与国际惯例接轨。这样能与国际上居民消费价格指数达成一致性，既便于与其他国家的价格指数同口径进行比较，也能使人看得明白。

现以居民消费指数为例介绍我国物价指数的编制。国家统计局要求各重点市、县编制居民消费指数，并指定采用加权算术平均数公式，即

$$\overline{K_p} = \frac{\sum k_p p_0 q_0}{\sum p_0 q_0} = \sum k_p W \left(\text{其中：} W = \frac{p_0 q_0}{\sum p_0 q_0} \right)$$

我国编制居民消费指数的商品分成八大类是全国统一的。在每大类中分成若干中类，中类中分成若干小类，小类中再分代表商

品。大类、中类、小类中各部分零售额比重之和等于100%。这样，各小类的加权算术平均数指数便是中类指数，同样，各中类的加权算术平均数指数和大类的加权算术平均数指数，分别是大类的指数和总指数。

表 6-5　居民消费价格分类指数(2002 年 6 月)

项 目 名 称	上年同月=100			上年同期=100		
	全国	城市	农村	全国	城市	农村
居民消费价格指数	99.2	99.1	99.5	99.2	98.9	99.7
一、食　　品	99.8	100.1	99.1	99.1	99.1	99.0
粮　　食	98.2	98.2	98.3	98.9	98.8	99.1
肉禽及其制品	99.4	99.5	99.2	99.7	99.5	100.0
蛋	104.9	105.3	103.9	107.5	107.5	107.3
水 产 品	96.3	96.7	95.2	95.9	96.3	95.0
鲜　　菜	100.4	100.3	100.9	92.9	92.7	93.6
在外用餐	100.2	100.4	99.7	99.9	100.2	99.4
二、烟酒及用品	100.0	100.0	100.0	100.2	100.2	100.2
三、衣　　着	97.8	97.6	98.3	97.9	97.7	98.6
四、家庭设备用品及服务	97.3	97.2	97.6	97.6	97.4	98.0
五、医疗保健及个人用品	98.8	98.0	100.0	98.9	98.0	100.2
六、交通和通信	97.6	97.4	97.9	98.2	98.3	98.1
七、娱乐教育文化用品及服务	100.3	99.9	100.9	100.5	100.0	101.4
八、居　　住	99.5	99.2	100.0	100.0	99.6	100.6

摘自：国家统计局/中国统计信息网　http://www.stats.gov.cn/

现以表6-6为例介绍某市居民消费指数的编制方法。

表 6-6 某市居民消费价格指数计算表

商品类别和名称	代表规格品的规格等级牌号	计量单位	平均牌价(元)		权数	以上年为基础	
			上年 p_0	本年 p_1		个体指数 $k_p=\frac{p_1}{p_0}$(%)	个体指数乘权数 k_pW(%)
(甲)	(乙)	(丙)	(1)	(2)	(3)	(4) = $\frac{(2)}{(1)}$	(5) = (4) × (3)
总指数					100		101.12
(一) 食品类					46	99.045	45.56
1. 粮食中类					18	94.62	17.03
(1) 细粮小类					99	94.46	93.52
大米	二等粳米	千克	1.20	1.13	95	94.17	89.46
面粉	标准粉	千克	1.70	1.70	5	100.00	5.00
(2) 粗粮小类					1	110.38	1.10
2. 肉禽及其制品					36	101.00	36.36
3. 蛋					5	101.00	5.05
4. 水产品					10	98.12	9.812
5. 鲜　菜					16	95.36	15.25
6. 在外用餐					15	103.62	15.543
(二) 烟酒及用品					8	102.34	8.19
(三) 衣　着					12	102.00	12.24
(四) 家庭设备用品及服务					8	98.42	7.87
(五) 医疗保健及个人用品					6	104.28	6.26
(六) 交通和通信					7	100.54	7.04
(七) 娱乐教育文化用品及服务					8	110.84	8.87
(八) 居　住					5	101.87	5.09

计算步骤如下：

(1) 计算各个代表规格品的个体零售价格指数。如大米的个体价格指数为

$$\overline{k}_p = \frac{p_1}{p_0} = \frac{1.13}{1.20} = 94.17\%$$

(2) 把各个个体物价指数乘上相应权数后相加，再计算其算术平均数，即得小类指数。如细粮小类指数为

$$\overline{K}_p = \frac{\sum k_p p_0 q_0}{\sum p_0 q_0} = \sum k_p W$$
$$= 94.17\% \times 0.95 + 100\% \times 0.05 = 94.46\%$$

(3) 把各个小类指数分别乘上相应的权数后，再计算其算术平均数，即得中类指数。如粮食中类指数为：

$$\overline{K}_p = \sum k_p W = 94.46\% \times 0.99 + 110.38\% \times 0.01$$
$$= 94.62\%$$

(4) 把各中类的指数乘上相应的权数后计算其算术平均数，即得大类指数。如食品类指数为：

$$\overline{K}_p = \sum k_p W$$
$$= 94.62\% \times 0.18 + 101\% \times 0.36 + 101\% \times 0.05 + 98.12\% \times 0.1 + 95.36\% \times 0.16 + 103.62\% \times 0.15$$
$$= 99.045\%$$

(5) 把各大类指数乘上相应的权数后计算其算术平均数即得总指数：

$$\overline{K}_p = \sum k_p W$$
$$= 99.045\% \times 0.46 + 102.34\% \times 0.08 + 102\% \times 0.12 + 98.42\% \times 0.08 + 104.28\% \times 0.06 + 100.54\% \times 0.07 + 110.84\% \times 0.08 + 101.87\% \times 0.05$$
$$= 101.12\%$$

在实际工作中，编制职工生活费用指数、商品零售物价指数等也是采用加权算术平均数指数。

2. 农副产品收购价格指数。编制农副产品收购价格指数，一般采用加权调和平均数指数公式，即

$$\overline{K}_p = \frac{\sum p_1 q_1}{\sum \frac{1}{k_p} p_1 q_1}$$

这是因为农副产品收购统计资料可以提供各类农副产品的收购额和各代表规格品的价格，因而采用这个公式就较方便。现以某省农副产品收购价格总指数为例，说明其编制方法，如表 6－7 所示。

表 6－7 某省农副产品收购价格指数计算表

商品类别和名称	代表规格品规格等级	计量单位	平均价格		指数(%)	收购金额(万元)	
			p_0	p_1	$k_p=\frac{p_1}{p_0}$	p_1q_1	$\frac{1}{k_p}p_1q_1$
(甲)	(乙)	(丙)	(1)	(2)	$(3)=\frac{(2)}{(1)}$	(4)	$(5)=\frac{(4)}{(3)}$
总指数					114.62	325 390	283 880.99
一、粮食类					115.34	91 730	79 530.08
二、经济作物类					123.41	54 260	43 967.26
1. 棉花	7/8 细绒	千克	6.5	7.9	121.54	16 360	13 460.59
2. 麻	甲级青麻	千克	5.9	8.5	144.07	5 400	3 748.18
3. 烤烟	中部六级	千克	5.5	6.3	114.55	14 000	12 221.74
4. 芝麻	白 95 成	千克	2.2	2.8	127.27	18 500	14 536.03
三、木材类					128.41	6 000	4 672.53
四、工业用油漆类					118.34	1 200	1 014.03
五、禽畜产品类					118.00	32 000	27 118.64
六、蚕丝类					135.68	7 200	5 306.60
七、干鲜果类					112.00	20 000	17 857.14

续表

商品类别和名称	代表规格品规格等级	计量单位	平均价格		指数(%)	收购金额(万元)	
			p_0	p_1	$k_p=\frac{p_1}{p_0}$	p_1q_1	$\frac{1}{k_p}p_1q_1$
八、茶及调味品类					110.00	49 000	44 545.45
九、土特产品类					106.00	30 000	28 301.89
十、药材类					105.50	22 000	20 853.08
十一、水产品类					112.00	12 000	10 714.29

编制农副产品收购价格指数的步骤为：

(1) 计算各类代表规格品的个体物价指数，如棉花的个体物价指数为

$$k_p=\frac{p_1}{p_0}=\frac{7.9}{6.5}=121.54\%$$

(2) 把报告期的收购总额除以各代表规格品的个体指数，即得按基期价格计算的收购金额，如棉花按基期价格计算的收购金额为

$$p_0q_1=\frac{1}{k_p}(p_1q_1)=\frac{16\,360}{121.54\%}=13\,460.59(\text{万元})$$

(3) 计算各类商品的价格指数，如经济作物类的价格指数为

$$\begin{aligned}\overline{K}_p&=\frac{\sum p_1q_1}{\sum \frac{1}{k_p}p_1q_1}\\&=\frac{16\,360+5\,400+14\,000+18\,500}{13\,460.59+3\,748.18+12\,221.74+14\,536.03}\\&=123.41\%\end{aligned}$$

(4) 计算该省农副产品收购价格总指数为

$$\overline{K}_p = \frac{\sum p_1 q_1}{\sum \frac{1}{k_p} p_1 q_1}$$

$$= \frac{91\,730 + 54\,260 + \cdots + 22\,000 + 12\,000}{\frac{91\,730}{1.1534} + \frac{54\,260}{1.2341} + \cdots + \frac{22\,000}{1.055} + \frac{12\,000}{1.12}}$$

$$= \frac{325\,390}{283\,881} = 114.62\%$$

第四节 平均指标对比指数

平均指标对比指数是两个平均指标在时间上对比的相对指标指数。本节论述的中心内容是平均指标对比指数的分解。

一、平均指标对比指数的分解

前章曾讲述加权算术平均数受变量和权数两个因素的影响：

$$\overline{x} = \frac{\sum xf}{\sum f} = \sum x \cdot \frac{f}{\sum f}$$

加权算术平均数 = 变量 × 权数比率

两个时期的加权算术平均数进行对比时，仍然存在着这两个因素的影响。平均指标对比指数的分解，是把两个因素分开编制成两个独立的指数。

二、平均指标对比指数分解的一般公式

一般指数公式的产生关键在于确定同度量因素。以什么为同度量因素问题，已经由加权算术平均数的公式予以确定了，即变量与权数比率互为同度量因素。权数比率就是相对数中的结构指标，又称构成指标。确定同度量因素的第二个问题是时间上的选

择。这里，每组次数在总体单位变量中所占比重，即 $f\Big/\sum f$，虽然是以相对指标表示，其实质还是数量指标，从而变量就是质量指标了。

平均指标对比指数一般公式可以表示如下：

$$k=\frac{\overline{x}_1}{\overline{x}_0}$$

式中，$\overline{x}_1$——报告期某一经济量的平均指标；

$\overline{x}_0$——基期某一经济量的平均指标。

常见的平均指标对比指数有平均工资指数，平均劳动生产率指数，平均单位成本指数等。

下面以平均工资指数为例，对平均指标对比指数的特点进行分析。

平均工资指数公式如下：

$$K=\frac{\overline{x}_1}{\overline{x}_0}=\frac{\dfrac{\sum x_1f_1}{\sum f_1}}{\dfrac{\sum x_0f_0}{\sum f_0}}$$

式中，$\overline{x}_1$——报告期平均工资；

$\overline{x}_0$——基期平均工资；

$\sum x_1f_1$——报告期工资总额，即报告期各组平均工资乘各级工人数之和；

$\sum f_1$——报告期各级工人数之和；

$\sum x_0f_0$——基期工资总额，即基期各级平均工资乘各级工人数之和；

$\sum f_0$——基期各级工人数之和。

这个平均工资指数可以改写成如下公式：

$$K=\frac{\sum x_1\cdot\frac{f_1}{\sum f_1}}{\sum x_0\cdot\frac{f_0}{\sum f_0}}$$

从上面公式可以看出：平均工资指数反映两个因素的变动的影响，即各级工人工资水平变动的影响和各级工人人数在全部工人总数中所占比重变动的影响。这是所有平均指标对比指数所共同具有的特点。这个特点可以表示如下：平均指标对比指数所反映的变动程度，包括两个因素的影响，即不仅受所平均的经济指标变动的影响，而且受所研究总体内部单位数结构变动的影响。

三、对平均指标对比指数的分析

任何两个不同时期的同一经济内容的平均指标对比都可以形成一个平均指标对比指数。平均指标对比指数主要用于分析，如表6－8所示。

表6－8　某高新技术公司平均工资指数计算表

组别	人数		月平均工资(元)		工资总额(元)		
	基期	报告期	基期	报告期	基期	报告期	假定的
	f_0	f_1	x_0	x_1	x_0f_0	x_1f_1	x_0f_1
技术人员	70	66	8 000	8 600	560 000	567 600	528 000
管理人员	30	74	5 000	5 500	150 000	407 000	370 000
合　计	100	140	7 100	6 960	710 000	974 600	898 000

$$\text{基期平均工资}\ \bar{x}_0=\frac{\sum x_0f_0}{\sum f_0}=\frac{710\,000}{100}=7\,100(\text{元})$$

$$\text{报告期平均工资}\ \bar{x}_1=\frac{\sum x_1f_1}{\sum f_1}=\frac{974\,600}{140}=6\,960(\text{元})$$

$$\text{平均工资指数（可变构成指数）} = \frac{\bar{x}_1}{\bar{x}_0} = \frac{\sum x_1 f_1}{\sum f_1} \Big/ \frac{\sum x_0 f_0}{\sum f_0}$$

$$= \frac{6\,960}{7\,100} = 98.03\%$$

$$\frac{\sum x_1 f_1}{\sum f_1} - \frac{\sum x_0 f_0}{\sum f_0} = 6\,960 - 7\,100 = -140(\text{元})$$

例中两组工资水平虽然都有所提高，但由于各组人数的比重发生变化，工资水平较低的管理人员比重从 30%(30/100=0.3)提高到 52.9%(74/140 = 0.528 6)，而工资水平较高的技术人员比重则从 70%(70/100=0.7)降低到 47.1%(66/140 = 0.471 4)，因而总的平均工资反而降低了 2%，在绝对值上减少 140 元。现在的问题是在两个总的平均指标动态对比中，究竟受水平变化影响是多少？受各组人数结构变化影响又是多少？

既然总的平均工资受工资水平和职工结构(也称组成)两个因素的影响，因此，我们要测定一个因素的影响程度，就必须将另一个因素的变化固定下来。现在，我们先固定结构的变动，得固定构成的工资指数如下：

$$\text{固定构成工资指数} = \frac{\sum x_1 f_1}{\sum f_1} \Big/ \frac{\sum x_0 f_1}{\sum f_1}$$

$$= \frac{974\,600}{140} \Big/ \frac{898\,000}{140} = \frac{6\,960}{6\,410} = 108.6\%$$

$$\frac{\sum x_1 f_1}{\sum f_1} - \frac{\sum x_0 f_1}{\sum f_1} = 6\,960 - 6\,410 = 550(\text{元})$$

这个指数说明，假使排除了职工结构变动的影响，则报告期总的工资水平比基期提高了 8.6%，在绝对值上增加了 550 元。

这种将结构变动固定下来的指数在统计中称为固定构成指数(或固定组成指数)；而原来那种将构成变动也包括在内的两个平

均数相对比的动态指数,则称为可变构成指数(或可变组成指数)。

如果我们将上例中工资水平的变化固定下来,得结构变动影响指数如下:

$$结构影响指数=\frac{\sum x_0 f_1}{\sum f_1}\bigg/\frac{\sum x_0 f_0}{\sum f_0}$$

$$=\frac{898\,000}{140}\bigg/\frac{710\,000}{100}=\frac{6\,410}{7\,100}=90.30\%$$

$$\frac{\sum x_0 f_1}{\sum f_1}-\frac{\sum x_0 f_0}{\sum f_0}=6\,410-7\,100=-690(元)$$

这个指数说明,假使工资水平仍和基期一样没有变化的话,那么由于职工结构变化的影响,将使总的平均工资降低 9.7%,在绝对值上减少 690 元。

第五节 指 数 体 系

一、指数体系的概念和作用

简单地说,指数体系是由三个或三个以上有联系的指数所组成的数学关系式。例如:

商品销售额指数 = 商品销售量指数 × 商品销售价格指数

这就是一个指数体系。在指数体系中,商品销售量与商品销售价格两个指数成为商品销售额指数的两个因素,在上面的关系式中是作为因式出现的。

指数体系的作用可以概括为两点:

1. 可以用来推算体系中某一个未知的指数。如商品销售价格指数(物价指数)经常公布,可以用它来推算商品销售量指数。

2. 可以作为因素分解方法之一。如,净产值 = 工人的劳动生产率×工人 人数，即净产值受工人劳动生产率和工人人数两个因素的影响。如果再进一步分解，那么净产值也可以受三个因素影响，如

$$净产值 = 工人劳动生产率 \times 职工人数 \times \frac{工人人数}{职工人数}$$

$$净产值 = \frac{净产值}{工人人数} \times \frac{工人人数}{职工人数} \times 职工人数$$

$$= \begin{matrix}工人劳动\\生\ 产\ 率\end{matrix} \times \begin{matrix}工人人数在全部\\职工中所占比重\end{matrix} \times \begin{matrix}职工\\人数\end{matrix}$$

二、指数体系的编制和使用

(一) 两因素综合指数的指数体系

1. 综合指数指数体系的一般形式。根据同一个资料计算的数量指标指数和质量指标指数之间存在着一定的联系，形成指数体系，它是综合指数因素分析法的基础。指数体系是

$$总量动态指标 = \frac{\sum p_1q_1}{\sum p_0q_0}$$

$$数量指标指数 = \frac{\sum q_1p_0}{\sum q_0p_0}$$

$$质量指标指数 = \frac{\sum p_1q_1}{\sum p_0q_1}$$

总量动态指标 = 数量指标指数 × 质量指标指数

$$\frac{\sum p_1q_1}{\sum p_0q_0} = \frac{\sum q_1p_0}{\sum q_0p_0} \times \frac{\sum p_1q_1}{\sum p_0q_1}$$

$$\sum p_1q_1 - \sum p_0q_0 = \left(\sum q_1p_0 - \sum q_0p_0\right) + \left(\sum p_1q_1 - \sum p_0q_1\right)$$

根据表 6-2 的资料计算。

$$销售额总动态指标 = \frac{\sum p_1q_1}{\sum p_0q_0} = \frac{49\,200}{42\,000} = 117.14\%$$

$$销售量指数 = \frac{\sum q_1p_0}{\sum q_0p_0} = \frac{48\,000}{42\,000} = 114.29\%$$

$$销售价格指数 = \frac{\sum p_1q_1}{\sum p_0q_1} = \frac{49\,200}{48\,000} = 102.5\%$$

相对数分析：117.14% = 114.29% × 102.5%

绝对数分析：

$$(49\,200 - 42\,000) = (48\,000 - 42\,000) + (49\,200 - 48\,000)$$

$$7\,200(元) = 6\,000(元) + 1\,200(元)$$

分析数字表明：销售额上升 17.14%(增加 7 200 元)，是由于销售量上升了 14.29%(影响销售额增加 6 000 元)和销售价格上升 2.5%(影响销售额增加 1 200 元)共同作用的结果。

上面介绍的因素分析法就是一般常用的指数体系分析法，在这种分析中，要从相对数和绝对数两方面分析两个因素的变化方向(上升或下降)和变动程度(升降多少)构成。

2. 平均指标对比指数的指数体系。在平均指标对比指数中，也存在着指数体系，其公式为：

可变构成指数 = 固定构成指数 × 结构影响指数

$$\left(\frac{\sum x_1f_1}{\sum f_1}\Bigg/\frac{\sum x_0f_0}{\sum f_0}\right)$$

$$= \left(\frac{\sum x_1f_1}{\sum f_1}\Bigg/\frac{\sum x_0f_1}{\sum f_1}\right) \times \left(\frac{\sum x_0f_1}{\sum f_1}\Bigg/\frac{\sum x_0f_0}{\sum f_0}\right)$$

绝对数体系：

$$\left(\frac{\sum x_1 f_1}{\sum f_1}-\frac{\sum x_0 f_0}{\sum f_0}\right)$$

$$=\left(\frac{\sum x_1 f_1}{\sum f_1}-\frac{\sum x_0 f_1}{\sum f_1}\right)+\left(\frac{\sum x_0 f_1}{\sum f_1}-\frac{\sum x_0 f_0}{\sum f_0}\right)$$

用前面表 6-8 算例计算：

$$\left(\frac{\sum x_1 f_1}{\sum f_1}\Big/\frac{\sum x_0 f_0}{\sum f_0}\right)$$

$$=\left(\frac{\sum x_1 f_1}{\sum f_1}\Big/\frac{\sum x_0 f_1}{\sum f_1}\right)\times\left(\frac{\sum x_0 f_1}{\sum f_1}\Big/\frac{\sum x_0 f_0}{\sum f_0}\right)$$

$$\left(\frac{974\,600}{140}\Big/\frac{710\,000}{100}\right)$$

$$=\left(\frac{974\,600}{140}\Big/\frac{898\,000}{140}\right)\times\left(\frac{898\,000}{140}\Big/\frac{710\,000}{100}\right)$$

$$\frac{6\,960}{7\,100}=\frac{6\,960}{6\,410}\times\frac{6\,410}{7\,100}$$

$$98.03\%=108.6\%\times 90.3\%$$

$$(6\,960-7\,100)=(6\,960-6\,410)+(6\,410-7\,100)$$

$$-140(\text{元})=550(\text{元})+[-690(\text{元})]$$

(二) 多因素指数体系

多因素指数体系分析法是在两个因素分析法基础上的深入运用，也就是继续运用数量和质量指标指数的编制方法，由表及里对所研究的现象作进一步的深入分析，以测定有关因素在不同时间上的变动程度。在多个因素的指数分析中，采用权数的原则和两因素方法相同，如：

$$\begin{matrix}\text{原材料费用}\\\text{总额指数}\end{matrix}=\begin{matrix}\text{生产消耗量}\\\text{指数}\end{matrix}\times\begin{matrix}\text{单位原材料}\\\text{价格指数}\end{matrix}$$

或分解成：

$$\text{原材料费用总额指数} = \left(\text{生产量指数} \times \text{单位产品原材料消耗量指数}\right) \times \text{单位原材料价格指数}$$

用符号表示：

$$\frac{\sum q_1'p_1}{\sum q_0'p_0} = \frac{\sum q_1'p_0}{\sum q_0'p_0} \times \frac{\sum q_1'p_1}{\sum q_1'p_0}$$

$$\frac{\sum q_1m_1p_1}{\sum q_0m_0p_0} = \frac{\sum q_1m_0p_0}{\sum q_0m_0p_0} \times \frac{\sum q_1m_1p_0}{\sum q_1m_0p_0} \times \frac{\sum q_1m_1p_1}{\sum q_1m_1p_0}$$

绝对数表示：

$$\begin{aligned}&\sum q_1m_1p_1 - \sum q_0m_0p_0 \\ =&\left(\sum q_1m_0p_0 - \sum q_0m_0p_0\right) + \left(\sum q_1m_1p_0 - \sum q_1m_0p_0\right) \\ &+ \left(\sum q_1m_1p_1 - \sum q_1m_1p_0\right)\end{aligned}$$

式中，q'——生产消耗量；

q——生产量；

m——单位产品原材料消耗量；

p——单位原材料价格。

例：某企业三种产品的生产量、单位产品原材料消耗量、单位原材料价格及原材料费用总额资料，见表 6－9 所示。

$$\text{原材料费用总额指数} = \frac{\sum q_1m_1p_1}{\sum q_0m_0p_0} = \frac{76\,160}{64\,800} = 117.53\%$$

$$\begin{aligned}\text{原材料费用实际总变动额} &= \sum q_1m_1p_1 - \sum q_0m_0p_0 \\ &= 76\,160 - 64\,800 = 11\,360(\text{元})\end{aligned}$$

表 6-9　总量指标变动的多因素分析计算表

原材料种类	产品种类	生产量		单位产品原材料消耗量		单位原材料价格(元)		原材料费用总额(元)			
		q_0	q_1	m_0	m_1	p_0	p_1	$q_0m_0p_0$	$q_1m_0p_0$	$q_1m_1p_0$	$q_1m_1p_1$
甲(千克)	A(件)	600	800	0.5	0.4	20	21	6 000	8 000	6 400	6 720
乙(米)	B(套)	400	400	1.0	0.9	15	14	6 000	6 000	5 400	5 040
丙(米)	C(套)	800	1 000	2.2	2.3	30	28	52 800	66 000	69 000	64 400
合　计	—	—	—	—	—	—	—	64 800	80 000	80 800	76 160

由于报告期较基期原材料费用支出增长了 17.53%，使原材料费用多支出 11 360(元)。

$$\text{生产量指数} = \frac{\sum q_1 m_0 p_0}{\sum q_0 m_0 p_0} = \frac{80\,000}{64\,800} = 123.46\%$$

$$\text{生产量变动对原材料费用影响的绝对差额} = \sum q_1 m_0 p_0 - \sum q_0 m_0 p_0$$
$$= 80\,000 - 64\,800$$
$$= 15\,200(\text{元})$$

由于产量增长了 23.46%，多支出原材料费用 15 200 元。

$$\text{原材料单耗指数} = \frac{\sum q_1 m_1 p_0}{\sum q_1 m_0 p_0} = \frac{80\,800}{80\,000} = 101\%$$

$$\text{原材料单耗变动对原材料费用影响的绝对额} = \sum q_1 m_1 p_0 - \sum q_1 m_0 p_0$$
$$= 80\,800 - 80\,000$$
$$= 800(\text{元})$$

由于单位产品原材料消耗量增长了 1%，多支出原材料费用 800 元。

$$\text{原材料单价指数} = \frac{\sum q_1 m_1 p_1}{\sum q_1 m_1 p_0} = \frac{76\,160}{80\,800} = 94.26\%$$

$$\text{原材料单价变动对原材料费用影响的绝对额} = \sum q_1 m_1 p_1 - \sum q_1 m_1 p_0$$
$$= 76\,160 - 80\,800$$
$$= -4\,640(\text{元})$$

由于原材料单价降低了 5.74%，节约原材料费用 4 640 元。

四个指数之间的关系为

$$117.53\% = 123.46\% \times 101\% \times 94.26\%$$

四个差额之间的关系为

$$11\,360\text{元} = 15\,200\text{元} + 800\text{元} + (-4\,640)\text{元}$$

上述分析表明：原材料费用总额报告期比基期多支出 11 360 元，是由于生产量增加使费用超支 15 200 元，原材料单耗增加使费用超支 800 元，原材料单价下降使费用减少 4 640 元，三者共同作用的结果。

练 习 题

一、单项选择题

1. 能分解为固定构成指数和结构影响指数的平均数指数，它的分子、分母通常是(　　)。

(1) 简单调和平均数　　(2) 简单算术平均数

(3) 加权调和平均数　　(4) 加权算术平均数

2. 在下列指数中，属于质量指标指数的是(　　)。

(1) 产量指数　　(2) 单位产品工时指数

(3) 生产工时指数　　(4) 销售量指数

3. 平均价格可变构成指数的公式是(　　)。

(1) $\dfrac{\sum p_1q_1}{\sum q_1}\Bigg/\dfrac{\sum p_0q_1}{\sum q_1}$　　(2) $\dfrac{\sum p_0q_1}{\sum q_1}\Bigg/\dfrac{\sum p_0q_0}{\sum q_0}$

(3) $\dfrac{\sum p_1q_1}{\sum q_1}\Bigg/\dfrac{\sum p_0q_0}{\sum q_0}$　　(4) $\dfrac{\sum p_0q_1}{\sum q_1}\Bigg/\dfrac{\sum p_1q_0}{\sum q_0}$

4. 平均指标指数可以分解为两个指数,所以(　　)。

(1) 任何平均指标都能分解

(2) 加权算术平均指标和加权调和平均指标才能分解

(3) 只有加权算术平均指标才能分解

(4) 按加权算术平均法计算的平均指标,并有变量数值和权数资料时才能进行分解

5. 某企业报告期产量比基期增长了10%,生产费用增长了8%,则其产品单位成本降低了(　　)。

(1) 1.8%　(2) 2%　(3) 20%　(4) 18%

6. 狭义指数是反映(　　)数量综合变动的方法。

(1) 有限总体　(2) 无限总体　(3) 复杂总体　(4) 简单总体

7. 数量指标综合指数 $\left(\frac{\sum q_1 p_0}{\sum q_0 p_0}\right)$ 变形为加权算术平均数时的权数是(　　)。

(1) $q_1 p_1$　(2) $q_0 p_0$　(3) $q_1 p_0$　(4) $q_0 p_1$

8. 在由三个指数所组成的指数体系中,两个因素指数的同度量因素通常(　　)。

(1) 都固定在基期

(2) 都固定在报告期

(3) 一个固定在基期,一个固定在报告期

(4) 采用基期和报告期的平均数

9. 固定权数的加权算术平均数价格指数的计算公式是(　　)。

(1) $\dfrac{\sum \frac{p_1}{p_0} W}{\sum W}$　(2) $\dfrac{\sum \frac{q_1}{q_0} W}{\sum W}$　(3) $\dfrac{\sum W}{\sum \frac{1}{k}}$　(4) $\dfrac{\sum W}{\sum \frac{p_1}{p_0} W}$

10. 平均指标指数是(　　)。

（1）由两个平均指标对比形成的指数

（2）由两个总量指标对比形成的指数

（3）由两个平均数指数对比形成的指数

（4）由两个个体指数对比形成的指数

二、多项选择题（每题至少有两个正确答案）

1. 如果用 p 表示商品价格，用 q 表示商品零售量，则公式 $\sum p_1q_1 - \sum p_0q_1$ 的意义是（　　　）。

（1）综合反映价格变动和销售量变动的绝对额

（2）综合反映多种商品价格变动而增减的销售额

（3）综合反映总销售额变动的绝对额

（4）综合反映多种商品销售量变动的绝对额

（5）综合反映由于价格变动而使消费者增减的货币支出额

2. 我国经常应用的综合指数形式为（　　　）。

（1）质量指标指数 $\dfrac{\sum p_1q_1}{\sum p_0q_1}$

（2）质量指标指数 $\dfrac{\sum p_1q_0}{\sum p_0q_0}$

（3）数量指标指数 $\dfrac{\sum p_1q_1}{\sum p_1q_0}$

（4）数量指标指数 $\dfrac{\sum p_0q_1}{\sum p_0q_0}$

（5）数量指标指数 $\dfrac{\sum p_nq_1}{\sum p_nq_0}$（$p_n$ 为不变价）

3. 将综合指数 $\dfrac{\sum p_1q_1}{\sum p_0q_1}$ 变为加权调和平均数指数时，必须掌握的资料是（　　　）。

(1) 个体指数　(2) 综合指数的分子　(3) 综合指数的分母

(4) $\sum p_1q_0$　(5) $\sum p_0q_0$

4. 数量指标综合指数 $\left(\frac{\sum q_1p_0}{\sum q_0p_0}\right)$ 变形的平均数指数形式是(　　　)。

(1) $\frac{\sum k_pq_1p_0}{\sum q_1p_0}$　(2) $\frac{\sum k_qq_0p_0}{\sum q_0p_0}$　(3) $\frac{\sum k_pq_1p_1}{\sum q_1p_1}$

(4) $\frac{\sum q_1p_0}{\sum \frac{1}{k_q}q_1p_0}$　(5) $\frac{\sum q_1p_1}{\sum \frac{1}{k_p}q_1p_1}$

5. 同度量因素的作用有(　　　)。

(1) 平衡作用　(2) 比较作用　(3) 权数作用

(4) 稳定作用　(5) 同度量作用

6. 某农户的小麦播种面积报告期为基期的120%,这个指数是(　　　)。

(1) 个体指数　(2)总指数　(3) 数量指标指数

(4) 质量指标指数　(5) 动态指数

7. 已知某工业企业报告期生产费用 $\left(\sum p_1q_1\right)$ 为2 850万元,比基期增长14%,又知报告期假定生产费用 $\left(\sum p_0q_1\right)$ 为3 000万元,则(　　　)。

(1) 成本降低5%

(2) 产量增加20%

(3) 报告期生产费用比基期增加350万元

(4) 由于成本降低而节约生产费用150万元

(5) 由于产量增加而多支出的生产费用为500万元

8. 指数的作用(　　　)。

(1) 综合反映现象的变动方向

(2) 综合反映现象的变动程度

(3) 分析现象总变动中各因素影响方向和程度

(4) 研究现象在长时期内变动趋势

(5) 解决不同性质数列之间不能对比的问题

9. 在各类指数中,通常可以编制指数体系的有(　　　　)。

(1) 个体指数

(2) 用综合指数变形加权的平均数指数

(3) 综合指数

(4) 用固定权数加权的平均数指数

(5) 平均指标指数

10. 要反映某地物价水平的变化,应计算(　　　　)。

(1) 总指数　(2) 物价指数　(3) 个体指数

(4) 质量指标指数　(5) 商品销售量指数

三、计算题

1. 某市几种主要副食品调整价格前后资料如下:

	调整前		调整后	
	零售价(元/500 克)	销售量(万担)	零售价(元/500 克)	销售量(万担)
蔬　菜	0.30	5.00	0.40	5.20
豆制品	2.20	4.46	2.44	5.52
鲜　蛋	1.80	1.20	1.92	1.15
水产品	6.80	1.15	7.60	1.30

试计算:

(1) 各商品零售物价和销售量的个体指数;

(2) 四种商品物价和销售量的总指数;

(3) 由于每种商品和全部商品价格变动使该市居民增加支出的金额。

2. 某地区 2001 年—2002 年三种鲜果产品收购资料如下:

	2001年		2002年	
	旺季平均价格(元/担)	收购额(万元)	旺季平均价格(元/担)	收购额(万元)
芦柑	110	250	118	300
香蕉	120	300	128	330
鲜桃	98	80	106	120

试计算三种鲜果产品收购价格指数,说明该地区2002年较之2001年鲜果收购价格的提高程度,以及由于收购价格提高使农民增加的收入。

3. 试根据以下关于某企业三种产品产值和产量动态的资料,计算三种产品产量总指数,以及由于产量增加使企业所增加的产值。

产品	实际产值(万元)		2000年比1990年产量增长(%)
	1990年	2000年	
甲	400	4 260	74
乙	848	1 135	10
丙	700	1 432	40

4. 根据下列资料,计算某市粮食物价指数、副食品物价指数、食品类物价指数和全部零售商品物价指数。

类别和项目	权数	组指数或类指数%
一、食品类	48	
(一) 粮食	17	
1. 细粮	98	100.0
2. 粗粮	2	100.0
(二) 肉禽及其制品	36	95
(三) 蛋	5	102
(四) 水产品	12	101
(五) 鲜菜	18	103
(六) 在外用餐	12	97
二、烟酒及用品	16	116.4

续表

类别和项目	权　数	组指数或类指数%
三、衣着	10	109.7
四、家庭设备用品及服务	3	98.0
五、医疗保健和个人用品	3	105.2
六、交通和通信	8	108.0
七、娱乐教育文化	7	128.3
八、居住	5	112.6

5. 某企业2002年和2001年的产值和职工人数资料如下：

年　份	产值（万元）	职工人数（人）	
		总人数	其中：生产工人数
2001	4 500	800	640
2002	6 500	840	714

试分析该企业2002年比2001年产值增长中各个因素变动的影响作用。

(1) 就生产工人及工人劳动生产率两个因素进行分析。

(2) 就职工人数、生产工人占职工人数比重及工人劳动生产率三个因素进行分析。

以上两种分析，都要计算相对影响程度和绝对影响额。

6. 某企业基期和报告期技术人员基本工资如下：

按技术级别分组	基　期		报告期	
	人数（人）	平均工资（元）	人数（人）	平均工资（元）
高级技术人员	45	6 000	50	6 800
中级技术人员	120	5 000	180	5 400
初级技术人员	40	3 000	135	3 700

试分析该企业技术人员工资水平变动情况（从相对数和绝对数两方面分析）。

第七章 抽 样 调 查

第一节 抽样调查的意义

一、抽样调查的概念

在统计调查中,为了要取得某一社会经济现象总体的综合特征,除了运用全面调查方法外,是否能只对总体的部分单位进行调查,从而掌握总体的综合特征呢?特别是当总体的单位数众多而不便于采用全面调查,或者当某些现象总体的综合特征是要经过破坏性的测试才能取得的情况下,能否只对总体的一部分单位进行调查,即可推断总体呢? 回答是肯定的。这种统计调查的方法,就是科学的抽样调查。事实上,在我们日常生活和生产工作中,也都自觉或不自觉地运用着这种抽样调查方法。例如,仓库中有一批要防潮防霉的商品,保管员进行检查时却不一定都要件件检查,而往往只抽查其中几箱即可掌握整批商品的情况。这种方法就是抽样调查的方法。当然严格意义上的抽样调查是要根据一定的科学原理为指导,推断的计算方法也要复杂得多。

抽样调查的科学原理产生很早。早在 17 世纪到 19 世纪中叶,大数定律、概率论逐步发展形成为一门数学分支,当时统计学家把大数定律、概率论的原理引进到统计的研究领域,从而产生了抽样调查的统计研究方法。正是由于大数定律、概率论研究的重大进展,使抽样调查获得了充分的数学理论根据,为抽样调查的精确计算和抽样方法的实际运用,提供了现实可能性。至此以后,在西方资本主义国家，不仅在研究自然现象方面广泛运用抽样调查这一数理统计方法，而且也广泛运用在社会经济统计领域中。

抽样调查的概念可以有广义和狭义的两种理解。按照广义的理解，凡是抽取一部分单位进行观察，并根据观察结果来推断全体的都是抽样调查，其中又可分为非随机抽样和随机抽样两种。非随机抽样就是由调查者根据自己的认识和判断，选取若干个有代表性的单位，根据这些单位进行观察的结果来推断全体，如民意测验等。随机抽样则是根据大数定律的要求，在抽取调查单位时，应保证总体中各个单位都有同样的机会被抽中。一般所讲的抽样调查，大多数是指这种随机抽样而言，即狭义的抽样调查。所以，严格意义上的抽样调查就是：按照随机原则从总体中抽取一部分单位进行观察，并运用数理统计的原理，以被抽取的那部分单位的数量特征为代表，对总体作出数量上的推断分析。

二、抽样调查的特点

（1）只抽取总体中的一部分单位进行调查。

这是和全面调查的区别，全面调查要调查总体中所有的单位。

（2）用一部分单位的指标数值去推断总体的指标数值。

这是和重点调查的区别。重点调查是选择总体中被研究标志在标志总量占有绝大比重的那些单位进行调查，其作用是掌握总体的主要情况，并不在于推算总体的综合数量特征。

（3）抽选部分单位时要遵循随机原则。

其他非全面调查，如典型调查和重点调查等，一般是要根据统计调查任务的要求，有意识地选取若干个调查单位进行调查，而抽样调查不同，从总体中抽取部分单位时，必须非常客观，毫无偏见，也就是严格按照随机原则抽取调查单位，不受调查人员任何主观意图的影响，否则会带上个人偏见，挑中那部分单位的标志值可能偏高或偏低，失去对总体数量特征的代表性。

(4) 抽样调查会产生抽样误差,抽样误差可以计算,并且可以加以控制。

在非全面调查方式中,典型调查固然也有可能用它所取得的部分单位的数量特征去推算全体的数量特征,但这种推算误差范围和保证程度,是无法事先计算并加以控制的。而抽样调查则是在于对一部分单位的统计调查,在实际观察标志值的基础上,去推断总体的综合数量特征。例如,某村种有晚稻 3 000 亩,在稻子成熟后随机抽取 50 个单位的田块为样本,每个单位为 10 平方市尺,进行实割实测,求得其平均亩产为 410 千克,从而推算该村的晚稻总产量为 $410 \times 3\,000 = 1\,230\,000$ 千克。当然这种推断也会存在一定的误差,但它与其他统计估算不同,抽样误差的范围可以事先加以计算,并控制这个误差范围,以保证抽样推断的结果达到一定的可靠程度。

三、抽样调查的适用范围

抽样调查适用的范围是广泛的,从原则上讲,为取得大量社会经济现象的数量方面的统计资料,在许多场合,都可以运用抽样调查方法取得。在某些特殊场合,甚至还必须应用抽样调查的方法取得。

(1) 有些事物在测量或试验时有破坏性,不可能进行全面调查。

例如,灯泡耐用时间试验,电视机抗震能力试验,罐头食品的卫生检查,人体白血球数量的化验等等,都是有破坏性的,不可能进行全面调查,只能使用抽样调查。

(2) 有些总体从理论上讲可以进行全面调查,但实际上办不到。

例如,了解某森林区有多少棵树,职工家庭生活状况如何等等。从理论上讲这是有限总体,可以进行全面调查,但实际上办不到,也不必要。对这类情况的了解一般采取抽样调查方法。

(3) 和全面调查相比较,抽样调查能节省人力、费用和时间,而且比较灵活。

抽样调查的调查单位比全面调查少得多,因而既能节约人力、费用和时间,又能比较快地得到调查的结果,这对许多工作都是很有利的。例如,农产品产量全面调查的统计数字要等收割完毕以后一段时间才能得到,而抽样调查的统计数字在收获的同时就可以得到,一般能早得到两个月左右,这对于安排农产品的收购、储存、运输等都是很有利的。

由于调查单位少,有时可以增加调查内容。因此,有的国家在人口普查的同时也进行人口抽样调查,一般项目通过普查取得资料,另一些项目则通过抽样调查取得资料。这样既可以节省调查费用和时间,又丰富了调查内容。

(4) 在有些情况下,抽样调查的结果比全面调查要准确。

在统计数字与客观实际数量之间是会有差别的,这种差别通常称为误差。统计误差有两种:一是登记误差,也叫调查误差或工作误差,是指在调查登记、汇总计算过程中发生的误差,这种误差应该设法避免的;二是代表性误差,这是指用部分单位的统计数字为代表,去推算总体的全面数字时所产生的误差,这种误差一定会发生的,是不可避免的。

全面调查只有登记误差而没有代表性误差,而抽样调查则两种误差全有。因此,人们往往认为抽样调查不如全面调查准确。这种看法忽略了两种误差的大小。全面调查的调查单位多,涉及面广,参加调查汇总的人员也多,水平不齐,因而发生登记误差的可能性就大。抽样调查的调查单位少,参加调查汇总的人员也少,可以进行严格的培训,因而发生登记误差的可能性就小。在这种情况下,抽样调查的结果会比全面调查的结果更为准确。

例如,有些国家在人口和农业调查中,根据调查项目的粗细要求不同,分别进行普查和抽样调查,由这两种调查所得的资料不但便于核对差错,而且可以满足不同的需要。

(5) 抽样调查方法可以用于工业生产过程中的质量控制。

抽样调查不但广泛用于生产结果的核算和估计,而且也有效地应用于对成批或大量连续生产的工业产品在生产过程中进行质量控制,检查生产过程是否正常,及时提供有关信息,便于采取措施,预防废品的发生。

(6) 利用抽样推断的方法,可以对于某种总体的假设进行检验,来判断这种假设的真伪,以决定取舍。

例如,新教学法的采用、新工艺新技术的改革、新医疗方法的使用等等是否收到明显效果,须对未知的或不完全知道的总体作出一些假设,然后利用抽样调查的方法,根据实验材料对所作的假设进行检验,作出判断。

抽样调查是必不可少的一种调查方法,但是,抽样调查也有它的弱点。例如,它只能提供说明整个总体情况的统计资料,而不能提供说明各级状况的详细的统计资料,这就难以满足各级管理部门的要求。抽样调查也很难提供各种详细分类的统计资料。因此,抽样调查和全面调查是不能互相代替的。它们在认识上的作用是相辅相成的。

随着抽样理论的发展,抽样技术的进步,抽样方法的完善和统计队伍业务水平的提高,抽样调查方法将在社会经济生活中得到愈加广泛的运用。

第二节 抽样调查的基本概念及理论依据

一、全及总体和抽样总体

在抽样调查中,有两种不同的总体即全及总体和抽样总体。

（一）全及总体，简称总体

全及总体是指所要认识对象的全体，总体是由具有某种共同性质的许多单位组成的，因此，总体也就是具有同一性质的许多单位的集合体。例如，我们要研究某城市职工的生活水平，则该城市全部职工即构成全及总体。我们要研究某乡粮食亩产水平，则该乡的全部粮食播种面积即是全及总体。

全及总体按其各单位标志性质不同，可以分为变量总体和属性总体两类。构成变量总体的各个单位可以用一定的数量标志加以计量，例如，研究居民的收入水平，每户居民的收入就是它的数量标志，反映各户的数量特征。但并非所有标志都是可以计量的，有的标志只能用一定的文字加以描述。例如，要研究织布厂 1 000 台织布机的完好情况，这时只能用“完好”和“不完好”等文字作为品质标志来描述各台设备的属性特征，这种用文字描写属性特征的总体称为属性总体。区分变量总体和属性总体是很重要的，由于总体不同，认识这一总体的方法也就不同。

通常全及总体的单位数用大写的英文字母 N 来表示。作为全及总体，单位数 N 即使有限，但总是很大，大到几千，几万，几十万，几百万。例如，人口总体、棉花纤维总体、粮食产量总体等等。对无限总体的认识只能采用抽样的方法，而对于有限总体的认识，理论上虽可以应用全面调查来收集资料，但实际上往往由于不可能或不经济而不得不借助抽样的方法以求得对有限总体的认识。

（二）抽样总体，简称样本

抽样总体是从全及总体中随机抽取出来，代表全及总体部分单位的集合体。抽样总体的单位数通常用小写英文字母 n 表示。对于全及总体单位数 N 来说，n 是个很小的数，它可以是 N 的几十分之一，几百分之一，几千分之一，几万分之一。一般说来，样本单位数达到或超过 30 个称为大样本，而在 30 个以下称为小样本。社会经济现象的抽样调查多取大样本。而自然实验观察则多取小样本。以很小的样本来推断很大的总体,这是抽样调查的一个特点。

如果说全及总体是惟一确定的,那么,抽样样本就完全不是这样,一个全及总体可能抽取很多个抽样总体,全部样本的可能数目和每一样本的容量有关,它也和随机抽样的方法有关。不同的样本容量和取样方法,样本的可能数目也有很大的差别,抽样本身是一种手段,目的在于对总体作出判断,因此,样本容量要多大,要怎样取样,样本的数目可能有多少,它们的分布又怎样,这些都是关系到对总体判断的准确程度,都需要加以认真的研究。

二、全及指标和抽样指标

(一) 全及指标

根据全及总体各个单位的标志值或标志特征计算的、反映总体某种属性的综合指标,称为全及指标。由于全及总体是惟一确定的,根据全及总体计算的全及指标也是惟一确定的。

不同性质的总体,需要计算不同的全及指标。对于变量总体,由于各单位的标志可以用数量来表示,所以可以计算总体平均数。

$$\overline{X} = \frac{\sum X}{N}$$

对于属性总体,由于各单位的标志不可以用数量来表示,只能用一定的文字加以描述,所以,就应该计算结构相对指标,称为总体成数。用大写英文字母 P 表示,它说明总体中具有某种标志的单位数在总体中所占的比重。变量总体也可以计算成数,即总体单位数在所规定的某变量值以上或以下的比重,视同具有或不具有某种属性的单位数比重。

设总体 N 个单位中,有 N_1 个单位具有某种属性,N_0 个单位不具有某种属性，$N_1 + N_0 = N$，P 为总体中具有某种属性的单位数所占的比重，Q 为不具有某种属性的单位数所占的比重，则总体成数为：

$$P = \frac{N_1}{N}$$

$$Q = \frac{N_0}{N} = \frac{N - N_1}{N} = 1 - P$$

此外，全及指标还有总体标准差 σ，和总体方差 σ^2，它们都是测量总体标志值分散程度的指标。

$$\sigma^2 = \frac{\sum (X - \overline{X})^2}{N}$$

$$\sigma = \sqrt{\frac{\sum (X - \overline{X})^2}{N}}$$

（二）抽样指标

由抽样总体各个标志值或标志特征计算的综合指标称为抽样指标。和全及指标相对应还有抽样平均数 $\overline{x}$、抽样成数 p、样本标准差 σ_i 和样本方差 σ_i^2 等等。$\overline{x}$ 和 p 用小写英文字母表示，以资区别。

$$\overline{x} = \frac{\sum x}{n}$$

设样本 n 个单位中有 n_1 个单位具有某种属性，n_0 个单位不具有某种属性，$n_1 + n_0 = n$，p 为样本中具有某种属性的单位数所占的比重，q 为不具有某种属性的单位数所占的比重，则抽样成数为：

$$p = \frac{n_1}{n}, \; q = \frac{n_0}{n} = \frac{n - n_1}{n} = 1 - p$$

样本的方差和样本标准差分别为：

$$\sigma_i^2 = \frac{\sum (x - \overline{x})^2}{n}$$

$$\sigma_i = \sqrt{\frac{\sum (x - \overline{x})^2}{n}}$$

由于一个全及总体可以抽取许多个样本，样本不同，抽样指标的数值也就不同，所以抽样指标的数值不是惟一确定的。实际上抽样指标是样本变量的函数，它本身也是随机变量。

三、抽样方法和样本可能数目

样本的可能数目既和每个样本的容量有关，也和抽样的方法有关。当样本容量为既定时，则样本的可能数目便决定于抽样的方法。抽样方法不同又可以从取样方式不同和对样本的要求不同等方面来研究。

根据取样的方式不同，抽样方式可分为重复抽样和不重复抽样两种。

重复抽样的方法是这样来安排的：从总体 N 个单位中要随机抽取容量为 n 的样本，每次从总体中抽取一个，把它看作一次试验，连续进行 n 次试验构成抽样样本。每次抽出一个单位把结果登记下来又放回，重新参加下一次的抽选。因此，重复抽样的样本是由 n 次相互独立的连续试验所组成的。每次试验是在完全相同的条件下进行的。每个单位中选或不中选机会在每次都完全一样。

不重复抽样的方法是这样安排的：从总体 N 个单位中要抽取容量为 n 的样本，每次从总体中抽取一个，连续进行 n 次抽选，构成抽样样本。但每次抽选一个单位就不再放回参加下一次抽选，因此，不重复抽样有这些特别：样本由 n 次连续抽选的结果组成，实质上等于一次同时从总体中抽 n 个组成抽样样本。连续 n 次抽选的结果不是相互独立的，第一次抽选的结果影响下一次抽样，每抽一次总体的单位数就少一个，因此，每个单位的中选或不中选机会在各次是不同的。

根据对样本的要求不同，抽样方法又有考虑顺序抽样和不考虑顺序抽样两种。

考虑顺序的抽样，即从总体 N 个单位中抽取 n 个单位构成样本，不但要考虑样本各单位的不同性质，而且还考虑不同性质各单位的中选顺序。相同构成成分的单位，由于顺序不同，也作为不同样本。例如，从 1，2，3 三个数中取两个数排成一个两位数，显然十位数取 1，个位数取 2，和十位取 2，个位数取 1 是完全不同的，因为前者构成 12 而后者构成 21，有完全不同的意义。应该视为两种不同的样本。

不考虑顺序的抽样，即从总体 N 个单位抽取 n 个单位构成样本。只考虑样本各单位的组成成分如何，而不问单位的抽选顺序。如果样本的成分相同，不论顺序有多大不同，都作为一种样本。例如，从三个产品中抽取两个进行质量检验。第 1 个选 1 号产品，第 2 个选 2 号产品组成一组，和第 1 个选取 2 号产品，第 2 个选取 1 号产品组成一组，是没有什么差别的。

以上抽样方法两种分类还存在交叉情况，因而有：考虑顺序的不重复抽样、考虑顺序的重复抽样、不考虑顺序的不重复抽样和不考虑顺序的重复抽样等四种。

（一）考虑顺序的不重复抽样数目

即通常所说的不重复排列数，一般地说，从总体 N 个不同单位每次抽取 n 个不重复的排列，组成样本的可能数目记作 A_N^n，由下列公式计算：

$$A_N^n = N(N-1)(N-2)\cdots(N-n+1) = \frac{N!}{(N-n)!}$$

(二) 考虑顺序的重复抽样数目

即通常所说的可重复排列数。一般地说,从总体 N 个不同单位每次抽取 n 个允许重复的排列,组成样本的可能数目记作 B_N^n,由下列公式计算:

$$B_N^n = N^n$$

(三) 不考虑顺序的不重复抽样数目

即通常所说的不重复组合数。一般地说,从总体 N 个不同单位每次抽取 n 个不重复的组合,组成样本的可能数目记作 C_N^n,由下列公式计算:

$$C_N^n = \frac{N(N-1)(N-2)\cdots(N-n+1)}{n!} = \frac{N!}{n!(N-n)!}$$

(四) 不考虑顺序的重复抽样数目

即通常所说的可重复组合数。一般地说,从 N 个不同单位抽取 n 个的允许重复的组合记作 D_N^n,它等于 $N+n-1$ 个不同单位每次抽取 n 个的不重复组合,亦即

$$D_N^n = C_{N+n-1}^n$$

应用以上公式,首先应该注意分析样本的要求,采用恰当的抽样方法,针对提出的问题确定样本的数目,有时还需要多种方法结合起来应用。

四、抽样调查的理论依据

就数量关系来说,抽样调查是建立在概率论的大数法则基础上,大数法则的一系列定理为抽样推断提供了数学依据。

大数法则是关于大量的随机现象具有稳定性质的法则。它说明如果被研究的总体是由大量的相互独立的随机因素所构成,而

且每个因素对总体的影响都相对的小，那么，对这些大量因素加以综合平均的结果，因素的个别影响将相互抵消，而显现出它们共同作用的倾向，使总体具有稳定的性质。

具体地说，大数法则的意义可以归纳如下四个方面。

1. 现象的某种总体规律性，只有当具有这种现象的足够多数的单位综合汇总在一起的时候，才能显示出来。因此，只有从大量现象的总体中，才能研究这些现象的规律性。

2. 现象的总体性规律，通常是以平均数的形式表现出来。

3. 当所研究的现象总体包含的单位越多，平均数也就越能够正确地反映出这些现象的规律性。

4. 各单位的共同倾向（这些表现为主要的、基本的因素）决定着平均数的水平，而各单位对平均数的离差（这些表现为次要的、偶然的因素）则会由于足够多数单位的综合汇总的结果，而相互抵消，趋于消失。

联系到抽样推断来看，大数法则证明：如果随机变量总体存在着有限的平均数和方差，则对于充分大的抽样单位数 n，可以几乎趋近于 1 的概率，来期望抽样平均数与总体平均数的绝对离差为任意小，即对于任意的正数 α 有：

$$\lim_{n\to\infty}(|\overline{x_i}-\overline{X}|<\alpha)=1$$

式中，$\overline{x_i}$——抽样平均数；

$\overline{X}$——总体平均数；

n——抽样单位数。

这从理论上揭示了样本和总体之间的内在联系，即随着抽样单位数 n 的增加，抽样平均数 $\overline{x}$ 有接近于总体平均数 $\overline{X}$ 的趋势，或者说，抽样平均数 $\overline{x}$ 在概率上收敛于总体平均数 $\overline{X}$。

大数法则论证了抽样平均数趋近于总体平均数的趋势，这为抽样推断提供了重要的依据。但是，抽样平均数和总体平均数的离差究竟有多大？离差不超过一定范围的概率究竟有多少？这个离差的分布怎样？大数法则并没有给出什么信息。这个问题要利用另一重要定理，即中心极限定理来研究。

中心极限定理是研究变量和的分布序列的极限原理，论证：如果总体变量存在有限的平均数和方差，那么，不论这个总体变量的分布如何，随着抽样单位数 n 的增加，抽样平均数的分布便趋近于正态分布。这个结论对于抽样推断是十分重要的，因为在经济现象中变量和的分布是普遍存在的。例如，城市用电量是千家万户用电量的总和，所以城市用电量分布可以视为各户用电量总和的分布。又如，产品标准规格的偏差是由许多独立因素综合形成的，所以产品规格离差的分布可以视为许多独立因素之和的分布等等。根据中心极限定理，我们有理由相信，这些分布都趋于正态。也可以这样说，在现实生活中，一个随机变量服从于正态分布未必很多，但多个随机变量和的分布趋近于正态分布则是普遍存在的。抽样平均数也是一种随机变量和的分布，因此，在抽样单位数 n 充分大的条件下，抽样平均数也趋近于正态分布，这为抽样误差的概率估计提供了一个极为有效而且方便的条件。

第三节 抽样平均误差

一、抽样误差的概念

抽样误差是指样本指标和总体指标之间数量上的差别。以数学符号表示：$|\bar{x}-\overline{X}|$、$|p-P|$。抽样调查是用样本指标推断总体指标的一种调查方法，而推断的根据就是抽样误差。因此，怎样计算，使用和控制抽样误差是抽样调查的重要问题。为此，首先要把抽样误差的概念搞清楚。理解抽样误差可以从下面两方面着手：

第一，抽样误差是指由于抽样的随机性而产生的那一部分代表性误差，不包括登记误差，也不包括可能发生的偏差。

代表性误差也有两种。一种是偏差，是指破坏了抽样的随机原则而产生的误差，如抽选到一个单位后，调查者认为它偏低或偏高，把它剔除掉而产生的偏差。这种偏差在进行抽样调查时应该设法避免的，它不包括在抽样误差这个概念之内。另一种是指遵守了随机原则但可能抽到各种不同的样本而产生的误差。这种误差是必然会产生的，但可以对它进行计算，并设法加以控制，抽样误差就是指这种随机误差。

第二，随机误差有两种：实际误差和抽样平均误差。实际误差是一个样本指标与总体指标之间的差别 $|\bar{x}-\bar{X}|$，$|p-P|$，这是无法知道的误差。抽样平均误差是指所有可能出现的样本指标的标准差，也可以说是所有可能出现的样本指标和总体指标的平均离差。抽样实际误差是无法知道的，而抽样平均误差是可以计算的。在讨论抽样误差时指的是抽样平均误差。

二、影响抽样平均误差的因素

为了计算和控制抽样平均误差，需要分析影响抽样平均误差的因素。抽样平均误差大小主要受以下三个因素的影响。

（一）全及总体标志的变动程度

全及总体标志变动程度越大，抽样平均误差就越大；反之，全及总体标志变动程度越小，则抽样平均误差越小。两者成正比关系的变化。例如，总体各单位标志值都相等，即标准差为零时，那么抽样指标就等于全及指标，抽样平均误差也就不存在了。这时每个单位都可作代表，平均指标也无需计算了。

（二）抽样单位数的多少

在其他条件不变的情况下，抽取的单位数越多，抽样平均误差越小；样本单位数越少，抽样平均误差越大。抽样平均误差的大小和样本单位数成相反关系的变化，这是因为抽样单位数越多，样本单位数在全及总体中的比例越高，抽样总体会愈接近全及总体的基本特征，总体特征就愈能在抽样总体中得到真实的反映，假定抽样单位数扩大到与总体单位数相等时，抽样调查就变成全面调查，抽样指标等于全及指标，实际上就不存在抽样误差。

（三）抽样组织的方式

抽样平均误差除了受上述两个因素影响外，还受不同的抽样组织方式的影响。这部分将在以后章节中讨论。

三、抽样平均误差的意义

在对某一全及总体进行抽样调查时，在总体中可以抽取一个抽样总体进行综合观察，也可以连续抽取几个以至一系列的抽样总体进行综合观察，每个抽样总体都可以计算出相应的抽样指标。由于每一抽样总体所包含的具体样本单位不同，它们的综合指标也是各不相同的，因而它们与全及综合指标之间的差数也是各不相同的。所以，这些抽样误差也是一个随机变量。前已论述，抽样误差是反映抽样指标对全及指标代表性程度的，而就抽样调查整体来说，可以有许多个抽样总体和许多个抽样误差，我们可否任取某一次抽样所得的抽样误差，来作为衡量抽样指标对于全及指标的代表性程度呢？这显然是不恰当的。某一次抽样结果的抽样误差只是一系列抽样结果可能出现的误差数值之一，它不能概括一系列抽样可能结果所产生的所有抽样误差。这如同衡量总体单位的平均指标代表性程度一样，不能用总体单位的平均指标与总体的某一单位标志值离差大小，来说明平均指标对总体所有单位标志值的代表性程度一样。平均指标的代表性程度是用各个单位的标志值对平均指标离差平方的平均数方根——标准差来衡量的。它概括了所有单位标志值与平均指标离差的所有结果在内。那么，测定抽样指标的代表性程度的抽样误差，也可以用同样的原理求得。即把各个可能的抽样指标与全及指标之间都存在的抽样误差的所有结果都考虑进去，用平方平均数的方法便可求得标准差，即抽样平均误差。也就是说，抽样平均误差，是一系列抽样指标（平均指标或成数）的标准差。在进行抽样调查时，所得的抽样指标与全及指标产生误差，即抽样指标可能比全及指标大一些，也可能小一些，但用抽样平均误差来表示的抽样误差，它概括地反映了这些所有可能的结果，也就是平均说来会有这么大的误差。因此，抽样平均误差的意义，它既是实际可以运用于衡量抽样指标对于全及指标代表性程度的一个尺度；也是计算抽样指标与全及指标之间变异范围的一个根据；同时，在组织抽样调查中，也是确定抽样单位数多少的计算依据之一。总之，抽样平均误差对于整个抽样推断分析具有很重要的意义。

四、抽样平均误差的计算

下面分别讨论抽样平均数平均误差和抽样成数平均误差的计算问题。

（一）抽样平均数的抽样平均误差

以 $\mu_{\bar{x}}$表示抽样平均数的平均误差。根据定义得：

$$
\begin{aligned}
\mu_{\bar{x}}^2 &= E[\bar{x} - E(x)]^2 \\
&= E(\bar{x} - \bar{X})^2 \\
&= E\left[\frac{x_1 + x_2 + x_3 + \cdots + x_n}{n} - \frac{\bar{X} + \bar{X} + \bar{X} + \cdots + \bar{X}}{n}\right]^2 \\
&= \frac{1}{n^2}E[(x_1 - \bar{X}) + (x_2 - \bar{X}) + (x_3 - \bar{X}) + \cdots \\
&\quad + (x_n - \bar{X})]^2
\end{aligned}
$$

现在分别考虑重复抽样和不重复抽样的情况。

1. 重复抽样抽样平均数的抽样平均误差。在重复抽样的情况下，这时样本变量 $x_1, x_2, x_3, \cdots, x_n$ 是相互独立的，样本变量 x 与总体变量 X 同分布，即：

$$\mu_{\bar{x}}^2 = \frac{1}{n^2}\Big[E(x_1-\overline{X})^2 + E(x_2-\overline{X})^2 + \cdots + E(x_n-\overline{X})^2 + \sum_{i\neq j}E(x_i-\overline{X})(x_j-\overline{X})\Big]$$

展开上式得

$$\mu_{\bar{x}} = \frac{\sigma}{\sqrt{n}}$$

上式表明抽样平均数的平均误差仅为全及总体标准差的 $\frac{1}{\sqrt{n}}$。例如，当样本单位数为 100 时，则平均误差仅为总体标准差的 $\frac{1}{10}$。这说明，一个总体的某一标志的变动度可能很大，但抽取若干单位加以平均之后，抽样平均数的标准差比总体的标准差大大地缩小了。所以，抽样平均数作为估计量是更有效的。从上式还可以看出，抽样平均误差和总体标志变动度的大小成正比，而和样本单位的平方根成反比。例如，抽样平均误差要减少 $\frac{1}{2}$，则样本单位数必须增大到 4 倍；抽样平均误差要减少为原来的 $\frac{1}{3}$，则样本单位数就要扩大到 9 倍等等。

例，有 4 个工人，各人每月产量分别是 40，50，70，80 件，现在随机从其中抽取 2 人，并求平均加工零件数，用以代表 4 人总体的平均产量水平。

如果采取重复抽样方法，则所有可能样本以及平均产量资料如表 7－1、表 7－2 所示。

$$\text{样本平均数的平均数 } E(\overline{X}) = \frac{\sum \bar{x}}{\text{样本可能数目}} = \frac{960}{16} = 60(\text{件})$$

$$\mu_{\bar{x}} = \sqrt{\frac{\sum[\bar{x}-E(\overline{X})]^2}{\text{样本可能数目}}} = \sqrt{\frac{2\,000}{16}} = 11.18(\text{件})$$

表 7-1 全及指标方差计算表

序号	样本变量 x (1)	样本变量 x (2)	样本平均数 $\bar{x}$	平均数离差 $[\bar{x}-E(\overline{X})]$	离差平方 $[\bar{x}-E(\overline{X})]^2$
1	40	40	40	−20	400
2	40	50	45	−15	225
3	40	70	55	−5	25
4	40	80	60	0	0
5	50	40	45	−15	225
6	50	50	50	−10	100
7	50	70	60	0	0
8	50	80	65	5	25
9	70	40	55	−5	25
10	70	50	60	0	0
11	70	70	70	10	100
12	70	80	75	15	225
13	80	40	60	0	0
14	80	50	65	5	25
15	80	70	75	15	225
16	80	80	80	20	400
合计	—		960	—	2 000

表 7-2 全及指标方差计算表

序号	产量 (X)	产量离差 $(X-\overline{X})$	离差平方 $(X-\overline{X})^2$	序号	产量 (X)	产量离差 $(X-\overline{X})$	离差平方 $(X-\overline{X})^2$
1	40	−20	400	3	70	10	100
2	50	−10	100	4	80	20	400
				合计	240	—	1 000

现在我们直接从 4 人的月产量总体求总平均产量和产量标准差。

$$总平均产量\ \overline{X}=\frac{\sum X}{N}=\frac{240}{4}=60(件)$$

$$标准差\ \sigma = \sqrt{\frac{\sum (X-\overline{X})^2}{N}} = \sqrt{\frac{1\,000}{4}} = 15.81(件)$$

$$抽样平均误差\ \mu_{\bar{x}} = \frac{\sigma}{\sqrt{n}} = \frac{15.81}{\sqrt{2}} = 11.18(件)$$

上例计算表明：(1) 抽样平均数的平均数等于全及平均数，即 $E(\bar{x})=\overline{X}$，上例两者都等于 60 件；(2) 抽样平均误差，即抽样平均数的标准差等于总体标准差的 $\frac{1}{\sqrt{n}}$，$\mu_{\bar{x}}=\frac{\sigma}{\sqrt{n}}$。上例两者计算的结果都等于 11.18 件。

2. 不重复抽样抽样平均数的抽样平均误差

在不重复抽样的情况下，这时样本变量 $x_1, x_2, \cdots, x_n$ 不是相互独立的，即：

$$\begin{aligned}\mu_{\bar{x}}^2 &= \frac{1}{n^2}\Big[E(x_1-\overline{X})^2 + E(x_2-\overline{X})^2 + \cdots + E(x_n-\overline{X})^2 \\ &\quad + \sum_{i\neq j} E(x_i-\overline{X})(x_j-\overline{X})\Big] \\ &= \frac{1}{n^2}\sum_{i\neq j}^{n} E(x_i-\overline{X})^2 + \frac{1}{n^2}\underbrace{\sum_{i\neq j} E(x_i-\overline{X})(x_j-\overline{X})}_{共有 n(n-1) 个乘积}\end{aligned}$$

展开上式得

$$\mu_{\bar{x}} = \sqrt{\frac{\sigma^2}{n}\left(\frac{N-n}{N-1}\right)}$$

在总体单位数 N 很大的情况下，可以近似地表示为

$$\mu_{\bar{x}} = \sqrt{\frac{\sigma^2}{n}\left(1-\frac{n}{N}\right)}$$

从上述可以看出，不重复抽样平均方差等于重复抽样平均方差乘以校正因子 $\left(1-\frac{n}{N}\right)$。$\sqrt{1-\frac{n}{N}}$ 一定是大于 0 而小于 1

的正数，$\sqrt{\frac{\sigma^2}{n}}$乘上这个小于1的正数，必然小于原来的数。所以，不重复抽样平均误差的数值一定小于重复抽样的抽样平均误差。在一般情况下，总体单位数很大，抽样比例$\frac{n}{N}$很小，则$\sqrt{1-\frac{n}{N}}$接近于1，因此，$\sqrt{\frac{\sigma^2}{n}\left(1-\frac{n}{N}\right)}$与$\sqrt{\frac{\sigma^2}{n}}$的数值是接近的。在实际工作中，在没有掌握总体单位数的情况下或者总体单位数 N 很大时，一般均用重复抽样平均误差公式来计算不重复抽样的平均误差。

我们仍以 4 个工人为例，月产量分别为 40、50、70、80 件。现用不重复抽样的方法，随机抽取 2 个工人，并求平均产量，所有可能样本以及样本平均数如表 7 - 3 所示。

表 7 - 3　不重复抽样方差计算表

序号	样本变量 x		样本平均数 $\bar{x}$	平均数离差 $[\bar{x}-E(\overline{X})]$	离差平方 $[\bar{x}-E(\overline{X})]^2$
	(1)	(2)			
1	40	50	45	−15	225
2	40	70	55	−5	25
3	40	80	60	0	0
4	50	40	45	−15	225
5	50	70	60	0	0
6	50	80	65	5	25
7	70	40	55	−15	225
8	70	50	60	0	0
9	70	80	75	15	225
10	80	40	60	0	0
11	80	50	65	5	25
12	80	70	75	15	225
合计	—		720	—	1 000

$$样本平均数的平均数\ E(\overline{X}) = \frac{\sum \overline{x}}{样本可能数目} = \frac{720}{12} = 60(件)$$

$$\mu_{\overline{x}} = \sqrt{\frac{\sum[\overline{x} - E(X)]^2}{样本可能数目}} = \sqrt{\frac{1\,000}{12}} = 9.13\,(件)$$

根据已经计算的总体平均数 $\overline{X} = 60$ 件，总体标准差 $\sigma = 15.81$ 件(见表 7－2 所示)，也就可以计算出不重复抽样的平均误差为：

$$\mu_{\overline{x}} = \sqrt{\frac{\sigma^2}{n}\left(\frac{N-n}{N-1}\right)} = \sqrt{\frac{250}{2}\left(\frac{4-2}{4-1}\right)} = 9.13\,(件)$$

由此可见，不重复抽样抽样平均误差 9.13 件小于重复抽样抽样平均误差 11.18 件。

（二）抽样成数的抽样平均误差

在掌握抽样平均数的平均误差公式的基础上，再来探求抽样成数的平均误差公式是比较简便的。只需将全及成数的标准差平方代替公式中的全及平均数的标准差的平方，就可以得到抽样成数的平均误差公式。

全及成数标准差平方，也称“交替标志的方差”。有些社会经济现象的标志具体表现为两种情况，非此即彼，交替出现。如产品分为合格品与不合格品、邮件分为航空与非航空，把水稻品种分为杂交品种与非杂交品种等等。这种用“是”、“否”或“有”、“无”来表示的标志，称为交替标志，也叫是非标志。

为计算交替标志的方差，必须将交替变异的标志过渡到数量标志。交替变异标志仍以 x 表示，我们用 $x=1$ 表示单位具有这一标志，用 $x=0$ 表示单位不具有这一标志。具有这一标志的单位数用 N_1 表示，不具有这一标志的单位数用 N_0 表示，则这两部分单位数占全及总体单位数成数为

具有这一标志的单位数占全及总体的比重：$p=\dfrac{N_1}{N}$

不具有这一标志的单位数占全及总体的比重：$q=\dfrac{N_0}{N}$

这两个成数之和等于1，即：

$$p+q=\frac{N_1}{N}+\frac{N_0}{N}=1,\ q=1-p。$$

现在举检查某种工业品质量为例，说明按交替标志求得成数的平均数和标准差平方的公式。假设所检验的产品，凡合格品以标志1表示；凡不合格品以标志0表示；以p表示合格品占全部检验产品的比重，以q表示不合格品占全部检验产品的比重，如表7-4所示。

表7-4 交替标志的平均数和标准差计算表

	交替标志（变量）	单位数（成数）	变量x成数	离差	离差平方	离差平方乘权数
	x	f	xf	$x-\overline{x}$	$(x-\overline{x})^2$	$(x-\overline{x})^2f$
合格品	1	p	p	$1-p$	$(1-p)^2$	$(1-p)^2p$
不合格品	0	q	0	$0-p$	$(0-p)^2$	$(0-p)^2q$
合计	—	$p+q=1$	p	—		$q^2p+p^2q=qp$

$$\overline{X}=\frac{\sum xf}{\sum f}=\frac{1\times p+0\times q}{p+q}=\frac{p}{1}=p$$

交替标志的标准差为

$$\sigma_p=\sqrt{\frac{\sum(x-\overline{X})^2f}{\sum f}}=\sqrt{\frac{(1-p)^2p+(0-p)^2q}{p+q}}$$

$$=\sqrt{\frac{q^2p+p^2q}{1}}=\sqrt{\frac{qp(q+p)}{1}}=\sqrt{qp}$$

因为 $q + p = 1 \quad q = 1 - p$

所以 $\sigma_p = \sqrt{qp} = \sqrt{p(1-p)}$

$$\sigma_p^2 = p(1-p)$$

可见,成数的平均数就是成数本身;成数的标准差平方就是 $p(1-p)$。根据抽样平均误差与总体标准差平方之间的关系,抽样成数的平均误差计算公式为

重复抽样抽样成数的平均误差:

$$\mu_p = \sqrt{\frac{p(1-p)}{n}}$$

不重复抽样抽样成数的平均误差:

$$\mu_p = \sqrt{\frac{p(1-p)}{n}\left(1 - \frac{n}{N}\right)}$$

在上面计算抽样平均误差的转化公式里,无论是平均数的标准差 σ,还是交替标志的方差 $p(1-p)$,都是指全及总体而言的。但是在抽样调查的实践中,这两个指标一般都是未知的,因此,通常可以采用以下四种方法解决。

1. 用过去调查所得到的资料。可以用全面调查的资料,也可以用抽样调查的资料。如果有几个不同的总体方差的资料,则应该用数值较大的。

2. 用样本方差的资料代替总体方差。概率论的研究从理论上作了证明,样本方差可以相当接近于总体方差。这是实际工作中经常使用的一种方法,但它只能在调查之后才能计算。

3. 用小规模调查资料。如果既没有过去的材料,又需要在调查之前就估计出抽样误差,实在不得已时,可以在大规模调查之前,组织一次小规模的试验性调查。

4. 用估计的材料。例如,在农产量抽样调查中用农产量预计

估产的资料,根据预计估产的资料计算出总体方差。

（三）抽样平均误差计算实例

某灯泡厂对10 000个产品进行使用寿命检验,随机抽取2%样本进行测试,所得资料如表7-5所示。

表7-5 抽样产品使用寿命资料表

使用时间(小时)	抽样检查电灯泡数(个)	使用时间(小时)	抽样检查电灯泡数(个)
900以下	2	1 050～1 100	84
900～950	4	1 100～1 150	18
950～1 000	11	1 150～1 200	7
1 000～1 050	71	1 200以上	3
		合　计	200

按照质量规定,电灯泡使用寿命在1 000小时以上者为合格品,可按以上资料计算抽样平均误差。

电灯泡平均使用时间 $\bar{x}=1\,057$ 小时

电灯泡合格率 $P=91.5\%$

电灯泡平均使用时间标准差 $\sigma=53.63$ 小时

灯泡使用时间抽样平均误差为

$$\text{重复抽样：}\mu_{\bar{x}}=\sqrt{\frac{\sigma^2}{n}}=\sqrt{\frac{(53.63)^2}{200}}=\pm 3.792\,2\ (\text{小时})$$

$$\text{不重复抽样：}\mu_{\bar{x}}=\sqrt{\frac{\sigma^2}{n}\left(1-\frac{n}{N}\right)}$$

$$=\sqrt{\frac{(53.63)^2}{200}\times\left(1-\frac{200}{10\,000}\right)}$$

$$=\pm 3.754\,1\ (\text{小时})$$

灯泡合格率的抽样平均误差为

$$\text{重复抽样：}\mu_p=\sqrt{\frac{P(1-P)}{n}}=\sqrt{\frac{0.915\times 0.085}{200}}$$

$$=\pm 0.01972=\pm 1.972\%$$

$$\text{不重复抽样：}\mu_p=\sqrt{\frac{P(1-P)}{n}\left(1-\frac{n}{N}\right)}$$

$$=\sqrt{\frac{0.915\times 0.085}{200}\times\left(1-\frac{200}{10\,000}\right)}$$

$$=\pm 0.01952=\pm 1.952\%$$

第四节　全及指标的推断

抽样调查的目的是用样本指标去推断总体指标，由于存在抽样平均误差，这种推断不可能是很精确的，问题在于对这个误差的大小要有一个科学的判断。在参数估计中，如果只得出一个估计值而不进一步对这个估计值的误差大小作出说明，那么这样的估计值便没有什么意义。但是也要看到，要确切地指出某一个抽样指标究竟误差有多大，这也几乎是不可能的，因为抽样指标是随机变量的函数，它本身也是随机变量，而抽样误差又是抽样指标的函数，它本身还是随机变量。抽样误差是随着不同的样本而变化的，我们只能把抽样误差控制在一定的范围内，这就需要研究抽样极限误差问题。

一、抽样极限误差

由于未知的全及指标是一个确定的量，而抽样指标会随各个可能样本的不同而变动，它是围绕着全及指标上下随机出现的变量。它与全及指标可能产生正离差，也可能产生负离差，这样，抽样指标与全及指标之间就有个误差范围的问题。抽样误差范围就是指变动的抽样指标与确定的全及指标之间离差的可能范围。它是根据概率理论，以一定的可靠程度保证抽样误差不超过某一给定的范围。统计上把这个给定的抽样误差范围叫做抽样极限误差，也称置信区间。

设 $\Delta_{\bar{x}}$ 与 Δ_p 分别表示抽样平均数与抽样成数的抽样极限误差，则有

$$\Delta_{\bar{x}} = |\bar{x} - \bar{X}|$$
$$\Delta_p = |p - P|$$

将上面等式经过变换，可以得到下列不等式：

$$\bar{X} - \Delta_{\bar{x}} \leqslant \bar{x} \leqslant \bar{X} + \Delta_{\bar{x}}$$
$$P - \Delta_p \leqslant p \leqslant P + \Delta_p$$

以上不等式表示，抽样平均数 $\bar{x}$ 是以全及平均数 $\bar{X}$ 为中心，在 $\bar{X} \pm \Delta_{\bar{x}}$ 之间变动；抽样成数 p 是以全及成数 P 为中心，在 $P \pm \Delta_p$ 之间变动。抽样误差范围是以 $\bar{X}$ 或 P 为中心的两个 Δ 的距离，这是抽样误差范围的原意。但是由于全及指标是个未知的数值，而抽样指标通过实测是可以求得的。因此，抽样误差范围的实际意义是要求被估计的全及指标 $\bar{X}$ 或 P，落在抽样指标一定范围内，即落在 $\bar{x} \pm \Delta_{\bar{x}}$ 或 $p \pm \Delta_p$ 的范围内。所以，将前面的不等式进行移项：

左边移项： $\bar{X} \leqslant \bar{x} + \Delta_{\bar{x}}$

右边移项： $\bar{x} - \Delta_{\bar{x}} \leqslant \bar{X}$

由上两式得： $\bar{x} - \Delta_{\bar{x}} \leqslant \bar{X} \leqslant \bar{x} + \Delta_{\bar{x}}$

同理，将不等式 $P - \Delta_p \leqslant p \leqslant P + \Delta_p$ 变换后可得：

$$p - \Delta_p \leqslant P \leqslant p + \Delta_p$$

所以，全及指标 $\bar{X}$、P 的范围估计（或称区间估计）可以按下列公式计算：

$$\bar{X} = \bar{x} \pm \Delta_{\bar{x}}$$
$$P = p \pm \Delta_p$$

二、可信程度

抽样平均误差 μ 是表明抽样估计的准确度。抽样误差范围即抽样极限误差 Δ 是表明抽样估计准确程度的范围。在给定的准确程度范围内的抽样估计，还要研究其估计的可靠程度，即可信程度。

例如，大学生的平均体重 58 千克，抽样误差 1 千克时，大学生的平均体重在 57 千克到 59 千克之间 $(\overline{x} \pm 1\mu_{\overline{x}})$，判断的可靠程度为 0.6827。如果将抽样误差扩大 1 倍，即 2 千克，也就是说，推断全体大学生平均体重在 56 千克～60 千克的范围之内 $(\overline{x} \pm 2\mu_{\overline{x}})$，判断的可靠程度为 0.9545。如果抽样误差扩大到 1 千克的 3 倍，那么大学生的平均体重在 55 千克～61 千克的范围之内 $(\overline{x} \pm 3\mu_{\overline{x}})$，可靠程度为 0.9973，接近 100%。

上例说明，抽样误差范围 Δ 与抽样平均误差 μ 的关系，即：Δ 是用一定倍数的 μ 表示的抽样指标与全及指标之间的绝对离差。这里的倍数通常用 t 来表示。t 称概率度，它是指以抽样平均误差 μ 为尺度来衡量的相对误差范围，在数理统计中常称为置信度。用公式表示为

$$\Delta_{\overline{x}} = |\overline{x} - \overline{X}| = t\mu_{\overline{x}}$$

$$\Delta_p = |p - P| = t\mu_p$$

$$t = \frac{\Delta_{\overline{x}}}{\mu_{\overline{x}}} = \frac{|\overline{x} - \overline{X}|}{\dfrac{\sigma}{\sqrt{n}}}$$

$$t = \frac{\Delta_p}{\mu_p} = \frac{|p - P|}{\sqrt{\dfrac{P(1-P)}{n}}}$$

这个公式的意义在于，在一定 μ 的条件下，当概率度 t 越大，则抽样误差范围越大，可能样本落在误差范围内的概率越大，从而抽样估计的可信程度也就越高；反之，当 t 越小，则 Δ 越小，可能样本

落在误差范围内的概率越小,从而抽样估计的可信程度也就越低。

怎样求得样本指标落在一定误差范围内的概率和确定抽样估计的可靠程度呢?数理统计证明,概率度和概率之间保持一定的函数关系,即概率是概率度的函数。用 P 表示概率以说明抽样估计的可靠程度,其函数关系可表示为

$$P = F(t)$$

在正态分布的情况下,从总体中随机抽取一个样本加以观察,则该样本抽样指标落在某一范围 $(\overline{x} - t\mu_{\overline{x}} \leftrightarrow \overline{x} + t\mu_{\overline{x}})$ 内的概率,是用占正态曲线面积的大小表示的。即:

$$\begin{aligned} F(t) &= P\{\overline{x} - t\mu_{\overline{x}} \leqslant \overline{X} \leqslant \overline{x} + t\mu_{\overline{x}}\} \\ &= \frac{1}{\sqrt{2\pi}}\int_{-t}^{t} \mathrm{e}^{-\frac{t^2}{2}}\mathrm{d}t \end{aligned}$$

正态分布曲线与横轴围成的面积等于1。用正态分布曲线说明抽样指标出现的概率,按上述积分公式计算,就是当以全及平均数 $\overline{X}$ 为中心加减一个平均误差 $\mu_{\overline{x}}$ 为范围时所包括的面积为68.27%,表明落在此范围内的各个抽样指标占总体所有可能样本抽样指标的68.27%,或者说,从总体中随机抽取一个样本的抽样指标落在这个范围内的概率为68.27%。而当以 $\overline{x} \pm 2\mu_{\overline{x}}$ 为范围时所包括的曲线面积为95.45%,表明落在此范围内的各个抽样指标占总体所有可能样本抽样指标的95.45%,或者说,从总体中任取一个样本的抽样指标落在这个范围内的概率为95.45%,等等。由此可见,随着概率度 t 的不断增大,概率 P 的数值也随着增大以至逐渐接近于1,使抽样推断达到完全可靠的程度。正态分布及其曲线下的面积如图7-1所示。

应用正态分布曲线,把概率度 t 和抽样误差范围 Δ 联系起来,便可得到抽样推断全及指标在一定范围内的概率保证程度,在统计抽样推断中常用(如表7-6所示)。

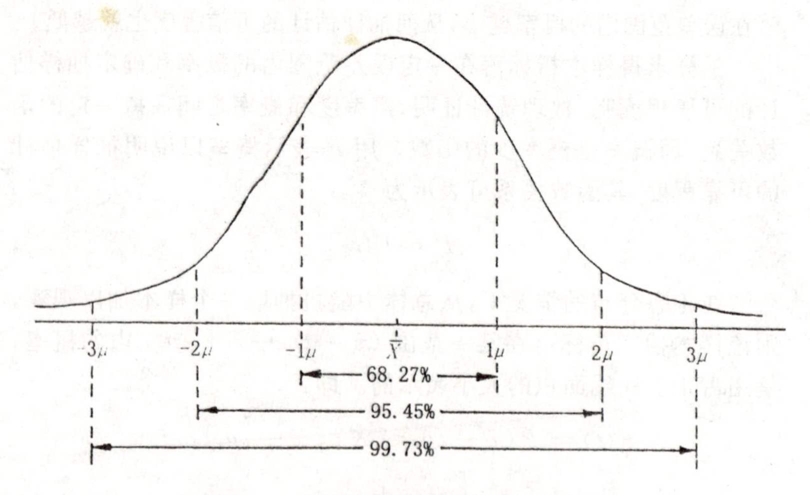

图 7-1　正态分布及其曲线下的面积图

表 7-6　概率度与概率对照表

概率度 t	误差范围(Δ)	概率 $F(t)$	概率度 t	误差范围(Δ)	概率 $F(t)$
0.5	0.5μ	0.382 9	1.96	1.96μ	0.950 0
1.00	1.00μ	0.682 7	2.00	2.00μ	0.954 5
1.50	1.50μ	0.866 4	3.00	3.00μ	0.997 3

在实际工作中，为计算方便起见，已按不同 t 值和相应的概率编制专门的正态分布概率表，以供查用。

附：

正态概率表

$$\left(F(t)=\frac{2}{\sqrt{2\pi}}\int_0^t e^{-\frac{t^2}{2}}dt\right)$$

t	$F(t)$	t	$F(t)$	t	$F(t)$	t	$F(t)$	t	$F(t)$
0.00	0.000 0	0.52	0.396 9	1.04	0.701 7	1.56	0.881 2	2.16	0.969 2
0.01	0.008 0	0.53	0.403 9	1.05	0.706 3	1.57	0.883 6	2.18	0.970 7
0.02	0.016 0	0.54	0.410 8	1.06	0.710 9	1.58	0.885 9	2.20	0.972 2

续表

t	F(t)	t	F(t)	t	F(t)	t	F(t)	t	F(t)
0.03	0.023 9	0.55	0.417 7	1.07	0.715 4	1.59	0.888 2	2.22	0.973 6
0.04	0.031 9	0.56	0.424 5	1.08	0.719 9	1.60	0.890 4	2.24	0.974 9
0.05	0.039 9	0.57	0.431 3	1.09	0.724 3	1.61	0.892 6	2.26	0.976 2
0.06	0.047 8	0.58	0.438 1	1.10	0.728 7	1.62	0.894 8	2.28	0.977 4
0.07	0.055 8	0.59	0.444 8	1.11	0.733 0	1.63	0.896 9	2.30	0.978 6
0.08	0.063 8	0.60	0.451 5	1.12	0.737 3	1.64	0.899 0	2.32	0.979 7
0.09	0.071 7	0.61	0.458 1	1.13	0.741 5	1.65	0.901 1	2.34	0.980 7
0.10	0.079 7	0.62	0.464 7	1.14	0.745 7	1.66	0.903 1	2.36	0.981 7
0.11	0.087 6	0.63	0.471 3	1.15	0.749 9	1.67	0.905 1	2.38	0.982 7
0.12	0.095 5	0.64	0.477 8	1.16	0.754 0	1.68	0.807 0	2.40	0.983 6
0.13	0.103 4	0.65	0.484 3	1.17	0.758 0	1.69	0.909 0	2.42	0.984 5
0.14	0.111 3	0.66	0.490 7	1.18	0.762 0	1.70	0.910 9	2.44	0.985 3
0.15	0.119 2	0.67	0.497 1	1.19	0.766 0	1.17	0.912 7	2.46	0.986 1
0.16	0.127 1	0.68	0.503 5	1.20	0.769 9	1.72	0.914 6	2.48	0.986 9
0.17	0.135 0	0.69	0.509 8	1.21	0.773 7	1.73	0.916 4	2.50	0.987 6
0.18	0.142 8	0.70	0.516 1	1.22	0.777 5	1.74	0.918 1	2.52	0.988 3
0.19	0.150 7	0.71	0.522 3	1.2	0.781 3	1.75	0.919 9	2.54	0.988 9
0.20	0.158 5	0.72	0.528 5	1.24	0.785 0	1.76	0.921 6	2.56	0.989 5
0.21	0.166 3	0.73	0.534 6	1.25	0.788 7	1.77	0.923 3	2.58	0.990 1
0.22	0.174 1	0.74	0.540 7	1.26	0.792 3	1.78	0.924 9	2.60	0.990 7
0.23	0.181 9	0.75	0.546 7	1.27	0.795 9	1.79	0.926 5	2.62	0.991 2
0.24	0.189 7	0.76	0.552 7	1.28	0.799 5	1.80	0.928 1	2.64	0.991 7
0.25	0.197 4	0.77	0.558 7	1.29	0.803 0	1.81	0.929 7	2.66	0.992 2
0.26	0.205 1	0.78	0.564 6	1.30	0.806 4	1.82	0.931 2	2.68	0.992 6
0.27	0.212 8	0.79	0.570 5	1.31	0.809 8	1.83	0.932 8	2.70	0.993 1
0.28	0.220 5	0.80	0.576 3	1.32	0.813 2	1.84	0.934 2	2.72	0.993 5
0.29	0.228 2	0.81	0.582 1	1.33	0.816 5	1.85	0.935 7	2.74	0.993 9
0.30	0.235 8	0.82	0.587 8	1.34	0.819 7	1.86	0.937 1	2.76	0.994 2
0.31	0.243 4	0.83	0.593 5	1.35	0.823 0	1.87	0.938 5	2.78	0.994 6
0.32	0.251 0	0.84	0.599 1	1.36	0.826 2	1.88	0.939 9	2.80	0.994 9
0.33	0.258 6	0.85	0.604 7	1.37	0.829 3	1.89	0.941 2	2.82	0.995 2
0.34	0.266 1	0.86	0.610 2	1.38	0.832 4	1.90	0.942 6	2.84	0.995 5
0.35	0.273 7	0.87	0.615 7	1.39	0.835 5	1.91	0.943 9	2.86	0.995 8

续表

t	F(t)	t	F(t)	t	F(t)	t	F(t)	t	F(t)
0.36	0.281 2	0.88	0.621 1	1.40	0.838 5	1.92	0.945 1	2.88	0.996 0
0.37	0.288 6	0.89	0.626 5	1.41	0.841 5	1.93	0.946 4	2.90	0.996 2
0.38	0.296 1	0.90	0.631 9	1.42	0.844 4	1.94	0.947 6	2.92	0.996 5
0.39	0.303 5	0.91	0.637 2	1.43	0.847 3	1.95	0.948 8	2.94	0.996 7
0.40	0.310 8	0.92	0.642 4	1.44	0.850 1	1.96	0.950 0	2.96	0.996 9
0.41	0.318 2	0.93	0.647 6	1.45	0.852 9	1.97	0.951 2	2.98	0.997 1
0.42	0.325 5	0.94	0.652 8	1.46	0.855 7	1.98	0.952 3	3.00	0.997 3
0.43	0.332 8	0.95	0.657 9	1.47	0.858 4	1.99	0.953 4	3.20	0.998 6
0.44	0.340 1	0.96	0.662 9	1.48	0.861 1	2.00	0.954 5	3.40	0.999 3
0.45	0.347 3	0.97	0.668 0	1.49	0.863 8	2.02	0.956 6	3.60	0.999 6
0.46	0.354 5	0.98	0.672 9	1.50	0.866 4	2.04	0.958 7	3.80	0.999 8
0.47	0.361 6	0.99	0.677 8	1.51	0.869 5	2.06	0.960 6	4.00	0.999 9
0.48	0.368 8	1.00	0.682 7	1.52	0.871 5	2.08	0.962 5	4.50	0.999 99
0.49	0.375 9	1.01	0.687 5	1.53	0.874 0	2.10	0.964 3	5.00	0.999 99
0.50	0.382 9	1.02	0.692 3	1.54	0.876 4	2.12	0.966 0		
0.51	0.389 9	1.03	0.697 0	1.55	0.878 9	2.14	0.967 6		

仍以上述灯泡使用时间的检验为例，说明抽样推断方法。前面计算灯泡样本平均使用时间 $\bar{x}$ 为 1 057 小时，合格率为 91.5%，重复抽样下，灯泡的使用时间抽样平均误差 $\mu_{\bar{x}} = 3.7922$ 小时，合格率的平均误差 μ_p 为 1.972%。在不同概率保证下，平均数和成数的抽样极限误差为：

当 $t = 1$ 时，概率保证为 68.27%，

$$\Delta_{\bar{x}} = 1 \times 3.7922 = 3.7922\ (\text{小时})$$

则：$1\,053.21(\text{小时}) \leqslant \overline{X} \leqslant 1\,060.79(\text{小时})$

$$\Delta_p = 1 \times 0.01972 = 1.972\%$$

则：$89.53\% \leqslant P \leqslant 93.47\%$

当 $t = 2$ 时，概率保证为 95.45%

$$\Delta_{\bar{x}} = 2 \times 3.7922 = 7.58\ \text{小时}$$

则：$1\,049.42(\text{小时}) \leqslant \overline{X} \leqslant 1\,064.58(\text{小时})$

$\Delta_p = 2 \times 0.019\,72 = 3.944\%$

则：$87.56\% \leqslant P \leqslant 95.44\%$

当 $t = 3$ 时，概率保证为 99.73%

$\Delta_{\bar{x}} = 3 \times 3.792\,2 = 11.38(\text{小时})$

则：$1\,045.62(\text{小时}) \leqslant \overline{X} \leqslant 1\,068.38(\text{小时})$

$\Delta_p = 3 \times 0.019\,72 = 5.916\%$

则：$85.58\% \leqslant P \leqslant 97.42\%$

第五节　抽样方案设计

一、抽样方案设计的基本原则

如何科学地组织抽样调查是抽样推断中一个重要的问题，在抽样调查之前首先要有一个抽样方案的设计。抽样方案的设计和施工的蓝图一样是抽样调查的一个总体规划，应包括如何从总体中抽取样本，说明调查要取得哪些项目的资料，用什么方法取得这些资料，要求资料的精确程度和确定必要的样本单位数目，等等。完整的抽样方案还应该包括一些必要的附件，如调查人员的培训计划、调查的问卷或调查表的设计、调查项目的编码以及汇总表的格式等。搞好抽样设计必须掌握两个基本原则。

（一）保证实现抽样随机性的原则

因为随机原则是概率抽样的基础，只有排除了人们有意识地抽选样本，保证每个样本都有一个已知的概率被抽中，才能应用概率论的原理对总体作出正确的判断。若不遵守随机原则或者虽然按随机原则抽选，但抽样后未按规定进行调查，破坏了随机性的原则，就容易产生偏误。

在抽样中有一种常见的破坏随机原则现象，就是在按规定抽选样本后，有些单位看来似乎与总体的平均水平相差很远，便故意把它们抛弃或更换。例如，农产量调查中，一些基层单位抽取地块时抽到一些丰产田或低产田，就故意把这些田块剔除而更换样本。实际上抽样调查的代表性要以样本作为一个整体来代表，并不是要求每一单位均有代表性，这样做的结果就会人为地缩小样本方差，从而无法正确计算抽样误差，给抽样推断带来不好的后果。又如，在抽样调查中，有些单位由于地理位置比较偏僻，在抽样时把这样的单位排除在外，也就因不符合随机原则而带来偏误。因而，在抽样设计时一定要保证随机抽选，而且还应考虑到由于种种原因中选单位未能取得资料而须替补的方法。若不按随机原则，临时更换也容易产生偏误。例如，在抽选住户进行调查时，若该住户不在就用邻居户代替。我们知道双职工住户不在家的机会较多，而有孩子、老人的住户在家机会较多，这样更换的结果就会使双职工住户的比重下降而产生偏误。因此随机原则是抽样调查的一个重要原则。

（二）保证实现最大的抽样效果原则

抽样调查和其他工作一样，也有一个经济效益的问题，就是如何以较小的费用支出取得一定准确程度的数据。因为任何一项抽样调查都是在一定费用的限制条件下进行的，抽样方案设计应该力求调查费用最省。在通常情况下，提高精度的要求和节省费用的要求往往有矛盾，因为要求抽样误差愈小，就要增加抽样单位数目，相应地要增加调查费用。但实际工作中并非抽样误差最小的方案就是最好的方案，因为不同的调查项目对于精度的要求往往是不同的，而且调查费用和精度之间往往并不是线性关系，可以用图7－2来表示。

图7－2中表示用100％的费用可以达到100％的精度。但如果用75％的费用就可以达到98％的精度，若98％的精度可满足需要时，就没有必要再花25％的费用来获取余下的2％的精度。何况抽样调查的内容也是千差万别的，有些要求精度较高，而有些调

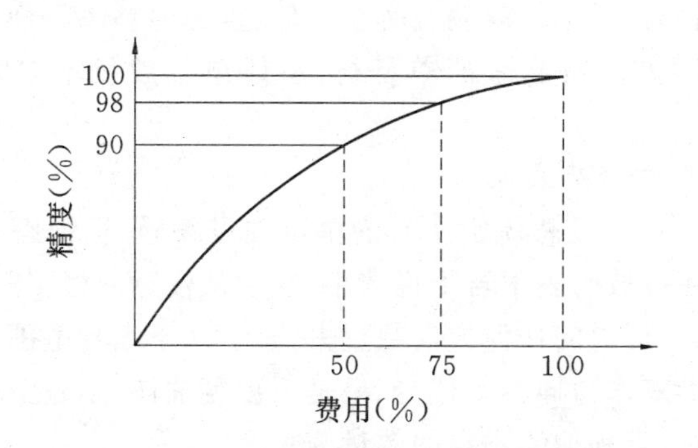

图 7-2　抽样调查费用和精度之间关系

查并不一定要有很高的精度，因此，在抽样设计时要视具体情况而定。调查费用取决于很多因素，其中一个重要的因素是抽样单位数目，因此要确定适当的抽样单位数目，而抽样单位数目又取决于精度和可靠性的要求。因此，抽样设计的原则应是在一定的误差和可靠性的要求下选择费用最少的样本设计。但如何达到这一要求又与抽样调查的组织方式有关。下面介绍一些主要的抽样调查组织形式。

二、简单随机抽样

简单随机抽样又称纯随机抽样。它是对总体不作任何处理，不进行分类也不搞排队，而是从总体的全部单位中随机抽选样本单位。这可以有各种不同的具体做法。

(一) 直接抽选法

从调查对象中直接抽选样本。如从仓库中存放的所有同类产品中随机指定若干箱产品进行质量检验；从粮食仓库中不同的地点取出若干粮食样本进行含杂量、含水量的检验，等等。

(二) 抽签法

先给每个单位编上序号，将号码写在纸片上，掺和均匀后从中抽选，抽到哪一个单位就调查哪个单位，直到抽够预先规定的数量为止。这种方法看起来简单易行，总体单位数目不多时也可以使用。

（三）随机数码表法

首先要将全及总体中所有的单位加以编号，根据编号的位数确定选用随机数码表中若干栏数字。然后从任意一栏，任意一行的数字开始数，可以向任何方向数过去，碰上属于编号范围内的数字号码就定下来作为样本单位。如果是不重复抽样，则碰上重复的数字时不要它，直到抽够预定的数量为止。

表 7－7 是从随机数码表中摘取一部分组成的表，举个简单例子说明抽选过程。

表 7－7　随机数码表

03	47	43	73	86	36	96	47	36	61
97	74	24	67	62	42	81	14	57	20
16	76	62	27	66	56	50	26	71	07
12	56	85	99	26	96	96	68	27	31
55	59	56	35	64	38	54	82	46	22
16	22	77	94	39	49	54	43	54	82
84	42	17	53	31	57	24	55	06	88
63	01	63	78	59	16	95	55	67	19
33	21	12	34	29	78	64	56	07	82
57	60	86	32	44	09	47	27	96	54
18	18	07	92	45	44	17	16	58	09
26	62	38	97	75	84	16	07	44	99
23	42	40	64	74	82	97	77	77	81
52	36	28	19	95	50	92	26	11	97
37	85	94	35	12	83	39	50	08	30

假如要从 30 个总体单位中抽取 5 个单位，首先要将总体单位按 1～30 编号。编号最多是两位数，因此，从随机数码表上取两列作为计算单位。假定从上列随机数码表的第 5、6 列开始数，即从

43 开始,顺次序向下数。第二个数字 24 在编号范围内,这算一个,下面的 62、85、56、77 超出了范围,全不用。17 是在编号范围之内的,因此 17 号作为样本单位,依次还可取出 12、07、28 作为样本单位。

这种办法虽要编号,但免除了做签和掺匀的工作,因而比较简单。如果总体单位数很多,只要把数字栏数放宽就可以了。例如,从 4 000 个单位中抽选 50 个单位,则从随机数字表中任取 4 列数字作为计算单位顺序数下去,只要碰到 4 000 以内的数字号码就作为样本单位,超过 4 000 的不要,重复的不要,直到取够 50 个单位为止。

简单随机抽样方法简单,主要用于以下情况:

1. 对调查对象的情况很少了解;

2. 总体单位的排列没有秩序;

3. 抽到的单位比较分散时也不影响调查工作。

前面所讨论的抽样误差计算方法,就是从简单随机抽样组织方式出发的,因此,简单随机抽样的误差公式为

在重复抽样条件下:

$$\mu_{\bar{x}} = \sqrt{\frac{\sigma^2}{n}}$$

$$\mu_p = \sqrt{\frac{P(1-P)}{n}}$$

不重复抽样条件下:

$$\mu_{\bar{x}} = \sqrt{\frac{\sigma^2}{n}\left(1-\frac{n}{N}\right)}$$

$$\mu_p = \sqrt{\frac{P(1-P)}{n}\left(1-\frac{n}{N}\right)}$$

三、类型抽样

类型抽样又称分类抽样，它的特点是先对总体各单位按一定标志加以分类(层)，然后再从各类(层)中按随机原则抽取样本，由各类(层)内的样本组成一个总的样本。

(一) 类型抽样的作用

1. 利用已知的信息提高抽样效率。前面曾经提到过抽样误差的大小主要取决于总体内部的差异大小和抽取的样本单位数这两个因素。而实际的抽样调查工作中，总体的差异是客观存在的，要使误差减少，就要增加样本单位数，这样就会使调查的人力和费用增加。为了解决这一矛盾，分类(层)抽样是一种理想的方法。如果人们事先对研究的客观总体有一定的了解，利用这种已知的信息，把总体中性质相同的单位，也即研究的标志值比较接近的单位归并在一起形成若干类(层)，这样各类(层)的差异就可以大大缩小，各类(层)能以较小的样本单位数达到预期精确度的要求。从整个样本来说，由于这些样本单位对各类(层)均有较高的代表性，而且由于分类(层)后抽取的样本单位在总体中分布得更均匀，大大地降低了出现极端数值(即所有的样本都是高的或所有的样本都是低的)的风险，所以，这样构成的样本对总体也有较高的代表性。

2. 抽样的组织工作比较方便。因为分类(层)也可以按行政隶属和系统来划分或按地理的区域来划分，这种分类(层)虽然并不一定能提高抽样效率，但常常给工作带来很大的方便。如果各个行政系统之间差别较大，行政系统内部的差别比较小，那么这种分类(层)可以收到既方便又能提高抽样效率的双重效果。

3. 掌握总体中各个子总体的情况。在总体中若干性质上相近单位的集合称作子总体。有时抽样调查不仅需要了解总体的有关信息，而且也要了解子总体的情况，这时可以按不同的子总体，分类(层)抽样就能满足这方面的需要。

对总体划分各个类型组之后，如何确定各组的抽样单位数，一般可有两种方法：一是根据抽样误差大小与标志差异程度、抽样单位数等的关系来确定，凡是标志差异大的组多抽一些，标志差异小的组可以少抽一些。这样确定各组应抽取的样本单位数，可以缩小抽样误差。这种方法称为类型适宜抽样。二是不考虑各组标志差异程度，而是根据统一的比例来确定各组要抽取的单位数。即通常用各类型组的单位数占全及总体单位数的比例，来确定各组抽取的样本单位数。这种方法称为类型比例抽样。

（二）类型比例抽样方法单位数的确定

$$\frac{n_1}{N_1}=\frac{n_2}{N_2}=\frac{n_3}{N_3}=\frac{n_4}{N_4}=\frac{n_5}{N_5}=\cdots=\frac{n_i}{N_i}=\frac{n}{N}$$

式中：n_i——各组抽取的样本单位数（$i=1,2,3,\cdots$）；

n——抽样单位总数（即 $n=n_1+n_2+n_3+\cdots$）；

N_i——各组总体单位数；

N——全及总体单位数。

计算各类型组应抽取的样本单位数的公式为

$$n_i=\frac{N_i}{N}\cdot n$$

例如，全及总体单位数 $N=8\,000$，共要抽取样本单位数 $n=120$，总体分成如下三个类型组：$N_1=4\,000$，$N_2=2\,400$，$N_3=1\,600$。现按类型比例抽样计算各组需要抽取的样本单位数：

$$n_1=4\,000\times\frac{120}{8\,000}=60$$

$$n_2=2\,400\times\frac{120}{8\,000}=36$$

$$n_3=1\,600\times\frac{120}{8\,000}=24$$

（三）类型适宜抽样方法单位数的确定

在类型适宜抽样条件下，对于标志变动程度大的组，抽取样本单位数的比例相应要大些；反之，对于标志变动程度小的组，抽取样本单位数的比例相应地可小些。因此，确定各组抽样单位数的公式可以作如下设计：

$$n_i = \frac{N_i\sigma_i}{\sum N_i\sigma_i} \cdot n$$

这个公式表明，各组抽取样本单位数的多少，取决于各组总体单位数 N_i 与标准差 σ_i 的乘积占各组总体单位数与标准差乘积总和 $\sum N_i\sigma_i$ 的比例。这样，各类型组单位数的多少和各组标志变动程度的差异这两个因素都考虑到了。

如仍以上例：总体单位数 $N = 8\,000$，共需抽取样本单位数 $n = 120$。总体分成三个类型组：$N_1 = 4\,000, N_2 = 2\,400, N_3 = 1\,600$。假定各组标准差分别为：$\sigma_1 = 10, \sigma_2 = 15, \sigma_3 = 30$。计算各组抽取样本单位数的方法为：

$$\begin{aligned} n_1 &= \frac{4\,000 \times 10}{4\,000 \times 10 + 2\,400 \times 15 + 1\,600 \times 30} \times 120 \\ &= 38.7 \rightarrow 39 \end{aligned}$$

$$\begin{aligned} n_2 &= \frac{2\,400 \times 15}{4\,000 \times 10 + 2\,400 \times 15 + 1\,600 \times 30} \times 120 \\ &= 34.8 \rightarrow 35 \end{aligned}$$

$$\begin{aligned} n_3 &= \frac{1\,600 \times 30}{4\,000 \times 10 + 2\,400 \times 15 + 1\,600 \times 30} \times 120 \\ &= 46.5 \rightarrow 47 \end{aligned}$$

在实际工作中，事先往往不知道各组的标准差 σ_i，但容易估计出各组的全距 R_i，上式中的 σ_i 可以用 R_i 替代，则计算各组需要抽取单位数的公式为

$$n_i = \frac{N_i R_i}{\sum N_i R_i} \cdot n$$

从当前统计工作实践来看，大多采用前面一种比较简便的类型比例抽样，但从提高抽样效果来说，在有条件的情况下还是可采用类型适宜抽样的。

（四）类型抽样抽样误差的计算

类型比例抽样的误差，取决于各组样本单位数的总和与各组组内的方差（即各组组内标准差的平方）的平均数。因此，当测定平均数指标时，计算抽样误差不是用方差 σ^2，而是用各组组内方差的加权算术平均数$\overline{\sigma_i^2}$（即各组组内方差的平均数）。根据同样的道理，在测定成数指标时，计算抽样误差不是用全及总体 P 和 $(1-P)$ 的乘积，而是各组 p_i 和 $(1-p_i)$ 乘积的平均数，即 $\overline{p(1-p)}$ 。

类型抽样的抽样误差计算公式如下：

在重复抽样条件下：

$$\mu_{\bar{x}} = \sqrt{\frac{\overline{\sigma_i^2}}{n}}$$

$$\overline{\sigma_i^2} = \frac{\sum \sigma_i^2 N_i}{N} \text{或} \frac{\sum \sigma_i^2 n_i}{n}$$

$$\mu_p = \sqrt{\frac{\overline{P(1-P)}}{n}}$$

$$\overline{P(1-P)} = \frac{\sum P_i(1-P_i)N_i}{N} \text{或} \frac{\sum P_i(1-P_i)n_i}{n}$$

不重复抽样条件下：

$$\mu_{\bar{x}} = \sqrt{\frac{\overline{\sigma_i^2}}{n}\left(1-\frac{n}{N}\right)}$$

$$\mu_p = \sqrt{\frac{P(1-P)}{n}\left(1-\frac{n}{N}\right)}$$

在实际工作中，因为不知道全及总体各类型组内方差，所以各类型组标准差平方 σ_i^2 用各类的样本标准差平方代替。各类型的成数 P_i 用各类型样本成数代替。

例：某乡共有农户 4 000 户，分粮食作物区与技术作物区。现在用类型比例抽样方法分别抽 10%农户，调查农户收入情况，并计算平均每户收入及其标准差，见表 7－8 所示。试推断全乡抽样平均每户收入和抽样平均误差。

表 7－8 全乡抽样平均数和标准差计算表

	农户总数	样本户数	抽样平均每户收入(元)	抽样标准差(元)
	N_i	n_i	$\overline{x}$	σ_i
粮食作物区	2 500	250	3 600	52
技术作物区	1 500	150	5 400	75
	4 000	400	—	—

根据表 7－8 资料，先求它的组内方差平均数，即

$$\overline{\sigma_i^2} = \frac{\sum \sigma_i^2 n_i}{n} = \frac{52^2 \times 250 + 75^2 \times 150}{400} = 3\,799.375\ (\text{元})$$

$$\overline{x} = \frac{\sum x_i n_i}{n} = \frac{3\,600 \times 250 + 5\,400 \times 150}{400} = 4\,275\ (\text{元})$$

重复抽样：

$$\mu_{\overline{x}} = \sqrt{\frac{\overline{\sigma^2}}{n}} = \sqrt{\frac{3\,799.375}{400}} = 3.08(\text{元})$$

不重复抽样：

$$\mu_{\bar{x}} = \sqrt{\frac{\sigma^2}{n}\left(1 - \frac{n}{N}\right)} = \sqrt{\frac{3\,799.375}{400}\left(1 - \frac{400}{4\,000}\right)}$$
$$= 2.92\text{（元）}$$

四、机械抽样

（一）机械抽样的概念和作用

1. 机械抽样又称等距抽样或系统抽样，它是对研究的总体按一定的顺序排列，每隔一定的间隔抽取一个或若干个单位，并把这些抽取的单位组成样本进行观察的一种抽样方法。

设总体有 N 个单位，现须抽取一个容量为 n 的样本，其抽选方法是先将 N 个总体单位按一定顺序进行排列，令 $k = N/n$，k 称为抽样间隔或抽样距离，这样实际上把总体单位分成 n 段，每段中有 k 个单位，然后在 $1 - k$ 中随机地抽取一个随机数，设为 i，则第 n 个单位为抽中单位以后每隔 k 个单位为一抽中单位，即第 $i + k, i + 2k, \cdots, i + (n - 1)k$，直到抽满 n 个单位为止（见图 7-3）。

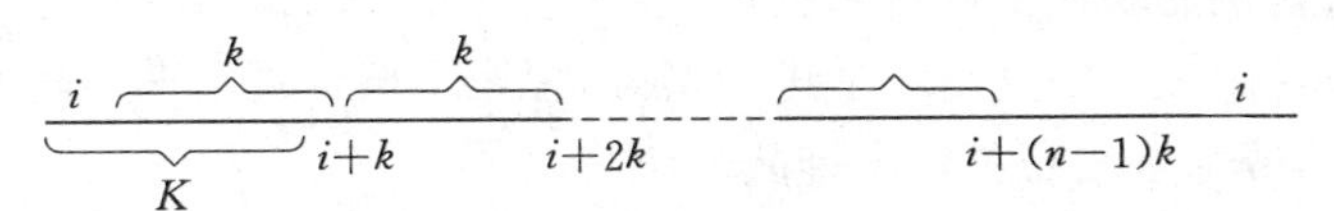

图 7-3　机械抽样示意图

2. 机械抽样的作用。

(1) 简便易行。就简单随机抽样来说，在抽样之前须对每个单位加以编号，然后才能利用随机数码表等方法抽选样本，当总体单位很多时，编号与抽选也都比较麻烦。而等距抽样只要确定了抽样的间隔和起点，整个样本的所有单位也随之自然确定。它可以利用现成的各种排列，如某市的工业企业可以按照有关系统和部门的习惯顺序排列，抽样时就可以直接利用这些顺序进行等距抽样。这种抽样方法也便于推广，为不熟悉抽样调查的人员所掌握，也适合某些基层现场的抽样调查。例如，在森林调查中，常常很难在林地中划分抽样单位，然后随机抽选，而机械抽样就比较方便。

(2) 机械抽样的误差大小与总体单位的顺序有关，因此，当对总体的结构有一定了解时，可用已有的信息对总体进行排列后采用机械抽样，就能提高抽样效率。在一般情况下，等距抽样使本单位在总体中散布比较均匀，其抽样平均误差要小于简单随机抽样。因此，这是大规模抽样调查中一种比较常用的抽样方法。

(二) 机械抽样按排队所依据的标志不同，分为无关标志排队法和有关标志排队法

1. 按无关标志排队是指排队的标志与调查的内容无关。例如，调查职工生活水平时，职工按姓氏笔画排队；对产品进行质量检查，按产品入库顺序排队等都是按无关标志排队。

2. 按有关标志排队是指排队的标志与调查的内容有关。例如，对耕地的农产量进行调查，把地块按往年平均亩产的高低进行排队；对职工家庭生活水平进行调查，把职工按工资水平的高低进行排队等都是按有关标志排队。

(三) 机械抽样按样本单位抽选的方法不同，分为随机起点等距抽样、半距起点等距抽样和对称等距抽样

1. 随机起点等距抽样。当抽取间隔 k 确定以后，在第一组随机抽选一个样本单位，设该样本单位的顺序号为 a，则第二个样本单位的顺序号为 $k+a$，第三个样本单位的顺序号为 $2k+a$，其余类推，第 n 个样本单位的顺序号为 $(n-1)k+a$。

当总体按无关标志排队时，随机起点等距抽样是可以应用的。当总体按有关标志排队时，随机起点等距抽样会产生系统性误差。举例说明，设总体有 20 个单位，按标志值高低排队编号如表 7-9 所示。

表 7-9　总体单位数按标志值大小排队表

序号	标志值	序号	标志值	序号	标志值	序号	标志值
1	2	6	12	11	25	16	39
2	5	7	16	12	29	17	40
3	7	8	20	13	32	18	45
4	8	9	21	14	34	19	46
5	10	10	24	15	35	20	49

总体平均数 $\overline{X}=24.95$。如果抽取 4 个样本单位，则间隔 $k=\frac{N}{n}=\frac{20}{4}=5$。如果随机起点为第一组第 1 号单位，即 $a=1$，则抽出的样本单位序号依次为第 1、第 6、第 11、第 16 号，样本平均数 $\overline{x}=19.5$。如果随机起点为第一组第 2 号单位，即 $a=2$，则抽出的样本单位序号依次为第 2、第 7、第 12、第 17 号，样本平均数 $\overline{x}=22.5$。很显然，这两个样本平均数比总体平均数偏低。如果随机起点为第一组第 5 号单位，即 $a=5$，则抽出样本单位序号依次为第 5、第 10、第 15、第 20 号，样本平均数 $\overline{x}=29.5$，它比总体平均数偏高。

2. 半距起点等距抽样。要求各样本单位都选在各组的中点。各样本单位的顺序号是：第一个样本单位是 $\frac{k}{2}$，第二个样本单位是 $k+\frac{k}{2}$，第三个样本单位是 $2k+\frac{k}{2}$，第 n 个样本单位是 $(n-1)k+\frac{k}{2}$。

无论按有关标志排队和按无关标志排队都可以采用这种方法，这种方法的优点是简单易懂、易于实践。当总体按有关标志排队时，采用这种方法能保证样本有充分的代表性，长期以来在大规模社会经济调查中被广泛运用，实际检验其效果也是令人满意的。

但半距起点等距抽样也存在一定的局限性。首先，随机性不明显，当总体排队确定，样本容量确定，则样本单位也随之确定了。其次，只能抽取一个样本，不能进行样本轮换，抽样的利用率太低。

3. 对称等距抽样。要求在第一组随机抽取第一个样本单位，假设

该单位的顺序号为 a，在第二组与第一个样本单位对称的位置抽取第二个样本单位，它的顺序号为 $2k-a$ 。在第三组与第二组样本单位对称的位置抽取第三个样本单位，它的顺序号为 $2k+a$ 。以后抽出的样本单位序号依次为 $(4k-a)$、$(4k+a)$、$(6k-a)$、$(6k+a)$、…。

对称等距抽样保留了半距起点等距抽样的优点，而又避免了它的局限性，使其优点更加明显。

（四）机械抽样抽样误差的计算公式

无关标志排队法等距抽样近似于简单随机抽样。因此，一般认为可以按简单随机抽样方法计算抽样误差，即

重复抽样：

$$\mu_{\bar{x}} = \sqrt{\frac{\sigma^2}{n}}$$

$$\sigma_p = \sqrt{\frac{P(1-P)}{n}}$$

不重复抽样：

$$\mu_{\bar{x}} = \sqrt{\frac{\sigma^2}{n}\left(1-\frac{n}{N}\right)}$$

$$\mu_p = \sqrt{\frac{P(1-P)}{n}\left(1-\frac{n}{N}\right)}$$

有关标志排队法等距抽样实质上可以看作一种特殊的分类抽样，不同的是分类更细致，组数更多，而在每个组之内则只抽选一个样本单位。因此，一般认为可以用类型抽样的抽样误差公式来计算抽样误差，即

重复抽样：

$$\mu_{\bar{x}} = \sqrt{\frac{\overline{\sigma_i^2}}{n}}$$

$$\mu_p = \sqrt{\frac{P(1-P)}{n}}$$

不重复抽样：

$$\mu_{\bar{x}} = \sqrt{\frac{\overline{\sigma_i^2}}{n}\left(\frac{N_i - n_i}{N_i - 1}\right)}$$

$$\mu_p = \sqrt{\frac{\overline{P(1-P)}}{n}\left(\frac{N_i - n_i}{N_i - 1}\right)}$$

在等距抽样时，每个组内只抽取一个单位，因此，$n_i = 1$，从而

$$\frac{N_i - n_i}{N_i - 1} = \frac{N_i - 1}{N_i - 1} = 1$$

所以
$$\mu_{\bar{x}} = \sqrt{\frac{\overline{\sigma_i^2}}{n}}$$

也就是说，等距抽样虽然是不重复的抽样，实质上是使用重复抽样公式。

例如，为了推断 15 块地小麦今年平均亩产，按去年亩产排队，见表 7－10 所示。

表 7－10　某地区小麦地块亩产排序表

	1					2					3				
地块序号	1	2	3	4	5	6	7	8	9	10	11	12	13	14	15
去年亩产（千克）	340	350	355	360	375	385	395	400	410	420	430	440	460	465	480
平均亩产（千克）	356					402					455				

进行半距起点等距抽样抽选 3 块地，它们的序号为 3，8，13。经过实割实测各块地平均亩产为 $\bar{x}_3 = 405$ 千克，$\bar{x}_8 = 410$ 千克，$\bar{x}_{13} = 480$ 千克，试以 80％的概率对这 15 块地的平均亩产进行区

间估计。

1. 计算样本平均数：$\bar{x}=\frac{405+410+480}{3}=431.67$（千克）

2. 计算各组组内方差：

$$\sigma_1^2=[(340-356)^2+(350-356)^2+(355-356)^2+(360-356)^2+(375-356)^2]\times\frac{1}{5}=134$$

$$\sigma_2^2=[(385-402)^2+(395-402)^2+(400-402)^2+(410-402)^2+(420-402)^2]\times\frac{1}{5}=146$$

$$\sigma_3^2=[(430-455)^2+(440-455)^2+(460-455)^2+(465-455)^2+(480-455)^2]\times\frac{1}{5}=320$$

3. 计算平均组内方差：

$$\overline{\sigma_i^2}=\frac{134+146+320}{3}=200$$

4. 计算抽样平均误差和极限误差：

$$\mu_{\bar{x}}=\sqrt{\frac{200}{3}\left(1-\frac{3}{15}\right)}=7.30$$

$$\Delta_{\bar{x}}=1.28\times7.30=9.34$$

$$431.67-9.34\leqslant\overline{X}\leqslant431.67+9.34$$

以80%的概率推断平均亩产为422.33－441.01千克之间。

五、整群抽样

整群抽样是将总体划分为由总体单位所组成的若干群，然后，以群作为抽样单位，从总体中抽取若干个群体作为样本，而对中选群内的所有单位进行全面调查的抽样方式。例如，若欲调查某个大学的学生身高，组成总体的基本单位是每个学生，但抽样单位可以是由学生组成的班或系等，对中选的班级或系的全部学生作为样本进行观察。

(一) 整群抽样的作用

1. 当总体缺乏包括全部总体单位的抽样框，无法进行抽选时须采用整群抽样。因为在抽样调查之前须有一个抽样框，它是包括所有总体单位的名单或地图，这样才能编上号码，利用随机数码表或其他方式抽取所需的样本。然而，有时候总体很大且没有现成的名单，而要编制一个抽样框也十分费时费力，甚至是不可能的。

例如，我们欲调查上海市中学生近视眼学生的比例有多大，就需要全上海市中学生的名单，然后顺序编号后才能进行抽选。显然，这是一项十分繁重的工作。如果我们以中学作为抽样单位，那么从上海市教育局拿一张中学的名单，对中学进行抽样，对抽中学校所包括的学生全部进行调查，就要方便多了。

2. 比较方便和节约费用。有时即使具备必要的抽样框，但由于总体单位很多，分布很广，若采用简单随机抽样势必使样本的分布十分分散，调查时所需的人力和费用也比较大。在上例中，假如我们具有全市中学生名单，要从数十万中学生中抽取几百人或几千人调查，其抽样的过程也相当麻烦，抽中的样本单位可能遍布在全市的各个中学，调查起来也很费时费力。若能抽取几个中学，对抽中学校的全部学生进行调查，这样样本单位比较集中，调查就方便得多，费用也可以大大节省。

(二) 整群抽样也有局限性

由于抽取的样本单位比较集中，在一个群内各单位之间的差异往往比较小，不同群之间则差异比较大。因此，在抽取同样多的基本单位数目时，整群抽样抽样误差常常大于简单随机抽样。为了达到规定的精确度要求，就要多抽一些群。然而群抽得多了，就会大大增加调查的基本单位数，这样又不符合整群抽样要节约人力物力的目的，因此，须根据具体情况来确定是否采取整群抽样。

整群抽样中的“群”可分为两类：一类是根据行政、地域以及自然形成的群体，如学校（或班级）、工厂（或车间）等。抽取这一类群主要是为了方便和节约费用。另一类群是一个连续的总体，可由调查者根据需要来适当确定群的大小。例如，一个地块可以划分成不同的大小面积的群，在这种情况下就须研究如何分群使方差和费用达到最优。在划分群时，根据方差分析的原理，当总体划分成群以后，总体方差可以分解为群间方差和群内方差两部分。这两部分相互制约，若群内方差大则群间方差小；反之，群内方差小则群间方差大。如是要使整群抽样的误差小成为可能的话，在划分群时，应使群内方差尽可能大，而使群间方差尽可能地小。这一点与分类（层）抽样时分类（层）的原则恰好相反。这也可以从直观上加以解释，若一个群中各单位的情况相同，在整群抽样时虽然基本单位增加不少，但都是重复的信息，如果群内的差异较大，群内各单位的分布与总体的分布一样，那么只要任意抽取一个群进行观察就可以代表总体。当然以上是两种极端的情况，但掌握这一原则对于如何分群进行整群抽样是有益的。

（三）影响整群抽样抽样误差的三个因素

1. 抽出群数多少。设所有的群数为 R，抽出的群的数目为 r。显然抽出的 r 的数目越多，则抽样误差越小。

2. 群间方差。群间方差也称组间方差，它说明群和群之间的差异程度。在整群抽样时，群内方差（组内方差）无论多大都不影响抽样误差。因为对每一个群来讲，进行的是全面调查，不发生抽样误差问题。群间方差的计算方法如下：

（1）平均数的群间方差

$$\delta_{\bar{x}}^2 = \frac{\sum (\overline{X}_i - \overline{X})^2}{R} \left[\text{或者：} \delta_{\bar{x}}^2 = \frac{\sum (\overline{x}_i - \overline{x})^2}{r} \right]$$

式中，$\overline{X}_i$——全及各群的平均数；

$\overline{X}$——全及平均数；

$\overline{x}_i$——抽样各群的平均数；

$\overline{x}$——抽样各群的总平均数；

δ^2——群间方差。

（2）成数的群间方差：

$$\delta_p^2=\frac{\sum(P_i-P)^2}{R}\left[\text{或者：}\delta_p^2=\frac{\sum(p_i-p)^2}{r}\right]$$

式中，P_i——全及各群的成数；

P——全及成数；

p_i——抽样各群的成数；

p——抽样各群的总成数。

3. 抽样方法。整群抽样都采用不重复抽样方法。因此，在计算抽样误差时要使用修正系数 $\frac{R-r}{R-1}$。

经过上述对抽样误差影响的分析，归纳出抽样误差的计算公式：

$$\mu_{\overline{x}}=\sqrt{\frac{\delta_{\overline{x}}^2}{r}\left(\frac{R-r}{R-1}\right)}$$

$$\mu_p=\sqrt{\frac{\delta_p^2}{r}\left(\frac{R-r}{R-1}\right)}$$

当式中 R 的数目较大时，两个公式中的 $\frac{R-r}{R-1}$ 可以用 $\left(1-\frac{r}{R}\right)$ 来替代。

现举例说明。某工厂生产某种灯泡，在连续生产 720 小时中，每隔 24 小时抽取 1 小时的全部产品加以检查，根据抽样资料计算结果,灯泡平均使用寿命1200小时,群间方差为60小时,计算样本平均数的抽样误差,并以95%的可靠程度推断该批灯泡的平均使用寿命。

根据资料:

$\overline{x} = 1\,200$ 小时

$\delta^2 = 60$ 小时,$R = 720, r = 720/24 = 30$

$$\mu_{\overline{x}} = \sqrt{\frac{\delta_{\overline{x}}^2}{r}\left(\frac{R-r}{R-1}\right)}$$

$$= \sqrt{\frac{60}{30} \times \left(\frac{720-30}{720-1}\right)} = 1.385\text{(小时)}$$

以95%的概率估计该批灯泡的平均使用寿命为

$1\,200 \pm 1.96 \times 1.385 = 1\,200 \pm 2.715$

即该批灯泡的平均使用寿命在1197.29小时~1202.72小时之间。

第六节　必要抽样单位数的确定

一、确定抽样单位数的意义和原则

在选定适合对象特点的抽样组织方式之后,就须决定从总体中抽取多少个样本单位才是必要的。因为当进行一项抽样调查时,抽取的样本单位数越多,所得的抽样调查资料的代表性就越高,抽样推断的效果就越好;反之,如果抽样单位数越少,所得的抽样调查资料的代表性就越低。可见,抽样单位数不能过少,过少了抽样推断就不能达到预期的效果。但是,抽样单位数也不能过多,过多了就会增加人力、物力和费用,也影响抽样调查资料的及时提供。

因此，在抽样调查时，认真研究和确定一个必要的抽样单位数，对于省时、省力又能保证较好的抽样调查效果，无疑是具有很重要的意义。确定必要抽样单位数的原则是：在保证抽样推断能达到预期的可靠程度和精确程度的要求下，确定一个恰当的抽取样本单位的数目。

二、确定抽样单位数的依据

根据以上原则确定抽样单位数，首先决定于调查者对一项抽样推断的可靠程度和精确程度的要求。如果要求抽样的可靠程度和精确程度比较高，那么抽样单位数就要多些；反之，就可以少些。

其次，抽样单位数决定于总体标志的变异程度。总体标志变异程度越大，须抽取的样本单位数就越多；反之，须抽取的样本单位数越少。

再次，抽样单位数决定于不同的抽样组织方法。一般来说，类型抽样和机械抽样可比简单随机抽样需要的抽样单位数少，单个抽样比整群抽样需要的抽样单位数少，不重复抽样比重复抽样需要的抽样单位数少。

最后，按上述依据确定的抽样单位数，还要结合调查的人力、物力和财力的许可情况加以适当调整，然后作出最后的确定。

由此可见，上述几个方面都是确定抽样单位数的依据，在应用时应加以综合考虑，不能孤立地仅仅依据其中一二项因素来确定。

三、确定抽样单位数的计算公式

根据上面确定抽样单位数的前三个依据，可以由抽样极限误差公式来反映它们之间的联系。因此，将抽样极限误差公式加以推演，就可导出各种不同抽样方法的必要抽样单位数的计算公式。

计算简单随机重复抽样平均指标的必要抽样单位数公式：

由于
$$\Delta_{\bar{x}} = t\mu_{\bar{x}} = t \cdot \sqrt{\frac{\sigma^2}{n}}$$

等式两端平方 $$\Delta_{\bar{x}}^2 = \frac{t^2\sigma^2}{n}$$

移项 $$\Delta_{\bar{x}}^2 n = t^2\sigma^2$$

$$n = \frac{t^2\sigma^2}{\Delta_{\bar{x}}^2}$$

同样,可以得到计算简单随机重复抽样成数的必要抽样单位数公式:

$$n = \frac{t^2 p(1-p)}{\Delta_p^2}$$

计算简单随机抽样不重复抽样平均指标的必要抽样单位数公式:

由于 $\Delta_{\bar{x}} = t\mu_{\bar{x}} = t\sqrt{\frac{\sigma^2}{n}\left(1-\frac{n}{N}\right)}$

等式两端平方

$$\begin{aligned}\Delta_{\bar{x}}^2 &= t^2\,\frac{\sigma^2}{n}\left(1-\frac{n}{N}\right)\\ &= \frac{t^2\sigma^2}{n} - \frac{t^2\sigma^2 n}{nN}\\ &= \frac{Nt^2\sigma^2 - t^2\sigma^2 n}{nN}\end{aligned}$$

移项 $$\Delta_{\bar{x}}^2 Nn = Nt^2\sigma^2 - t^2\sigma^2 n$$

$$\Delta_{\bar{x}}^2 Nn + t^2\sigma^2 n = Nt^2\sigma^2$$

$$n(\Delta_{\bar{x}}^2 N + t^2\sigma^2) = Nt^2\sigma^2$$

则有

$$n = \frac{Nt^2\sigma^2}{\Delta_{\bar{x}}^2 N + t^2\sigma^2}$$

同样,可以得到计算简单随机不重复抽样成数的必要抽样单位数公式:

$$n=\frac{Nt^2p(1-p)}{\Delta_p^2N+t^2p(1-p)}$$

根据同样原理,可以推导出计算类型抽样的必要抽样单位数的公式为

在重复抽样条件下:

$$n=\frac{t^2\,\overline{\sigma^2}}{\Delta_{\bar{x}}^2}$$

$$n=\frac{t^2\,\overline{p(1-p)}}{\Delta_p^2}$$

在不重复抽样条件下:

$$n=\frac{t^2\,\overline{\sigma^2}N}{\Delta_{\bar{x}}^2N+t^2\,\overline{\sigma^2}}$$

$$n=\frac{t^2\,\overline{p(1-p)}N}{\Delta_p^2N+t^2\,\overline{p(1-p)}}$$

整群抽样要计算必要抽取的群数 r。由于整群抽样一般为不重复抽样,所以按不重复抽样计算必要抽样群数公式为

$$r=\frac{t^2\delta^2R}{\Delta_{\bar{x}}^2R+t^2\delta^2}$$

$$r=\frac{t^2\delta^2R}{\Delta_p^2R+t^2\delta^2}$$

按照上面的公式来计算抽样单位数时,须事先取得全及总体的标准差 σ 或 $\sqrt{p(1-p)}$。在实际工作中,一般可以根据以往的统计资料来确定;如果以往没有这方面资料可供利用,那么可在组织正式抽样调查之前先进行试验性抽样调查,用抽样指标的标准差 σ 或 $\sqrt{p(1-p)}$ 来代替。如果在缺少成数 p 的资料时,也可以直接假定 $p=0.5$,这样 $p(1-p)=0.5\times0.5=0.25$,为最大

值。用标准差的最大值确定抽样单位数，就会使抽样推断不会超出所确定的抽样极限误差范围，又能保证达到事先要求的可靠程度。

此外，组织抽样调查，有时对一个全及总体，应用抽样资料既要推断全及平均数，又要推断全及成数，但依据计算必要抽样单位数的公式分别确定的抽样单位数往往是不相等的。这就出现了应该用哪个抽样单位数的问题。在实际工作中，为了都能满足对全及平均数、全及成数推断的要求，通常采用其中较大的 n 作为统一的抽样单位数。

例如，若想对某地区某年已成熟的 12 000 亩某种作物进行抽样调查（根据以往资料，平均每亩收获量的标准差为 120 千克），要求抽样推断的可靠程度达到 95%，该种作物平均每亩收获量的抽样极限误差 $\Delta_{\bar{x}}$ 不超过 12 千克，求应抽取多少样本单位数。

已知：$N = 12\,000$，　$\sigma = 120$，　$t = 1.96$，　$\Delta_{\bar{x}} = 12$

有了以上数据，在简单随机重复抽样时，计算必要抽样单位数为

$$n = \frac{t^2\sigma^2}{\Delta_{\bar{x}}^2} = \frac{(1.96)^2 \times (120)^2}{12^2} = 384.16(\text{亩}) \rightarrow 385(\text{亩})$$

在机械抽样时，采用简单随机不重复抽样公式计算必要抽样单位数为

$$n = \frac{t^2\sigma^2 N}{N\Delta_{\bar{x}}^2 + t^2\sigma^2} = \frac{(1.96)^2 \times (120)^2 \times 12\,000}{12\,000 \times (12)^2 + (1.96)^2 \times (120)^2}$$
$$= 372.24(\text{亩}) \rightarrow 373(\text{亩})$$

第七节　假设检验

一、假设检验的概念

我们已经知道，根据随机样本提供的信息，可以对总体未知参

数作出一定可靠程度的估计,但是反过来,我们能否先对总体的未知参数作一个假设,然后根据样本信息,对这个假设是否可信作出判断呢?

例如,某厂生产一批产品,产品总数 $N = 1\,000$ 件,必须经检验合格方能出厂,按规定次品率不能超过 5%,否则不准出厂。

在本例中,我们事先对这 1 000 件产品(称为总体)的次品率(称为总体未知参数)一无所知。但是我们可以根据以往的资料假设其次品率不超过 5%(称为原假设),然后随机抽取 50 件样品,检验出其次品率为 8%(称为样本参数值),现在的问题是我们能否根据这 8%的样本次品率来判断整批产品的次品率不超过 5%,且伴有一定的可信程度呢?

像这种根据一定随机样本所提供的信息,用它来判断总体未知参数事先所作的假设是否可信的统计分析方法,叫做假设检验。显然,假设检验的基本思想是:为了判断总体的某个特征,先根据决策要求,对总体特征作出一个原假设,然后从总体中抽取一定容量的随机样本,计算和分析样本数据,对总体的原假设作假设检验,进而作出接受或拒绝原假设的决策。

二、假设检验的一般方法

首先要明确提出有关总体参数的假设,一般有两个部分,即:原假设和替代假设。原假设是接受检验的假设,记作 H_0;替代假设是当原假设被否定时生效的另一种假设,记作 H_1。原假设和替代假设相互对立。如原假设 H_0 是真实的,则替代假设 H_1 不真实;如原假设 H_0 也可能不真实,这意味着替代假设是真实的。原假设 H_0 和替代假设 H_1 在统计学中称为统计假设。例如,关于总体平均值的假设有三种情况:

(1) $H_0: \mu = \mu_0 \quad H_1: \mu \neq \mu_0$

(2) $H_0: \mu \geqslant \mu_0 \quad H_1: \mu < \mu_0$

(3) $H_0: \mu \leqslant \mu_0 \quad H_1: \mu > \mu_0$

第一种类型的假设检验称为双边检验,第二、第三种类型的假设检验称为单边检验。

假设检验的依据是样本,通过计算合适的检验统计量,分析样本统计值与参数值的差距。差距越小,假设值真实性可能就越大;反之,差距越大,假设值真实可能性就越小。因此,只要分析结果说明它们之间的差距是显著的,就否定原假设,故假设检验又称显著性检验。但是要注意的是这种分析是建立在原假设 H_0 为真的基础上,只有当分析完成时,概率很小的事情发生了,我们才能接受原假设非真的想法。这里用到这样一个基本思想,即在一次试验或一次观察中小概率事件几乎不可能发生。因此,一般在个体检验中,先认为提出的"原假设"是正确的,而某事件 A 在原假设为真的条件下发生的概率很小(这里概率很小一般在试验之前就确定了,这就是显著水平 α,如 5%、10%等)。但是经过抽样观察,如果小概率事件 A 居然发生了,这就要怀疑原假设的正确性。

如果不能否定原假设,仅仅意味着我们由于没有足够的证据否定它,才接受了原假设,并不意味着它完全正确。

上面曾说到检验统计量,一般说来,它的基本形式可表示如下:

$$\text{检验统计量} = \frac{\text{样本统计量} - \text{被假设参数}}{\text{统计量的标准差}}$$

例如,检验总体平均值的统计量有

$$Z = \frac{\overline{X} - \mu}{\sigma / \sqrt{n}} \qquad t = \frac{\overline{X} - \mu}{S / \sqrt{n}}$$

当计算得出结果,要作出决策时,可能有以下四种情况,如表 7 - 11 所示。

表 7-11 假设检验决策结果

选择的正确性 决策 \ 假设可能状态 H_0	真实	不真实
不否定	正确	犯第二类错误
否定	犯第一类错误	正确

当 H_0 为真实时，不否定原假设当然是正确的。但是，当 H_0 本来是真实的时候，却也有可能错误地被否定掉，这种否定真实原假设的错误称为第一类错误，它的概率就是显著水平 α。

另一种可能犯的错误是当原假设 H_0 非真实时作出接受 H_0 的选择，这种错误称为第二类错误，用 β 表示犯第二类错误的概率。α 越大，就越有可能犯第一类错误，即越有可能否定真实的原假设。β 越大，就越有可能犯第二类错误，即越有可能接受非真实的原假设。

我们希望犯这两类错误的概率都尽可能小，但是在一定样本容量下，减少 α 会引起 β 增大，减小 β 会引起 α 增大。例如，某工厂准备购买一批较便宜的原材料，厂家决定，要是这批原材料的次品率达到 5%以上，就拒绝购买。然后逐批检验，当检验结果是拒绝购买，就有可能犯第一类错误，即工厂可能拒购一批便宜的合格材料，而另出高价购买原材料，这样便会增加产品成本；反之，如果厂方接受这批原材料，就有可能犯第二类错误，即工厂可能购进一批不合格的原材料，产品的次品率就要上升。显然，工厂决策者有必要搞清哪类错误造成损失较小，可能减少成本。

一般检验的原则是，事先规定允许犯第一类错误的概率 α，然后尽量减小犯第二类错误的概率 β，有了 α，再根据检验统计量的分布求出在原假设 H_0 为真实时，检验统计量所有取值，我们把 H_0 为真实时其统计量大于某一数值，我们不能接受的区域称为否定域，否定域的端点就叫做临界值，其余的取值范围称为接受域。

因为原假设 H_0 为真实时，检验统计量落在否定域的概率很小，几乎是不可能的。如果由样本算得的检验统计量的值落在否定域里（包括临界值），说明在一次观察中小概率事件发生了，而这几乎是不可能的，因而判断原假设 H_0 是非真实的，作出否定原假设 H_0 的决策。

有了否定域之后，根据搜集到的样本数据，算出相应的检验统计量值。如果检验统计量的值落在否定域里，说明有 $100(1-\alpha)\%$ 的可靠程度否定原假设。

综上所述，假设检验的一般步骤为：

1. 根据题意，提出统计假设。

2. 选择显著性水平，即所允许犯第一类错误的概率（最常用 α 取 0.05 或 0.01，一般的研究项目中显著性水平都是给定的）。

3. 选定合适的检验统计量，且能在原假设 H_0 成立的条件下知其分布。

4. 根据显著性水平确定统计量的否定域或临界值，并注意是双边检验还是单边检验。

5. 根据样本数据计算统计量的数值并由此作出决策。如果统计量的值落在否定域内（包括临界值），就说明原假设与样本描述的情况有显著差异，应该否定原假设。反之，如果落在接受域内，说明样本和原假设描述的情况的差异是不显著的，接受原假设 H_0。

三、总体平均数的假设检验

总体为正态分布且方差已知的情况，我们举例说明这种类型的假设检验。

例 1：设总体服从标准差为 50 的正态分布，从该总体抽出某容量为 25 的随机样本，得出样本平均值为 70，试以 $\alpha=0.05$ 的显著水平检验原假设 $\mu_0=90$。

提出假设：　　$H_0: \mu = \mu_0 = 90$；$H_1: \mu \neq \mu_0 = 90$

我们欲研究的是总体平均数，其样本估计量是 $\bar{x}$，在正态总体假设下，$\bar{x}$ 的抽样分布也是正态分布，期望值为 μ，方差 σ^2/n。若 H_0 为真，我们选择检验统计量：

$$Z = \frac{\bar{x} - \mu_0}{\sigma/\sqrt{n}}$$

Z 服从正态分布。

由于现在是一个双边检验问题，如果统计量的数值过大或过小，都将否定原假设，因为在原假设下，样本平均数分布集中在 $\mu_0 = 90$ 的周围，$\bar{x}$ 的数值过分高于或低于 $\mu_0 = 90$ 的概率很小。对 $\bar{x}$ 正态分布标准化后得到的变量 Z，其否定域位于标准正态分布两边的尾部。在显著性水平 α 下，每个尾部的面积分别为 $\alpha/2$，故临界值分别为 $Z_{\alpha/2}$ 和 $-Z_{\alpha/2}$。只要 $Z \geqslant Z_{\frac{\alpha}{2}}$ 或 $Z \leqslant -Z_{\alpha/2}$，就否定原假设，如图 7-4 所示。由于标准正态分布是对称分布，若 $|Z| \geqslant Z_{\frac{\alpha}{2}}$，则否定原假设 H_0。

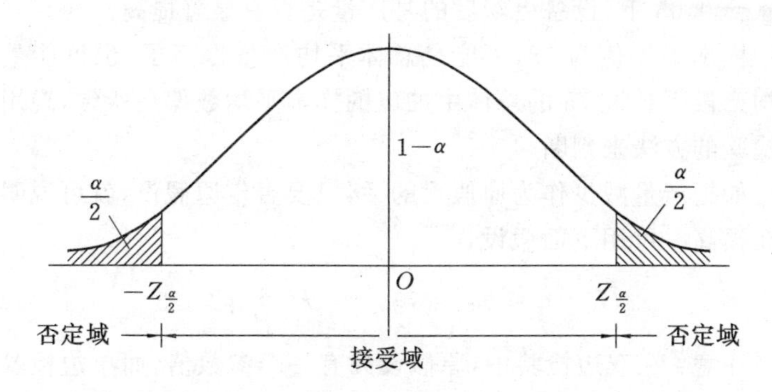

图 7-4　双边检验的否定域和接受域

$\alpha = 0.05$ 时，对应的临界值 $-Z_{0.025} = -1.96$，$Z_{0.025} = 1.96$，检验统计量的值为：

$$Z=\frac{70-90}{50/\sqrt{25}}=-2$$

因为 $Z\leqslant-1.96$，落在否定域内，所以否定原假设 H_0，也就是说有 95%的可靠程度否定原假设。

显然双边假设检验与区间估计有一定的联系，我们可以通过求 μ 的 $100(1-\alpha)\%$ 置信区间来检验该假设。如果求出的区间包含 μ，就接受原假设 H_0；反之，就否定 H_0。因此，该例中 μ 的 95%的区间为：

$$\bar{x}\pm1.96\cdot\sigma/\sqrt{n} \qquad 即(50.4,\ 89.6)$$

因为 $\mu_0=90$ 未包含在该区间内，所以否定 H_0，结果与上述一致。

例 2：某厂生产一种产品，原月产量 x 服从平均值 $\mu=75$，方差 $\sigma^2=14$ 的正态分布。设备更新后，为了考察产量是否提高，抽查了 6 个月产量，求得平均产量为 78，假定方差不变，问在显著性水平 $\alpha=0.05$ 下，设备更新后的月产量是否有显著提高？

样本平均值为 78，可能是总体平均产量提高了，也可能是从平均产量不超过 75 的总体中抽出的样本平均数偏高所致，现用假设检验的方法来判断。

如把产量减少作为原假设的话，只要否定原假设，就可说明产量在提高。可用下面假设：

$$H_0:\mu\leqslant\mu_0=75, \qquad H_1:\mu>75$$

注意：在双边检验中，原假设只有一个参数值，而单边检验中的原假设则有大量参数值。可以证明，如在相等点 $\mu=\mu_0$ 上否定了 H_0，则在原假设所含的任何点上也将否定 H_0。

由于总体服从方差已知的正态分布，所以在原假设下，用检验统计量：

$$Z=\frac{\overline{x}-\mu_0}{\sigma/\sqrt{n}}$$

它服从标准正态分布。

原假设总体均值不大于75,要是由样本数据算出的检验统计量 $Z\geqslant Z_\alpha$,就可否定原假设 H_0,否则,就不否定,因此,否定域将位于统计量分布曲线的右尾,在显著性水平 α 下,尾部的面积为 α,临界值为 Z_α。单边检验的否定域和接受域,如图7-5所示。

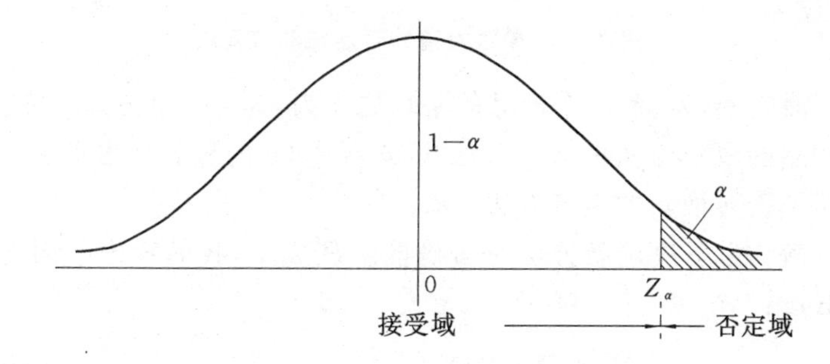

图7-5　单边检验的否定域和接受域

当 $\alpha=0.05$ 时,对应的临界值为 $Z_{0.05}=1.645$,统计量的值为:

$$Z=\frac{78-75}{\sqrt{14}\ \sqrt{6}}=1.964$$

因为 $Z>1.645$,故否定原假设 H_0,这说明设备更新后,月产量有明显提高。

另一种单边检验可作类似的讨论,只不过它的否定域在统计量分布曲线的左尾,如图7-6所示。

例3:基于产品转换的时间与成本,某生产主管在说服公司经理采用另一种新生产方法时,必须说明新方法能降低成本才行。目前的生产方法其平均成本为500元,标准差为20元,新方法试行

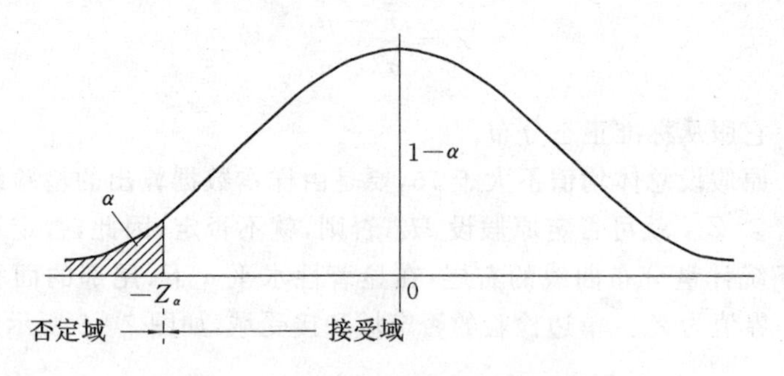

图 7－6　单边检验的否定域和接受域

了一段时间，发现 25 个产品的平均成本为 480 元，且方差不变。假定产品的成本服从正态分布，试以 $\alpha = 0.05$ 的显著性水平决定该公司是否转换新的生产方法。

解：为了决定新方法是否确能降低成本，我们考虑下面的统计假设：

$$H_0: \mu = 500 \qquad H_1: \mu < 500$$

由于总体服从方差已知的正态分布，所以在原假设下，用检验统计量：

$$Z = \frac{\overline{x} - \mu_0}{\sigma/\sqrt{n}}$$

它服从标准正态分布。

练　习　题

一、单项选择题

1．抽样极限误差是指抽样指标和总体指标之间（　　）。

（1）抽样误差的平均数　（2）抽样误差的标准差

（3）抽样误差的可靠程度　（4）抽样误差的最大可能范围

2. 抽样误差的定义是（ ）。

(1) 抽样指标和总体指标之间抽样误差的可能范围

(2) 抽样指标和总体指标之间抽样误差的可能程度

(3) 样本的估计值与所要估计的总体指标之间数量上的差别

(4) 抽样平均数的标准差

3. 纯随机抽样(重复)的平均误差取决于（ ）。

(1) 样本单位数 (2) 总体方差

(3) 样本单位数和样本单位数占总体的比重

(4) 样本单位数和总体方差

4. 样本的组成单位（ ）。

(1) 是总体单位 (2) 不是总体单位

(3) 可能是总体单位也可能不是总体单位

(4) 以上三个答案都是错误的

5. 抽样调查的主要目的是（ ）。

(1) 计算和控制抽样误差

(2) 为了应用概率论

(3) 根据样本指标的数值来推断总体指标的数值

(4) 为了深入开展调查研究

6. 从纯理论出发,在直观上最符合随机原则的抽样方式是（ ）。

(1) 简单随机抽样 (2) 类型抽样

(3) 等距抽样 (4) 整群抽样

7. 根据城市电话网 100 次通话情况调查,得知每次通话平均持续时间为 4 分钟,标准差为 2 分钟,在概率保证为 95.45%的要求下,估计该市每次通话时间为（ ）。

(1) 3.9～4.1 分钟之间 (2) 3.8～4.2 分钟之间

(3) 3.7～4.3 分钟之间 (4) 3.6～4.4 分钟之间

8. 用简单随机重复抽样方法抽取样本单位,如果要使抽样平均误差降低50%，则样本容量需要扩大到原来的(　　)。

(1) 2倍　(2) 3倍　(3) 4倍　(4) 5倍

9. 若各群的规模大小差异很大时，用哪种方法为宜(　　)。

(1) 比率估计法　(2) 等距抽样法　(3) 类型抽样法

(4) 等概率抽样与比率估计相结合的方法

10. 抽样平均误差公式中$\frac{N-n}{N-1}$这个因子总是(　　)。

(1) 大于1　(2) 小于1　(3) 等于1　(4) 惟一确定值

11. 抽样调查中计算样本的方差的方法为$\frac{\sum(x-\overline{x})^2}{n}$，这是(　　)。

(1) 为了估计总体的方差之用　　(2) 只限于小样本应用

(3) 当数值大于5%时应用的　(4) 为了计算精确一些

12. 从8个单位中随机抽取3个单位组成样本，在考虑顺序且重置抽样条件下，样本的可能数目是(　　)。

(1) 8^3个　(2) 8×3个　(3) 3^8个　(4) C_8^3个

13. 抽样极限误差(Δ)和抽样平均误差(μ)的关系是(　　)。

(1) 当μ值一定，t愈大，则Δ值愈小

(2) 当μ值一定，t愈小，则Δ值愈大

(3) 当μ值一定，t愈大，则Δ值愈小

(4) 当μ值一定，t愈大，则Δ值愈大

14. 类型抽样中计算平均误差所使用的方差是(　　)。

(1) 平均组内方差　(2) 组间方差

(3) 组内方差与组间方差的平均数　(4) 总方差

15. 在总体内部情况复杂且各单位间差异程度大、单位数又多的情况下，适宜采用(　　)。

(1) 纯随机抽样　(2) 类型抽样

(3) 等距抽样　　(4) 整群抽样

16．抽样推断中，在其他条件一定时，全及总体方差越大，抽样误差（　　）。

（1）越小　（2）大小不一定　（3）不变　（4）越大

二、多项选择题（每题至少有两个正确答案）

1．从一个总体可以抽取一系列样本，所以，（　　　　）。

（1）样本指标的数值不是惟一确定的

（2）所有可能样本的平均数的平均数等于总体平均数

（3）总体指标是确定值，而样本指标是随机变量

（4）总体指标和样本指标都是随机变量

（5）样本指标的数值随样本不同而不同

2．搞好抽样方案设计应遵循的基本原则为（　　　　）。

（1）任何场合下，样本单位数尽量多些原则

（2）任何场合下，抽样误差尽可能少些原则

（3）保证实现抽样的随机性原则

（4）在一定的误差和可靠性的要求下选择费用最少的样本设计的原则

（5）保证实现最大的抽样效果原则

3．影响抽样误差的因素有（　　　　）。

（1）是有限总体还是无限总体

（2）是平均数还是成数

（3）是重复抽样还是不重复抽样

（4）总体标志变异程度大小

（5）以上答案都对

4．抽样推断中的抽样误差（　　　　）。

（1）是不可避免要产生的

（2）是可以通过改进调查方法来消除的

（3）是可以事先计算出来的

（4）只能在调查结束后才能计算

(5) 其大小是可以控制的

5. 抽样法的基本特点是(　　　　)。

(1) 根据部分实际资料对全部总体的数量特征做出估计

(2) 深入研究某些复杂的专门问题

(3) 按随机原则从全部总体中抽选样本单位

(4) 调查单位少,调查范围小,了解总体基本情况

(5) 抽样推断的抽样误差可以事先计算并加以控制

6. 抽样平均误差是(　　　　)。

(1) 抽样平均数(或抽样成数)的平均数

(2) 抽样平均数(或抽样成数)的平均差

(3) 抽样平均数(或抽样成数)的标准差

(4) 反映抽样平均数(或抽样成数)与总体平均数(或总体成数)的平均误差程度

(5) 是计算抽样极限误差的衡量尺度

7. 在纯随机重复抽样条件下,抽样平均误差(　　)。

(1) 同抽样单位数成反比

(2) 同抽样单位数的平方根成反比

(3) 同总体标准差成正比

(4) 同总体方差成正比

(5) 同抽样单位数和总体标准差无关

8. 关于整群抽样,下列说法中正确的有(　　)。

(1) 抽取的基本单位是群

(2) 一般采用重复抽样法

(3) 适合于群间差异较小的现象

(4) 一般采用不重复抽样法

(5) 适合于群间差异较大的现象

三、计算题

1. 某灯泡厂某月生产 5 000 000 个灯泡,在进行质量检查中,

随机抽取500个进行检验,这500个灯泡的耐用时间见下表:

耐用时间(小时)	灯泡数	耐用时间(小时)	灯泡数
800~850	35	950~1 000	103
850~900	127	1 000~1 050	42
900~950	185	1 050~1 100	8

试求:

(1) 该厂全部灯泡平均耐用时间的取值范围(概率保证程度0.997 3);

(2) 检查500个灯泡中不合格产品占0.4%,试在0.682 7概率保证下,估计全部产品中不合格率的取值范围。

2. 某砖瓦厂对所生产的砖的质量进行抽样检查,要求概率保证程度为0.682 7,抽样误差范围不超过0.015。并知过去进行几次同样调查,产品的不合格率分别为1.25%,1.83%,2%。

要求:(1) 计算必要的抽样单位数目;

(2) 假定其他条件不变,现在要求抽样误差范围不超过0.03,即比原来的范围扩大1倍,则必要的抽样单位数应该是多少?

3. 假定根据类型抽样求得下表数字,试用0.954 5概率估计总体平均数范围。

区域	抽取单位	标志平均数	标准差
甲	600	32	20
乙	300	36	30

4. 某手表厂在某段时间内生产100万个零件,用简单随机抽样方法不重复抽取1 000个零件进行检验,测得废品率2%,如果以99.73%的概率保证,试确定该厂这种零件的废品率的变化范围。

5. 某学校随机抽查10个男学生,平均身高170厘米,标准差

12 厘米，问有多大把握程度估计全校男学生身高介于160.5～179.5 厘米之间？

6. 某市有职工 100 000 人，其中职员 40 000 人，工人 60 000 人。现在拟进行职工收入抽样调查，并划分职员与工人两类进行选样。事先按不同类型抽查 40 名职员和 60 名工人，其结果如下：

职员		工人	
平均每人收入(元)	人数	平均每人收入(元)	人数
1 800	10	1 500	20
2 400	20	2 100	30
3 000	10	2 550	10

要求这次调查的允许误差不超过 45 元，概率保证程度 95.45%，试按类型抽样调查组织形式计算必要的抽样人数。

7. 某化肥厂日产 14 400 袋化肥(每袋 50 千克)，平均每分钟为 10 袋。现对某日生产的化肥进行质量检验，确定每 1 分钟产量为 1 群，每 60 分钟抽取 1 群为样本进行观察。要求以 95.45%的概率来推算化肥袋装重量和包装质量的一级品率的抽样误差。

各群的化肥袋重的平均数 $\bar{x}$ 与包装质量一级品率 P 如下表：

批号(r)	各批平均每袋重量(kg)	各批一等品包装质量比重(%)	批号(r)	各批平均每袋重量(kg)	各批一等品包装质量比重(%)
1	49	98	9	49.5	97
2	51	99	10	50	99
3	50	97	11	51.5	96
4	51	99	12	52	98.5
5	48.5	98	13	50.6	99
6	50	99	14	49.5	98
7	50	98	15	50.5	98
8	49.5	98	16	49.5	95

续表

批号(r)	各批平均每袋重量(kg)	各批一等品包装质量比重(%)	批号(r)	各批平均每袋重量(kg)	各批一等品包装质量比重(%)
17	49	98	21	50.5	95
18	51	97	22	50.5	97
19	50	98	23	50	97
20	50	95	24	49.5	98

8. 某食品厂生产果酱，标准规格是每罐净重 250 克。根据以往经验，标准差是 3 克。现在该厂生产一批这种罐头，从中抽取 100 罐检验，其平均净重是 251 克，按规定，显著性水平 $\alpha=0.05$，问该批罐头是否合乎标准？

第八章　相 关 分 析

第一节　相关分析的意义和任务

一、相关关系的概念

在自然界和社会中存在的许多事物或现象，彼此之间都是有机地相互联系着，相互依赖着，相互制约着。在社会经济领域中，现象之间具有一定的联系，一种现象的变化往往依存于其他现象的变化。所有各种现象之间的相互联系，都可以通过数量关系反映出来。

现象之间的相互联系可以区分为两种不同的类型。

（一）函数关系

它反映着现象之间存在着严格的依存关系，在这种关系中，对于某一变量的每一个数值，都有另一个变量的确定值与之相对应，并且这种关系可以用一个数学表达式反映出来。例如，$S=\pi R^2$，这里，圆的面积是随半径大小而变动的。自然界中，广泛存在着函数关系。

（二）相关关系

它反映现象之间确实存在的，而关系数值不固定的相互依存关系。理解相关关系要把握两个要点：

1. 相关关系是指现象之间确实存在数量上的相互依存关系。

两个现象之间，一个现象发生数量上的变化，另一个现象也会相应地发生数量上的变化。例如，身体高的人一般讲体重也要重一点;劳动生产率提高相应地会使成本降低、利润增加等等。

在具有相互依存关系的两个变量中,作为根据的变量叫做自变量,发生对应变化的变量叫做因变量。自变量一般用 X 代表,因变量用 Y 代表。

2. 现象之间数量依存关系的具体关系值不是固定的。

在相关关系中,对于某项标志的每一数值,可以有另外标志的若干个数值与之相适应,在这些数值之间表现出一定的波动性,但又总是围绕着它们的平均数并遵循一定的规律而变化。例如,每亩耕地的施肥量与亩产量之间存在着一定的依存关系。在一般条件下,施肥量适当增加,亩产量便相应地提高,但在亩产量增长与施肥量增长的数值之间,并不存在严格的依存关系;因为对每亩耕地的产量来说,除了施肥量多少这一因素外,还受到种子、土壤、降雨量等其他因素的影响,这就造成即使在施肥量相同的条件下,其亩产量也并不完全相等。但即使如此,它们之间仍然存在着一定的规律性,即在一定范围内,随施肥量的增加,亩产量便相应地有所提高。

相关关系与函数关系有区别,但是它们之间也有联系。

由于有观察或测量误差等原因,函数关系在实际中往往通过相关关系表现出来。在研究相关关系时,又常常要使用函数关系的形式来表现,以便找到相关关系的一般数量表现形式。

二、相关关系的种类

现象之间的相互关系是很复杂的,它们各以不同的方向、不同的程度相互作用着,并表现出不同的类型和形态。

(一) 从相关关系涉及的因素多少来划分,可分为单相关和复相关

两个因素之间的相关关系叫做单相关,即研究时只涉及一个自变量和一个因变量。三个或三个以上因素的相关关系叫做复相

关,即研究涉及两个或两个以上的自变量和因变量。

(二)从相关关系的表现形态来划分,可分为直线相关和曲线相关

相关关系是一种数量上不严格的相互依存关系。如果这种关系近似地表现为一条直线则称为直线相关。如果这种关系近似地表现为一条曲线则称为曲线相关。曲线相关也有不同的种类,如抛物线、指数曲线、双曲线等等。

研究现象的相关关系,究竟取哪种形态,要对现象的性质作理论分析,并根据实际经验,才能得到较好解决。

(三)从直线相关变化的方向来划分,有正相关和负相关

自变量(X)的数值增加,因变量(Y)的数值也相应地增加,这叫做正相关。例如,施肥量增加,亩产量也增加。自变量数值增加,因变量数值相应减少;或者自变量数值减少,因变量数值相应增加,这叫做负相关。例如,产品生产越多,生产成本越低;商品价格降低,商品销售量增多。

(四)按相关的程度来划分,可分为完全相关、不完全相关和无相关

两种现象中一个现象的数量变化,随另一现象的数量变化而确定,这两种现象间的依存关系,就称为完全相关,如$S=\pi R^2$,在这种情况下,相关关系就是函数关系。两种现象的数量各自独立,互不影响,称为无相关,如企业生产成本与工人年龄之间,一般是无相关的。两个现象之间的关系,介于完全相关与无相关之间,称为不完全相关。通常相关分析主要是不完全相关分析。

以上相关关系种类,如图 8-1 所示。

三、相关分析的主要内容

相关分析是用以分析社会经济现象间的依存关系,其目的就是从现象的复杂关系中消除非本质的偶然影响,从而找出现象间

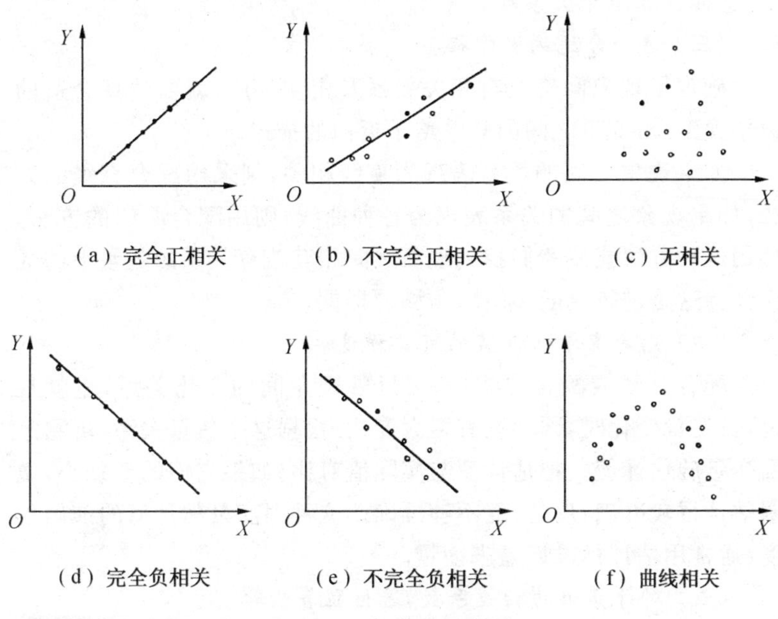

图 8-1 相关关系类型

相互依存的形式和密切程度,以及依存关系变动的规律性。这在实际工作中运用得非常广泛。相关分析的主要内容如下。

(一) 确定现象之间有无关系,以及相关关系的表现形式

这是相关分析的出发点。有相互依存关系才能用相关方法进行分析,没有关系而当作有关系会使认识发生错误。关系表现为什么样的形式就需要使用什么样的方法分析,把曲线相关当作直线相关来进行分析,也会使认识发生偏差。

(二) 确定相关关系的密切程度

相关分析的目的之一,就是从不严格的关系中判断其关系的密切程度。判断的主要方法,就是把自变量和因变量的数据资料编制成散布图或相关表,帮助我们作一般分析,判断相关的密切程

度，进而计算出相关系数。

(三) 选择合适的数学模型

确定了现象间确实有相关关系及密切程度，就要选择合适的数学模型，对变量之间的联系给予近似的描述。

如果现象之间的关系表现为直线相关，则采用配合直线的方法；如果现象之间的关系表现为各种曲线，则用配合曲线的方法。使用这种方法能使我们找到现象之间相互依存关系的数量上的规律性。这是进行判断、推算、预测的根据。

(四) 测定变量估计值的可靠程度

配合直线或配合曲线后，可反映现象间的变化关系，也就是说，自变量变化时，因变量有多大变化。根据这个数量关系，可测定因变量的估计值。把估计值与实际值对比，如果它们的差别小，说明估计得较准确；反之，就不够准确。这种因变量估计值的准确程度，通常用估计标准误差来衡量。

(五) 对计算出的相关系数，进行显著检验

对现象之间变量关系的研究，统计是从两方面进行的：一方面研究变量之间关系的紧密程度，这种研究称相关分析；另一方面对自变量和因变量之间的变动关系，用数学方程式表达，称回归分析。相关与回归既有区别，又有密切联系。本节所论述的有关相关关系的种种问题，是把相关和回归合在一起讨论的，下面分开叙述。

第二节 简单线性相关分析

一、散布图和相关表

判断现象间的相关关系，一般先作定性分析，然后作定量分析。定性分析就是根据经济理论、有关专业知识和实际工作经验，

进行科学的分析研究,初步确定现象间有无关系。如确有关系,进一步编制相关图和相关表,可以直接地判断现象之间大致上呈现何种关系形式,以此计算相关系数作定量分析,精确反映相关关系的方向和程度。

(一) 绘制散布图

举例,有 8 个企业生产某种产品,月产量和生产费用的资料如表 8-1 所示。

表 8-1 8 个企业月产量和生产费用资料

企业编号	1	2	3	4	5	6	7	8
月产量(千吨)(x)	1.2	2.0	3.1	3.8	5.0	6.1	7.2	8.0
生产费用(万元)(y)	62	86	80	110	115	132	135	160

散布图如图 8-2 所示。

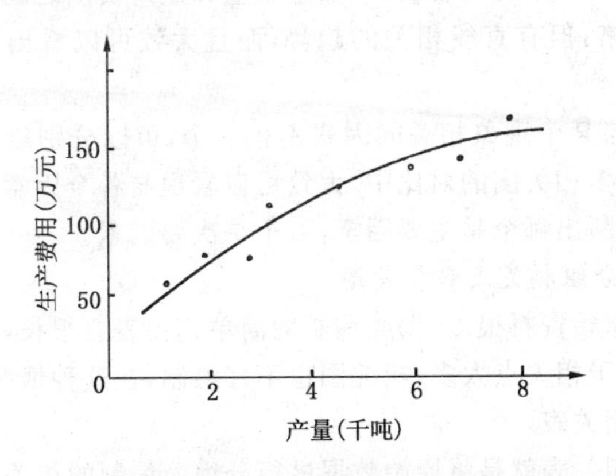

图 8-2 8 个企业月产量和生产费用的散布图

从图 8-2 中可以看出,8 个企业产量和生产费用间有依存关系,各个点虽不完全在一条直线上,但有形成一直线的趋向。

(二) 相关表

根据总体单位的原始资料还可以编制相关表,如表 8-2

所示。

表 8-2 产品产量和生产费用相关表

序　号	产品产量(千吨)(x)	生产费用(万元)(y)
1	1.2	62
2	2.0	86
3	3.1	80
4	3.8	110
5	5.0	115
6	6.1	132
7	7.2	135
8	8.0	160
合　计	36.4	880

从表 8-2 中可以看出,产品生产量和生产费用之间关系虽然不十分严格,但有直线相关的趋势,而且大致可以看出关系比较密切。

如果与某个现象相关的因素不止一个,可以分别绘制许多相关图,从许多相关图的对比中,大致可以看出与各个因素关系的大小,从中判断出哪个是主要因素,哪个是次要因素。

(三) 分组相关表和相关图

如果原始资料很多,据此编制的简单相关表会很长,使用起来不方便。由于相关点太多,相关图也不好绘制,在这种情况下,可以编制分组相关表。

分组相关表就是将原始数据进行分组而编制的相关表。根据分组的情况不同,分组表有两种:

1. 单变量分组表。有相关关系的两个变量中,只根据一个变量进行分组,另一个变量不进行分组,只是计算出次数和平均数,这种表叫做单变量分组表,如表 8-3、图 8-3 所示。

表 8-3 400 个女大学生身高和体重相关表

按体重分组(千克)	人数(人)	每组平均身高(厘米)
62.5 以上	2	170
60～62.5	3	167
57.5～60	25	163
55～57.5	38	162
52.5～55	87	160
50～52.5	129	158
47.5～50	91	155
45～47.5	24	154
45 以下	1	151
合 计	400	—

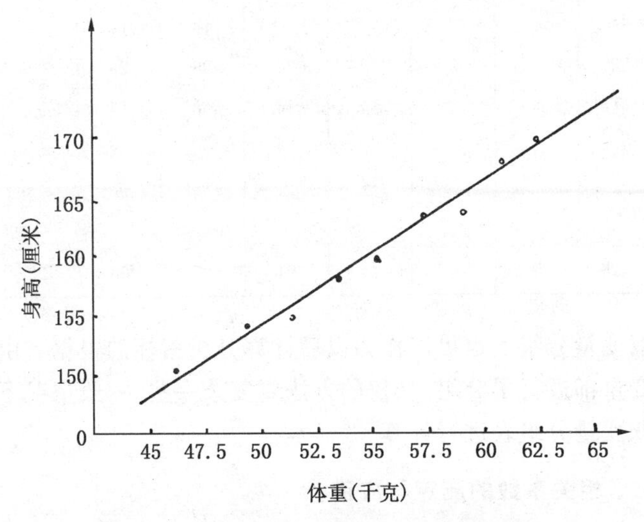

图 8-3 400 个女大学生身高和体重散布图

这种单变量分组表是实际工作中使用得很多的一种，它能使资料简化，并且反映出两个现象的相互依存关系。

单变量分组表也可以作为以后计算的依据。和简单相关表不同的是，在计算相关系数等指标的时候，采用加权法，因为每个组代表的原始资料数目是不相同的。

2. 双变量分组表。这种是自变量和因变量都进行分组而编制的相关表，如表 8－4 所示。

表 8－4 400 个女大学生身高和体重相关表

按体重分组（千克）	按身高分组（厘米）							
	150 以下	150～154	154～158	158～162	162～166	166～170	170 及以上	合计
62.5 以上							2	2
60～62.5							3	3
57.5～60				4	6	7	8	25
55～57.5					16	14	8	38
52.5～55		2	8	20	28	25	4	87
50～52.5	3	3	24	42	45	12		129
47.5～50		3	30	28	20	10		91
45～47.5	2		12		10			24
45 以下								1
合　计	5	9	74	94	125	68	25	400

双变量分组表也可以作为以后计算分析指标的根据。由于对两个变量都进行了分组，加权的方法要复杂一些。一般情况下很少使用双变量分组表进行计算。

二、相关系数的测定与应用

相关图表对了解现象之间的相关关系是有用的，但这只是初步的判断，是相关分析的开始，为了说明现象之间相关关系的密切程度，可以计算相关系数。

根据相关表的资料，计算相关系数(r)的方法主要有以下两种。

（一）积差法

$$r=\frac{\sigma_{xy}^2}{\sigma_x\sigma_y}$$

式中，r——相关系数；

σ_{xy}^2——自变量数列和因变量数列的协方差。

$$\sigma_{xy}^2=\frac{\sum(x-\overline{x})(y-\overline{y})}{n}=\frac{1}{n}\sum(x-\overline{x})(y-\overline{y})$$

式中，σ_x——自变量数列的标准差。

$$\sigma_x=\sqrt{\frac{\sum(x-\overline{x})^2}{n}}=\sqrt{\frac{1}{n}\sum(x-\overline{x})^2}$$

式中，σ_y——因变量数列的标准差。

$$\sigma_y=\sqrt{\frac{\sum(y-\overline{y})^2}{n}}=\sqrt{\frac{1}{n}\sum(y-\overline{y})^2}$$

所以相关系数也可写为

$$r=\frac{\sigma_{xy}^2}{\sigma_x\sigma_y}=\frac{\sum(x-\overline{x})(y-\overline{y})}{\sqrt{\sum(x-\overline{x})^2}\sqrt{\sum(y-\overline{y})^2}}$$

现用表 8－2 资料来说明相关系数的计算过程。

表 8－5 相关系数计算表

序号	x	y	$(x-\overline{x})$	$(x-\overline{x})^2$	$(y-\overline{y})$	$(y-\overline{y})^2$	$(x-\overline{x})(y-\overline{y})$	xy
1	1.2	62	−3.35	11.222 5	−48	2 304	160.8	74.4
2	2.0	86	−2.55	6.502 5	−24	576	61.2	172
3	3.1	80	−1.45	2.102 5	−30	900	43.5	248
4	3.8	110	−0.75	0.562 5	0	0	0	418
5	5.0	115	0.45	0.202 5	5	25	2.25	575

续表

序号	x	y	$(x-\overline{x})$	$(x-\overline{x})^2$	$(y-\overline{y})$	$(y-\overline{y})^2$	$(x-\overline{x})(y-\overline{y})$	xy
6	6.1	132	1.55	2.4025	22	484	34.1	805.2
7	7.2	135	2.65	7.0225	25	625	66.25	972
8	8.0	160	3.45	11.9025	50	2500	172.5	1280
合计	36.4	880	—	41.92	—	7414	540.6	4544.6

根据相关系数计算表(表8-5)可得：

$$\overline{x}=\frac{\sum x}{n}=\frac{36.4}{8}=4.55(\text{千吨})$$

$$\overline{y}=\frac{\sum y}{n}=\frac{880}{8}=110(\text{万元})$$

$$r=\frac{\sum(x-\overline{x})(y-\overline{y})}{\sqrt{\sum(x-\overline{x})^2}\sqrt{\sum(y-\overline{y})^2}}=\frac{540.6}{\sqrt{41.92\times 7414}}$$

$$=0.9697$$

(二) 相关系数简捷计算方法

积差法相关系数在计算过程中要使用两个数列的平均值计算比较繁。相关系数的基本计算公式,还可以利用代数推算的方法形成许多简捷公式：

$$r=\frac{n\sum xy-\sum x\sum y}{\sqrt{n\sum x^2-(\sum x)^2}\sqrt{n\sum y^2-(\sum y)^2}}$$

根据表8-5资料可计算得：

$$n=8,\quad \sum xy=4544.6,\quad \sum x=36.4,\quad \sum y=880$$

$$\sum x^2=207.54,\quad \sum y^2=104214$$

$$r=\frac{8\times 4\,544.6-36.4\times 880}{\sqrt{8\times 207.54-36.4^2}\times\sqrt{8\times 104\,214-880^2}}$$
$$=0.9697$$

在已有平均值及标准差的情况下也可以使用以下公式：

$$r=\frac{\sum xy-n\overline{x}\,\overline{y}}{\sqrt{\sum x^2-n\overline{x}^2}\sqrt{\sum y^2-n\overline{y}^2}}$$
$$=\frac{4\,544.6-8\times 4.55\times 110}{\sqrt{207.54-8\times 4.55^2}\sqrt{104\,214-8\times 110^2}}$$
$$=0.9697$$

在已有平均值及标准差的情况下还可以使用以下公式：

$$r=\frac{\overline{xy}-\overline{x}\,\overline{y}}{\sigma_x\sigma_y}\quad 其中：\overline{xy}=\frac{\sum xy}{n}$$

所有这些计算方法，其实只是积差法相关系数的变形。了解了公式中各项指标的关系，可以根据已有的材料选用适当的方法。

三、相关系数的密切程度

相关系数的数值有个范围，在-1和$+1$之间，即$-1\leqslant r\leqslant 1$。计算结果带有负号表示负相关，带有正号表示正相关。

相关系数r的数值越接近于1（+1或−1），表示相关关系越强；越接近于0，表示相关关系越弱。

为了判断时有个标准，有人提出了相关关系密切程度的等级，相关系数在0.3以下为无相关，0.3以上为有相关。

0.3～0.5是低度相关；

0.5～0.8是显著相关；

0.8以上是高度相关。

按照上述分类标准来进行判断，计算相关系数的原始根据要比较多，例如在50个以上。计算时根据的材料多，关系程度是可以相信；如果材料太少，则可以相信的程度会降低，也就是判断有相关关系的起点值要提高，要以0.4或0.5等为起点。

四、分组表计算的相关系数

（一）单变量分组表计算相关系数

从单变量组也可以计算相关系数，和简单相关不同的是要进行加权，公式为

$$r=\frac{\sum(x-\overline{x})(y-\overline{y})f}{\sqrt{\sum(x-\overline{x})^2f}\sqrt{\sum(y-\overline{y})^2f}}$$

简捷公式为

$$r=\frac{\sum f\sum xyf-(\sum xf)(\sum yf)}{\sqrt{\sum f\sum x^2f-(\sum xf)^2}\sqrt{\sum f\sum y^2f-(\sum yf)^2}}$$

（二）双变量分组表计算相关系数

当原始数据较多，自变量和因变量都进行了分组，计算相关系数公式为：

$$r=\frac{\sum f_{xy}(x-\overline{x})(y-\overline{y})}{\sqrt{\sum f_x(x-\overline{x})^2\sum f_y(y-\overline{y})^2}}$$

式中，f_x——x组的频数；

f_y——y组的频数；

f_{xy}——x与y交错组的频数。

$$\sum f_x=\sum f_y=\sum f_{xy}=N$$

第三节　回归分析

一、回归分析的概念

为了说明变量之间的相关关系，可以用相关系数来加以反映。但是，相关系数仅能说明相关关系的方向和紧密程度，而不能说明变量之间因果的数量关系。当给出自变量某一数值时，不能根据相关系数来估计或预测因变量可能发生的数值。回归分析就是对具有相关关系的变量之间数量变化的一般关系进行测定，确定一个相关的数学表达式，以便于进行估计或预测的统计方法。

相关关系是一种数量关系不严格的相互依存关系。现在根据这些数量关系不严格、不规则的材料找出现象的规则来。方法就是配合直线或配合曲线。用一条直线来代表现象之间的一般数量关系，这条直线在数学上叫做回归直线，表现这条直线的数学公式称为直线回归方程；用曲线来代表现象之间的一般数量关系，这条曲线在数学上叫做回归曲线，表现这条曲线的数学公式称为曲线回归方程。

回归这个统计术语，最早采用者是英国遗传学家高尔登，他把这种统计分析方法应用于研究生物学的遗传问题，指出生物后代有回复或回归到其上代原有特性的倾向。高尔登的学生皮尔逊继续研究，把回归的概念和数学方法联系起来，把代表现象之间一般数量关系的直线或曲线称为回归直线或回归曲线。

二、直线回归

（一）简单直线回归分析

1．简单直线回归分析的特点。

（1）在两个变量之间，在进行回归分析时，必须根据研究目的，具体确定哪个是自变量，哪个是因变量。

（2）在两个现象互为根据的情况下，可以有两个回归方程——y 倚 x 回归方程和 x 倚 y 回归方程。这和用以说明两个变量之间关系密切程度的相关关系只能计算一个是不相同的。

（3）回归方程的主要作用在于给出自变量的数值来估计因变量的可能值。一个回归方程只能作一种推算。推算的结果表明变量之间的具体的变动关系。

2．简单直线回归方程的确定。

（1）基本方法。简单直线回归方程又称一元一次回归方程，其基本形式是：

y 倚 x 回归方程：$y_c=a+bx$

x 倚 y 回归方程：$x_c=c+dy$

a 和 c 是两条直线的截距，b 和 d 是两条直线的回归系数。a，b，c，d 都是待定参数。估计这些参数可有不同的方法，统计中使用最多的是最小平方法，用这个方法求出的回归线是原资料的最合适线。就 y 倚 x 回归线来讲：

$$\sum(y-y_c)^2=\text{最小值}$$

这里讨论的最小平方法与动态数列一章中长期趋势测定的最小平方法是同一方法。实际上，长期趋势测定也是回归法的一种，那是把时间作为自变量，动态指标作为因变量计算的。因此，那里讲的有关公式，这里都适用，只要把时间变量的符号 t 改为自变量 x 或自变量 y 即可。两个标准方程式写成

$$\begin{cases}\sum y=na+b\sum x\\ \sum xy=a\sum x+b\sum x^2\end{cases}$$

从以上一对联立方程中可解得

$$b=\frac{n\sum xy-\sum x\sum y}{n\sum x^2-(\sum x)^2}$$

$$a=\overline{y}-b\overline{x}$$

我们可以利用这两个公式算出 a 和 b,从而得出 y 倚 x 回归方程 $y_c=a+bx$。与此对应的 x 倚 y 回归方程的两个参数的公式是

$$d=\frac{n\sum yx-\sum y\sum x}{n\sum y^2-(\sum y)^2}$$

$$c=\overline{x}-d\overline{y}$$

得出的回归方程是 $x_c=c+dy$ 。

如果已用积差法计算了相关系数,有相应的资料,也可以用如下的方法求解:

$$b=\frac{\sum(x-\overline{x})(y-\overline{y})}{\sum(x-\overline{x})^2}$$

$$a=\overline{y}-b\overline{x}$$

(2) 直线回归方程的计算。

用表 8-2 的资料编制直线回归方程计算表(见表 8-6)计算出如下数据:

$$\overline{x}=\frac{\sum x}{n}=\frac{36.4}{8}=4.55(\text{千吨})$$

$$\overline{y}=\frac{\sum y}{n}=\frac{880}{8}=110(\text{万元})$$

$$b=\frac{n\sum xy-\sum x\sum y}{n\sum x^2-(\sum x)^2}=\frac{8\times 4\,544.6-36.4\times 880}{8\times 207.54-36.4^2}$$
$$=12.90$$

表 8-6 直线回归方程计算表

序号	产品产量(千吨)(x)	生产费用(万元)(y)	x^2	xy	y_c	$(y-y_c)^2$
1	1.2	62	1.44	74.4	66.79	22.944 1
2	2.0	86	4.00	172	77.11	79.032 1
3	3.1	80	9.61	248	91.3	127.69
4	3.8	110	14.44	418	100.33	93.508 9
5	5.0	115	25.00	575	115.81	0.656 1
6	6.1	132	37.21	805.2	130	4
7	7.2	135	51.84	972	144.19	84.456 1
8	8.0	160	64.00	1 280	154.51	30.140 1
合计	36.4	880	207.54	4 544.6	880	442.427 4

$$a = \overline{y} - b\overline{x} = 110 - 12.90 \times 4.55 = 51.31$$

把 b 和 a 值代入回归方程 $y_c = a + bx$，则

$$y_c = 51.31 + 12.90x$$

把 x 各值代入上式，即可求得相应的 y_c 值，并可看出 $\sum y_c = \sum y = 880$；$\sum (y - y_c) = 0$；$\sum (y - y_c)^2 = 442.427\,4$ 为最小值。在 y_c 各值中，任取两值相连，即得回归直线，如图 8-4 所示。

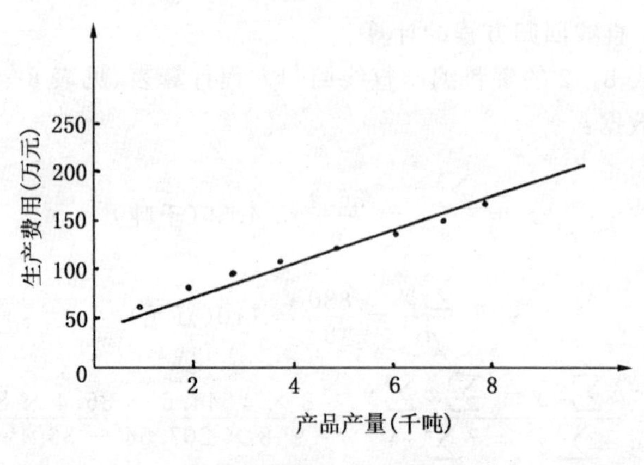

图 8-4 8 个企业产量和生产费用的直线回归方程图

(二) 多元线性回归分析

在实际中，通常影响因变量的因素不只是一个，而是很多个。因此，我们必须应用两个或更多的自变量来估计因变量，这叫做多元线性回归分析。

表 8-7　某地区玻璃销售量与汽车产量、建筑业产值资料

年　份	玻璃销售额(万元) y	汽车产量(万辆) x_1	建筑业产值(千万元) x_2
1	280	3.909	9.43
2	281.5	5.119	10.36
3	337.5	6.666	14.50
4	404.5	5.338	15.75
5	402.1	4.321	16.78
6	452	6.117	17.44
7	431.7	5.559	19.77
8	582.3	7.920	23.76
9	596.6	5.816	31.61
10	620.8	6.113	32.17
11	513.6	4.258	35.09
12	606.9	5.591	36.42
13	629	6.675	36.58
14	602.7	5.543	37.14
15	656.7	6.933	41.30
16	778.5	7.638	45.62
17	877.6	7.752	47.38
合计	9 054	101.268	471.10

多元线性回归分析的步骤、方法和一元线性回归分析基本上

是相同的，不过在计算上比较复杂些。为了便于理解，我们先介绍二元线性回归方程，即以一个因变量 y 与两个自变量 x_1 和 x_2 线性回归，其方程式为

$$y_c = a + b_1x_1 + b_2x_2$$

式中，y_c——因变量估计值；

a, b_1, b_2——为三个参数。

确定 a, b_1, b_2 的数值，也要用最小平方法，使 $\sum(y - y_c)^2$ 为最小值。因为式中有三个参数，从而要确定如下的三个规范方程式：

$$\begin{cases} \sum y = na + b_1\sum x_1 + b_2\sum x_2 \\ \sum x_1y = a\sum x_1 + b_1\sum x_1^2 + b_2\sum x_1x_2 \\ \sum x_2y = a\sum x_2 + b_1\sum x_1x_2 + b_2\sum x_2^2 \end{cases}$$

例如，某地区玻璃销售额与该地区汽车制造业和建筑业的生产关系相当密切，现有表 8－7 资料，预测第 18 年玻璃的销售额。

根据表 8－7 资料计算，得

$$\sum x_1y = 76\,384.659\,6$$

$$\sum x_2y = 282.381\,315$$

$$\sum x_1x_2 = 2\,933.535\,85$$

$$\sum x_1^2 = 626.495\,834$$

$$\sum x_2^2 = 15\,536.719\,8$$

代入求解参数的联立方程组，则有

$$\begin{cases} 9\,054 = 17a + 101.268b_1 + 471.10b_2 \\ 76\,384.66 = 101.268a + 626.50b_1 + 2\,933.54b_2 \\ 282.38 = 471.1a + 2\,933.54b_1 + 15\,536.72b_2 \end{cases}$$

解得：$\begin{cases} a = 19.1 \\ b_1 = 35.7 \\ b_2 = 10.9 \end{cases}$

即得　$y_c = 19.1 + 35.7x_1 + 10.9x_2$

如第 18 年汽车产值为 7.42 万辆，建筑业产值为 50.28 千万元，则预测该年玻璃销售额为

$$\begin{aligned} y_c &= 19.1 + 35.7 \times 7.42 + 10.9 \times 50.28 \\ &= 832(\text{万元}) \end{aligned}$$

上面的方法推广到多个自变量，设因变量 y 受 n 个自变量 $x_1, x_2, x_3, \cdots, x_n$ 的影响，其回归方程式为

$$y_c = a + b_1x_1 + b_2x_2 + b_3x_3 + \cdots + b_nx_n$$

式中 $a, b_i(i = 1,2,3,\cdots,n)$ 为参数，根据最小平方法的原理，使 $\sum(y - y_c)^2$ 为最小值。因为有 $n+1$ 个参数，应确定 $n+1$ 个方程式：

$$\begin{cases} \sum y = na + b_1\sum x_1 + b_2\sum x_2 + \cdots + b_n\sum x_n \\ \sum x_1y = a\sum x_1 + b_1\sum x_1^2 + b_2\sum x_1x_2 + \cdots + b_n\sum x_1x_n \\ \sum x_2y = a\sum x_2 + b_1\sum x_1x_2 + b_2\sum x_2^2 + \cdots + b_n\sum x_2x_n \\ \vdots \\ \sum x_ny = a\sum x_n + b_1\sum x_1x_n + b_2\sum x_2x_n + \cdots + b_n\sum x_n^2 \end{cases}$$

三、曲线回归

在对经济变量进行配合回归方程时，常遇到的问题是因变量和自变量间的关系并不是直线型，而是曲线型。这时通常采用变量代换法将非线性模型线性化，再按照线性模型的方法处理。

例如，模型是指数型：

$$y_c = ab^x$$

可对方程两边取对数,得

$$\lg y_c = \lg a + x\lg b$$

令 $y'_c = \lg y_c$, $A = \lg a$, $B = \lg b$, 则一元线性模型为

$$y'_c = A^1 + B^1 x$$

又如模型是高次方程：

$$y_c = a + bx + cx^2 + dx^3 + \cdots$$

只要令 $x_1 = x$, $x_2 = x^2$, $x_3 = x^3$,…,就可转化为多元线性模型：

$$y_c = a + bx_1 + cx_2 + dx_3 + \cdots$$

现举 12 个同类企业的月产量和单位产品成本的资料,说明其研究方法,如表 8－8 所示。

表 8－8　12 个同类企业月产量和单位产品成本

企业编号	月产量(吨) x	单位产品成本(元) y	企业编号	月产量(吨) x	单位产品成本(元) y
1	10	160	7	40	75
2	16	151	8	45	76
3	20	114	9	51	66
4	25	128	10	56	60
5	31	85	11	60	61
6	36	91	12	65	60

从表 8－8 资料中可以看出在月产量与单位产品成本之间存在着一定的依存关系,因为随着产量的逐渐增多,单位产品成本有随之而逐渐降低的趋势。但单位产品成本的降低程度并不是随着产量的增加而均等地变化。例如,把 x 与 y 两个数列加以比较,在

开始，x 值每增加一个单位时，y 值降低得很多，随后 x 值继续增加，y 值虽也有降低，但和开始阶段比较，其降低程度逐渐下降。这种情形从图 8－5 中看得比较明显。

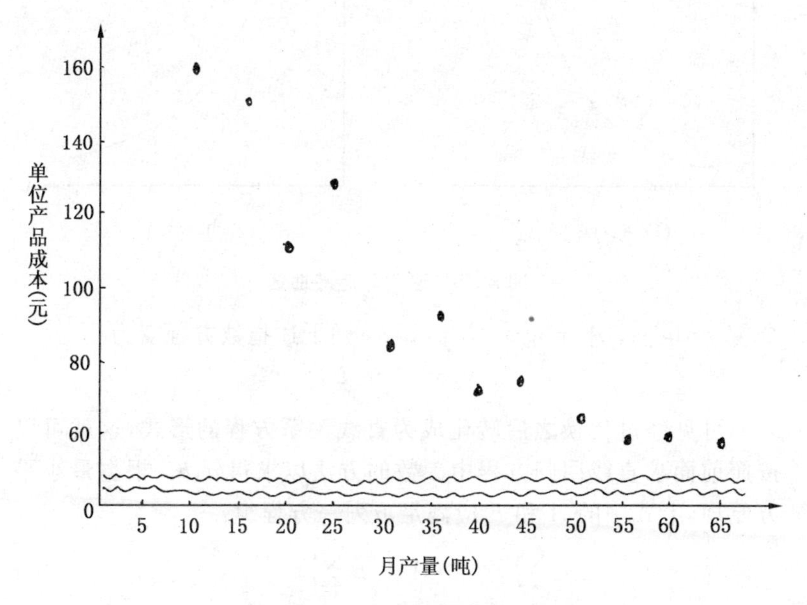

图 8－5　曲线散点图

从图 8－5 中观察点的分布来看，适用于配合指数曲线回归方程

$$y_c = ab^x (b > 0)$$

式中有两个待定参数 a、b，自变量 x 是参数 b 的指数。当 $b > 1$，为递增曲线；当 $0 < b < 1$，为递减曲线，如图 8－6 所示。

现仍以 y_c 代表估计值，则回归方程就是

$$y_c = ab^x$$

将上式的两端取对数，得

$$\lg y_c = \lg a + x\lg b$$

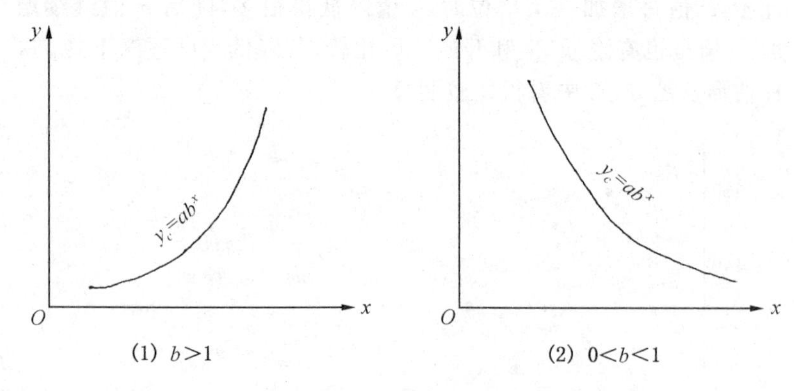

图 8-6 递增与递减曲线

令 $y'_c=\lg y_c$, $A=\lg a$, $B=\lg b$, 则上述指数方程变为

$$y'_c=A+Bx$$

可见经过代换之后转化成为直线关系方程的形式，这就可以按照前面求直线回归方程中参数的方法以求得 a,b。根据最小平方原理，上式中的 A 和 B 应满足下列一方程组：

$$\begin{cases}\sum y'_c=nA+B\sum x\\ \sum xy'_c=A\sum x+B\sum x^2\end{cases}$$

解上式，可以得 A 及 B，再根据 $A=\lg a$, $B=\lg b$ 的关系式，便可以求出 a、b 的值。现在根据表 8-8 资料编制计算表，如表 8-9所示。

表 8-9 12 个企业的月产量与单位产品成本曲线回归计算表

企业编号	x	y	x^2	$y'_c=\lg y_c$	xy'_c	$y'_c=\lg y$	y_c
	(1)	(2)	(3)	(4)	(5)	(6)	(7)
1	10	160	100	2.204 12	22.041 20	2.178 003 330	150.661 9
2	16	151	256	2.178 98	34.863 68	2.128 152 648	134.323 7

续表

企业编号	x	y	x^2	$y'_c=\lg y_c$	xy'_c	$y'_c=\lg y$	y_c
	(1)	(2)	(3)	(4)	(5)	(6)	(7)
3	20	114	400	2.056 91	41.138 20	2.094 918 860	124.428 2
4	25	128	625	2.107 21	52.680 25	2.053 376 625	113.077 6
5	31	85	961	1.929 42	59.812 02	2.003 525 943	100.815 2
6	36	91	1 296	1.959 04	70.525 44	1.961 983 708	91.618 6
7	40	75	1 600	1.875 06	75.002 40	1.928 749 920	84.869 2
8	45	76	2 025	1.880 81	84.636 45	1.887 207 685	77.127 2
9	51	66	2 601	1.819 54	92.796 54	1.837 357 003	68.763 4
10	56	60	3 136	1.778 15	99.576 40	1.795 814 768	62.490 6
11	60	61	3 600	1.785 32	107.119 20	1.762 580 980	57.887 0
12	65	60	4 225	1.778 15	115.579 75	1.721 038 745	52.602 5
合计	455	1 127	20 825	23.352 71	855.771 53	23.352 710 220	/

根据表 8－9 计算得到的数据 $n=12$，$\sum x=455$，$\sum x^2=20\,825$，$\sum xy'_c=855.771\,53$ 代入上述方程组，得

$$\begin{cases}23.352\,71=12A+455B\\855.771\,53=455A+20\,825B\end{cases}$$

解得

$$A=2.261\,09$$

$$B=-0.008\,31$$

$$y'_c=A+Bx=2.261\,09-0.008\,31x$$

现在分别求得 A 及 B 的反对数，由 $A=\lg a$，$B=\lg b$ 解得

$$\begin{cases}a=182.43\\b=0.981\end{cases}$$

于是指数曲线回归方程为

$$y_c=ab^x=182.43\times 0.981^x$$

第四节 估计标准误差

一、估计标准误差的概念

直线回归是在直线相关条件下，反映变量之间一般数量关系的平均线。根据直线回归方程，知道了自变量的数值，就可以推算出因变量的数值。但是，推算出来的因变量的数值并不是精确的数值，它是一个估计值，和实际值之间有差异。如表 8－6 所示，产品产量 3.1 千吨，生产费用的实际值 80 万元，预测值为 91.3 万元，两者差 11.3 万元，即 $(y-y_c)=-11.3$ 万元。我们不仅用回归方程推算已有实际值的估计值，还要推算未知的值。这样就有了推算的数值与实际值相差多大的问题。这直接关系到推算的准确性。从另一方面讲，这种差别大小也反映着回归直线的代表性大小。

估计标准误差就是用来说明回归方程推算结果的准确程度的统计分析指标，或者说是反映回归直线代表性大小的统计分析指标。

二、简单直线回归估计标准误差的测定

估计标准误差有两种计算方法。

(一) 根据因变量实际值和估计值的离差计算

计算公式如下：

$$S_{yx}=\sqrt{\frac{\sum(y-y_c)^2}{n-2}}$$

公式中的 S_{yx} 代表估计标准误差。估计标准误差和有两条回归直线一样，也可以计算两个，另一个估计标准误差可以用 S_{xy} 表示。

式中，y——因变量数列的实际值；

y_c——是根据回归方程推算出来的估计值。

所以 $y-y_c$ 是因变量实际值和估计值的估计误差，如果将估计误差总和相加，结果是 $\sum(y-y_c)=0$。

式中，n——因变量的项数。

由于在 $\sum(y-y_c)^2=\sum(y-a-bx)^2$ 公式中，其中参数 a 和 b 是由实际资料计算的，从而丧失了两个自由度。

从计算公式可以看出，计算的结果实际上也是个平均误差。但不是简单平均的，而是经过乘方、平均、再开方的过程，这和标准差的计算过程一样。它的作用是说明估计的准确程度，所以叫做估计标准误差，也有叫做估计标准差或回归标准差的。根据表 8－6 的资料可得

$$S_{yx}=\sqrt{\frac{\sum(y-y_c)^2}{n-2}}=\sqrt{\frac{442.4274}{8-2}}=8.59(\text{万元})$$

计算结果，估计标准误差为 8.59 万元。这个数值越大，就表明估计值的代表性小，也就是相关点的离散程度大；这个数值越小则说明估计值的代表性大，也就是相关点的离散程度小。如果 $S_{yx}=0$，就是 y 和 y_c 没有差异，从相关图上看，则表明所有的相关点全在 y_c 这条直线上，说明估计值完全准确。

（二）根据 a，b 两个参数值计算估计标准误差

上述计算估计标准误差方法是用平均误差来表现的，但是计算比较麻烦，须计算出所有的估计值。如果已知直线回归方程的参数值，有一个比较简便的计算方法。计算公式如下：

$$S_{yx}=\sqrt{\frac{\sum y^2-a(\sum y)-b(\sum xy)}{n-2}}$$

根据表 8－5 资料，得：

$$\sum y=880$$

$$\sum y^2 = 104\,214$$

$$\sum xy = 4\,544.6$$

$$a = 51.31$$

$$b = 12.90$$

代入公式，得

$$S_{yx} = \sqrt{\frac{104\,214 - 51.31 \times 880 - 12.90 \times 4\,544.6}{8-2}}$$
$$= 8.59(\text{万元})$$

三、相关系数和估计标准误差的关系

这两个指标在数量上具有如下关系：

$$r = \sqrt{\frac{\sigma_y^2 - S_{yx}^2}{\sigma_y^2}} = \sqrt{1 - \frac{S_{yx}^2}{\sigma_y^2}}$$

仍用表 8－5 资料来验证。根据资料，得：

$$\sigma_y^2 = \frac{\sum (y - \overline{y})^2}{n} = \frac{7\,414}{8} = 926.75$$

$$S_{yx}^2 = 8.59^2 = 73.788\,1$$

$$r = \sqrt{1 - \frac{73.788\,1}{926.75}} \approx 0.96$$

计算结果，相关系数为 0.96，与以前的结果基本相同，所差的 0.01 是由于计算过程中小数点取位多少所致。这也是相关系数的一种计算方法，但是这种计算方法一般并不使用，因为它要求先配合回归直线，解出直线回归方程，计算出估计标准误差，然后才能进行这种推算。而从认识的一般程序来讲，首先要知道现象间关系是否密切，如果关系不密切，回归直线价值不大，就不去进行下一步计算了。只有证明了相关关系比较密切，回归直线有实用价值，才去配合回归直线，用它来进行估计或预测。而且这样计算出来的 r，不能判明是正相关或负相关。

所以实际工作中常常采用另一种推算方法，即根据相关系数 r 去推算估计标准误差 S_{yx}，推算公式可以从上述关系公式推演出来。

由于：
$$r = \sqrt{1 - \frac{S_{yx}^2}{\sigma_y^2}}$$

$$r^2 = 1 - \frac{S_{yx}^2}{\sigma_y^2}$$

$$S_{yx}^2 = \sigma_y^2(1 - r^2)$$

$$S_{yx} = \sigma_y\sqrt{1 - r^2}$$

仍用上例，已知

$$\sigma_y = \sqrt{\frac{\sum(y - \overline{y})^2}{n}} = \sqrt{\frac{7\,414}{8}} = 30.44$$

$$r = 0.96$$

所以 $S_{yx} = 30.44 \times \sqrt{1 - 0.96^2} = 8.59$（万元）

相关系数和估计标准误差在数值的大小上表现为相反的关系。

（一）r 值越大，S_{yx}值越小

r 值越大，说明相关程度越密切，这时 S_{yx}值越小，也就是相关点距离回归直线比较近。当 r 值大到 $r=\pm1$ 时，即完全相关时，则，$S_{yx}=\sigma_y\sqrt{1-r^2}=\sigma_y\cdot0=0$，即估计标准误差等于 0。从相关图上看，就是说所有的相关点全在回归直线 y_c 上，这也就是完全相关。

（二）r 值越小，则 S_{yx}值越大

r 值越小，说明相关程度不密切，这时 S_{yx}值越大。从相关图上

看,也就是相关点距离回归直线比较远。当 r 值小到 $r=0$ 时,即不相关时,则 $S_{yx}=\sigma_y\sqrt{1-r^2}=\sigma_y\cdot\sqrt{1-0}=\sigma_y$,即估计标准误差等于 y 数列的标准差。这说明相关点与回归直线的距离和相关点与 y 数列的平均线的距离一样,也就是说,回归直线和 y 数列的平均线是同一条直线。在这种情况下,相关点的 x 值不管怎样变化,y_c 的值始终不变,永远等于 y 数列的平均值,这当然就是不相关了。

相关系数和估计标准误差可以从不同角度说明相关关系密切与否。由于相关系数表明关系程度比较明确,而且能直接辨别出是正相关或是负相关,所以一般情况下相关系数用得多。

练　习　题

一、单项选择题

1. 确定回归方程时,对相关的两个变量要求(　　)。

(1) 都是随机变量　(2) 都不是随机变量　(3) 只需因变量是随机变量　(4) 只需自变量是随机变量

2. 年劳动生产率 x(千元)和职工工资 y(元)之间的回归方程为 $Y=10+70x$。这意味着年劳动生产率每提高 1 千元时,职工工资平均(　　)。

(1) 增加 70 元　(2) 减少 70 元　(3) 增加 80 元　(4) 减少 80 元

3. 用最小平方法配合的趋势线,必须满足的一个基本条件是(　　)。

(1) $\sum(y-y_c)^2=$ 最小值　(2) $\sum(y-y_c)=$ 最小值　(3) $\sum(y-y_c)^2=$ 最大值　(4) $\sum(y-y_c)=$ 最大值

4. 在正态分布条件下,以 $2S_{yx}$(提示:S_{yx}为估计标准误差)为距离作平行于回归直线的两条直线，在这两条平行直线中，包括的观察值的数目大约为全部观察值的(　　)。

(1) 68.27%　(2) 90.11%　(3) 95.45%　(4) 99.73%

5. 合理施肥量与农作物亩产量之间的关系是(　　)。

(1) 函数关系　(2) 单向因果关系　(3) 互为因果关系　(4) 严格的依存关系

6. 相关关系是指变量之间(　　)。

(1) 严格的关系　(2) 不严格的关系　(3) 任意两个变量之间关系　(4) 有内在关系的但不严格的数量依存关系

7. 已知变量 x 与 y 之间的关系，如图所示，其相关系数计算出来放在四个备选答案之中，它是(　　)。

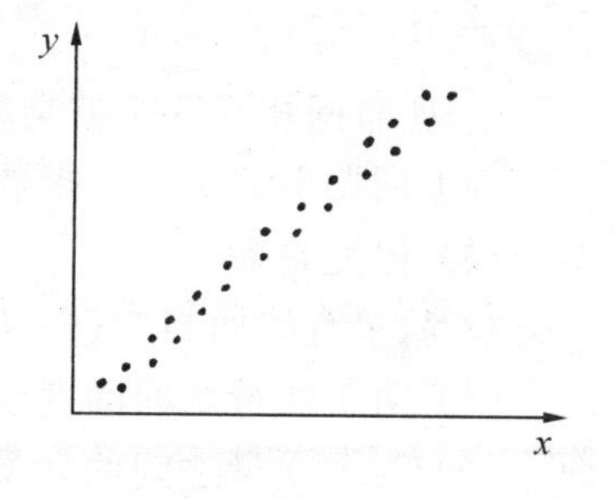

(1) 0.29　(2) －0.88　(3) 1.03　(4) 0.99

8. 在用一个回归方程进行估计推算时，(　　)。

(1) 只能用因变量推算自变量　(2) 只能用自变量推算因变量　(3) 既可用因变量推算自变量，也可用自变量推算因变量　(4) 不需考虑因变量和自变量问题

9. 如果变量 x 和变量 y 之间的相关系数为－1，这说明两个变量之间是(　　)。

(1) 低度相关关系　(2) 完全相关关系　(3) 高度相关关系　(4) 完全不相关

10. 已知某工厂甲产品产量和生产成本有直接关系，在这条直线上，当产量为 1 000 时，其生产成本为 30 000 元，其中不随产量变化的成本为 6 000 元，则成本总额对产量的回归直线方程是(　　)。

(1) $y_c = 6\,000 + 24x$　(2) $y_c = 6 + 0.24x$　(3) $y_c = 24 + 6\,000x$　(4) $y_c = 24\,000 + 6x$

二、多项选择题(每题至少有两个正确答案)

1. 判定现象之间有无相关关系的方法是(　　)。

(1) 编制相关表　(2) 绘制相关图　(3) 计算估计标准误差　(4) 计算相关系数　(5) 对现象作定性分析

2. 回归方程中因变量的实际值为 y,估计值为 y_c,y 与 y_c 的数量关系为(　　)。

(1) $y_c = y$　(2) $y_c \neq y$　(3) $\sum y_c = \sum y$　(4) $\sum y_c \pm \sum y = 0$　(5) $\overline{y}_c = \overline{y}$

3. 现象间相互联系的类型有(　　)。

(1) 回归关系　(2) 指数关系　(3) 随机关系　(4) 函数关系　(5) 相关关系

4. 简单直线回归方程中的回归系数 b 可以表示(　　)。

(1) 两个变量之间的变动数量关系　(2) 两个变量的相关方向　(3) 两个变量之间的计量单位　(4) 两个变量之间的密切程度　(5) 两个变量中自变量增减一个单位,则因变量平均增减多少

5. 对 x、y 作直线相关分析,(　　)。

(1) x、y 的直线相关系数若接近 0 时,说明 x、y 没有直线相关关系　(2) 直线相关系数为 0,但可能存在曲线相关关系　(3) 回归方程 $y_c = a + bx$ 与 $x_c = c + dy$ 两个方程是相同的　(4) x、y 的直线相关系数可以计算两个,两者的数值不同　(5) 在互为因果关系中,$y_c = a + bx$ 与 $x_c = c + dy$ 两个方程式都有意义

6. 当现象完全相关时,(　　)。

(1) $r = 0$　(2) $r = -1$　(3) $r = 1$　(4) $r = 0.5$　(5) $r = -0.5$

7．下列属于正相关的现象是（　　　）。

（1）家庭收入愈多，其消费支出也愈多　（2）流通费用率随商品销售额的增加而减少　（3）产品产量随着生产用固定资产价值的减少而减少　（4）生产单位产品所耗工时，随劳动生产率的提高而减少　（5）工人劳动生产率越高，则创造的产值就越多

8．相关系数等于零，说明两个变量之间的关系是（　　　）。

（1）可能完全不相关　（2）可能是曲线相关　（3）高度相关　（4）中度相关　（5）以上四个都不对

9．工人的工资（元）对劳动生产率（千元）的回归直线方程为 $y_c = 10 + 70x$，这意味着，（　　　）。

（1）如果劳动生产率等于 1 000 元，则工人工资为 70 元　（2）如果劳动生产率每增加 1 000 元，工人工资平均增加 70 元　（3）如果劳动生产率每增加 1 000 元，工人工资平均增加 80 元　（4）如果劳动生产率等于 1 000 元，工人工资为 80 元　（5）如果劳动生产率每减少 1 000 元，工人工资平均减少 70 元

10．直线回归分析中（　　　）。

（1）x 是自变量，y 是因变量　（2）自变量是给定的，因变量是随机变量　（3）x 与 y 的相关系数符号一定为正　（4）两变量是不对等关系　（5）回归方程有两个

三、计算题

1．某汽车厂要分析汽车货运量与汽车拥有量之间的关系，选择部分地区进行调查，资料如下：

年　份	汽车货运量(x)(亿吨/千米)	汽车拥有量(y)(万辆)
1993	4.1	0.27
1994	4.5	0.31
1995	5.6	0.35
1996	6.0	0.40

续表

年　份	汽车货运量(x)(亿吨/千米)	汽车拥有量(y)(万辆)
1997	6.4	0.52
1998	6.8	0.55
1999	7.5	0.58
2000	8.5	0.60
2001	9.8	0.65
2002	11.0	0.73

要求：

(1) 根据资料作散布图；

(2) 求相关系数；

(3) 配合简单线性回归方程。

2. 某市电子工业公司有 15 个所属企业，其中 14 个企业 2002 年的设备能力和劳动生产率统计数据如下：

企业编号	设备能力(千瓦/小时)x	劳动生产率(万元/人)y
1	2.8	6.7
2	2.8	6.9
3	3.0	7.2
4	2.9	7.3
5	3.4	8.4
6	3.9	8.8
7	4.0	9.1
8	4.8	9.8
9	4.9	10.6
10	5.2	10.7
11	5.4	11.1
12	5.5	11.8
13	6.2	12.1
14	7.0	12.4

要求：

(1) 绘出散布图，并且建立直线回归方程；

(2) 当某一企业的年设备能力达到 8.0 千瓦/小时，试预测其劳动生产率；

(3) 计算估计标准误差。

3. 某地区 1986—1998 年粮食产量、牲畜头数和有机肥量有关资料如下：

年　份	粮食产量(亿千克)	有机肥(万吨)x_1	牲畜头数(万头)x_2
1990	25	44	15
1991	23	42	15
1992	24	45	14
1993	23	45	16
1994	24	46	15
1995	25	44	17
1996	26	46	16
1997	26	46	15
1998	25	44	15
1999	27	46	16
2000	28	45	18
2001	30	48	20
2002	31	50	19

要求：

(1) 建立多元线性回归方程；

(2) 如果已知 2003 年有机肥施有量为 52 万吨，牲畜头数为 21 万头，预测该年粮食产量为多少？

附

练习题参考答案

第 一 章

一、1.(2) 2.(4) 3.(4) 4.(4) 5.(2) 6.(4) 7.(3)

二、1.(2)(4) 2.(2)(3)(4) 3.(3)(5) 4.(1)(3)(4)

5.(1)(2)(3)(4) 6.(1)(2)(4) 7.(1)(3)(5)

三、总体:该商店销售的所有洗衣机。

总体单位:该商店销售的每一台洗衣机。

品质标志:型号、产地、色彩。

数量标志:洗涤容量、用水量、外形尺寸。

数量指标:销售量、销售额。

质量指标:返修率、平均每天销售量、全自动洗衣机占全部销售量比例。

第 二 章

一、1.(2) 2.(2) 3.(3) 4.(4) 5.(3) 6.(1)

二、1.(3)(5) 2.(2)(4) 3.(3)(5) 4.(1)(3)(5)

5.(3)(5) 6.(2)(3)(4)

三、1.(1)(4)属普查 (2)属抽样调查 (3)属统计报表

(5)属重点调查 (6)属典型调查

2.(3)(5)为经常调查 (1)(2)(4)(6)为一时调查

3.(1)(3)(4)属全面调查 (2)(5)(6)属非全面调查

第　三　章

一、1.（4）　2.（1）　3.（2）　4.（2）　5.（3）　6.（3）　7.（3）

二、1.（2）(4)(5)　2.（1）(3)　3.（1）(3)(5)　4.（4）(5)
　5.（1）(2)(3)(4)(5)　6.（2）(3)

三、1.

耐用时间(小时)	灯泡数	耐用时间(小时)	灯泡数
800～850	7	950～1 000	21
850～900	25	1 000～1 050	8
900～950	37	1 050～1 100	2
		合　计	100

2.（1）主词用品质标志分组，宾词简单分三组，如下表：

单位：人

分配工作单位	学生人数	性　别		年　龄		
		男	女	19 岁以下	20～22 岁	23 岁以上
甲	(1)	(2)	(3)	(4)	(5)	(6)
工业企业	11	4	7	1	7	3
商业企业	10	4	6	2	4	4
交通企业	9	4	5	0	6	3
合　计	30	12	18	3	17	10

表中的主词也可换成按性别分类(品质标志)，而将工作单位放在宾词。

(2) 主词用品质标志分组，宾词用复合设计，见下表：

单位：人

分配工作单位	学生人数	年龄								
		19岁以下			20～22岁			23岁以上		
		小计	男	女	小计	男	女	小计	男	女
甲	(1)	(2)	(3)	(4)	(5)	(6)	(7)	(8)	(9)	(10)
工业企业	11	1	1	0	7	2	5	3	1	2
商业企业	10	2	2	0	4	2	2	4	1	3
交通企业	9	0	0	0	6	2	4	3	2	1
合　计	30	3	3	0	17	6	11	10	4	6

表的宾词中，也可以将男女性别的分组放在年龄分组的上面，而年龄放在性别的下面。

3. 根据220个大学生的体重资料计算标准组距学生人数：

体重(千克)	组距	学生人数	次数密度	标准组距学生人数
44～46	3	10	3.3	6.6
47～49	3	16	5.3	10.6
50～52	3	22	7.3	14.6
53～55	3	40	13.3	26.6
56～58	3	60	20	40.0
59～62	4	30	7.5	15.0
63～66	4	21	5.3	10.6
67～69	3	11	3.7	7.4
70～72	3	6	2	4
73～74	2	4	2	4
合　计	—	220	—	—

4.

工序名称	废品数(件)	频率(%)	累计频率(%)
A	2 606	63.61	63.61
B	1 024	25.00	88.61
C	355	8.66	97.27
D	59	1.44	98.27
E	28	0.68	99.39
F	25	0.61	100.00
	4 097	100.00	—

由上表分析可知，前三道工序废品率已达 97.27%。因此，减少废品的关键是减少这三道工序的废品率。其中，第一道工序废品率又占总废品率的 63%以上，重点又应对 A 工序严格把关。

第　四　章

一、1.（2）　2.（1）　3.（3）　4.（4）　5.（3）　6.（4）　7.（3）　8.（2）

二、1.（1）（2）　2.（1）（2）（4）　3.（1）（3）（5）　4.（1）（4）（5）　5.（2）（3）　6.（2）（3）（4）（5）　7.（1）（5）　8.（1）（2）（3）

三、1.

月份	总产值(万元)		职工平均人数(人)		全员劳动生产率(元/人)		全员劳动生产率计划完成程度(%)
	计划 (1)	实际 (2)	计划 (3)	实际 (4)	计划 $(5)=\frac{(1)}{(3)}$	实际 $(6)=\frac{(2)}{(4)}$	$(7)=\frac{(6)}{(5)}$
4 月	57.2	56.9	970	968	589.69	587.81	99.68
5 月	60.5	61.4	980	984	617.35	623.98	101.07
6 月	62.3	64.1	993	1 005	627.39	637.81	101.66
合计	180.0	182.4	981	986	1 834.86	1 849.90	100.82

4 月份劳动生产率未完成计划，5、6 月份及第二季度劳动生产率有所提高，略超额完成计划。

2. 提前 8 个月。

3. 101.85%。

4. 102.22%。

5. 计划规定比上年增长 1.94%。

6. (1) 结构相对指标见下表：

年份	国内生产总值（亿元）	其中					
		第一产业		第二产业		第三产业	
		产值	比重（%）	产值	比重（%）	产值	比重（%）
2000	36 405	8 157	22.4	13 801	37.9	14 447	39.7
2001	44 450	8 679	19.5	17 472	39.3	18 319	41.2

2000 年第一产业、第二产业、第三产业的比例为 1∶1.7∶1.8，

2001 年第一产业、第二产业、第三产业的比例为 1∶2∶2.1。

(2)

	2001 年为 2000 年的百分数（%）	2001 年比 2000 年增长（%）
国内生产总值	122.2	22.2
其中：第一产业	106.4	6.4
第二产业	126.6	26.6
第三产业	126.8	26.8

7. 国内生产总值 $=(17\,220+3\,879)+(10\,360+1\,610)+(6\,580-6\,020)$

$=33\,629$(亿元)

8.

	甲国			乙国			比较相对指标（甲：乙）	
	2000年	2001年	发展速度(%)	2000年	2001年	发展速度(%)	2000年	2001年
钢产量（万吨）	3 000	3 300	110	5 000	5 250	105	60%	62.85%
年平均人口数（万人）	6 000	6 000	100	7 143	7 192	100.69		
人均钢产量（吨/人）	0.5	0.55	110	0.7	0.73	104.28		

9. $\overline{X}_{甲} = \dfrac{\sum m}{\sum \dfrac{m}{X}} = \dfrac{675\,000}{2\,500} = 270$（千克/亩）

$$\overline{X}_{乙} = \frac{\sum Xf}{\sum f} = \frac{625\,000}{2\,500} = 250（千克/亩）$$

在相同的耕地自然条件下，乙村的单产均高于甲村，故乙村的生产经营管理工作做得好。但由于甲村的平原地所占比重大，山地所占比重小，乙村则相反，由于权数的作用，使得甲村的总平均单产高于乙村。

10. 103.9%。

11. 早、中、晚购买量相同时，平均每元可买蔬菜：

$$\overline{X} = \frac{1+1+1}{\dfrac{1}{2}+\dfrac{1}{2.5}+\dfrac{1}{5}} = 2.73（千克/元）$$

早、中、晚购买额相同时，平均每元可以买蔬菜：

$$\overline{X} = \frac{2+2.5+5}{1+1+1} = 3.17（千克/元）。$$

12. $M_e = 734$ 元，

$M_o = 711$ 元。

13. (1) $M_e = 283.3$ 千克/亩，

$M_o = 294.5$ 千克/亩。

(2) $R = 350$ 千克/亩，

A.D. $= 41.78$ 千克/亩。

(3) $\overline{X} = 278$ 千克/亩，

$\sigma = 52.6$ 千克/亩。

(4)（略）

14. (1) $\overline{X}_{甲} = \dfrac{\sum Xf}{\sum f} = \dfrac{300}{200} = 1.5$（件/人），

$$\overline{X}_{乙} = \frac{\sum m}{\sum \frac{m}{\overline{X}}} = \frac{180}{100} = 1.8\text{（件/人）},$$

$\because \overline{X}_{甲} < \overline{X}_{乙}$，$\therefore$ 乙单位工人生产水平高。

(2) $\sigma_{甲} = \sqrt{\dfrac{\sum (X - \overline{X})^2 f}{\sum f}} = \sqrt{\dfrac{90}{200}} = \sqrt{0.45}$

$= 0.67$（件/人），

$$\sigma_{乙} = \sqrt{\frac{\sum (X - \overline{X})^2 f}{\sum f}} = \sqrt{\frac{36}{100}} = \sqrt{0.36}$$

$= 0.60$（件/人），

$$V_{甲} = \frac{\sigma_{甲}}{\overline{X}_{甲}} \times 100\% = \frac{0.67}{1.50} \times 100\% = 44.7\%,$$

$$V_{乙} = \frac{\sigma_{乙}}{\overline{X}_{乙}} \times 100\% = \frac{0.6}{1.8} \times 100\% = 33.3\%,$$

$\because V_{甲} > V_{乙}$，$\therefore$ 乙单位工人生产水平整齐。

第五章

一、1.（2）　2.（2）　3.（2）　4.（3）　5.（2）　6.（3）　7.（2）

二、1.（2）（4）　2.（1）（2）（3）（4）　3.（2）（5）　4.（2）（3）（4）（5）

5.（1）（2）（3）（4）（5）　6.（2）（3）（4）　7.（1）（3）

三、1. 4月份非直接生产人员平均人数 $= \dfrac{100 \times 14 + 95 \times 16}{14 + 16}$

$= 97.3$（人），

4月份全部职工平均人数 $= \dfrac{500 \times 14 + 490 \times 7 + 495 \times 9}{14 + 7 + 9}$

$= 496.2$（人）。

2. 第一季度：$\bar{a} = \dfrac{\dfrac{8.14}{2} + 7.83 + 7.25 + \dfrac{8.28}{2}}{4 - 1}$

$= 7.76$（吨），

第二季度：$\bar{a} = \dfrac{\dfrac{8.28 + 10.12}{2} \times 2 + \dfrac{10.12 + 9.76}{2}}{2 + 1}$

$= 9.45$（吨），

第三季度：$\bar{a} = \dfrac{\dfrac{9.76 + 9.82}{2} \times 3}{3} = 9.79$（吨），

第四季度：$\bar{a} = \dfrac{\dfrac{9.82 + 10.04}{2} + \dfrac{10.04 + 9.56}{2} \times 2}{1 + 2}$

$= 9.84$（吨），

全年平均水泥库存量 $= \dfrac{1}{4}(7.76 + 9.45 + 9.79 + 9.84)$

$= 9.21$（吨）。

3.

年　度	1996	1997	1998	1999	2000	2001	合计
(b')年末职工人数	1 000	1 020	1 083	1 120	1 218	1 425	—
(a')年末工程技术人员数	50	50	52	60	78	82	—
(b)年平均职工人数	—	1 010	1 051.5	1 101.5	1 169	1 321.5	5 653.5
(a)年平均工程技术人员数	—	50	51	56	69	80	306

1992—1996 年工程技术人员占全部职工人数的平均比重 $\bar{c}=\dfrac{\sum a}{\sum b}=\dfrac{306}{5\,653.5}=5.4\%$，

$$或\ \bar{c}=\frac{\bar{a}'}{\bar{b}'}=\frac{\dfrac{a_1'}{2}+a_2'+\cdots+a_{n-1}'+\dfrac{a_n'}{2}}{\dfrac{b_1'}{2}+b_2'+\cdots+b_{n-1}'+\dfrac{b_n'}{2}}$$

$$=\frac{\dfrac{50}{2}+50+52+60+78+\dfrac{82}{2}}{\dfrac{1\,000}{2}+1\,020+1\,083+1\,120+1\,218+\dfrac{1\,425}{2}}$$

$$=\frac{306}{5\,653.5}=5.4\%。$$

4.(1)

月　份	1月	2月	3月	4月
产值(百元)a	4 000	4 200	4 500	—
月初人数(人)b'	60	64	68	67
月平均人数(人)b	62	66	67.5 (68)	—
(1) 月劳动生产率(元/人) $c=\dfrac{a}{b}$	6 451.6	6 363.6	6 666.7 (6 617.6)	—

(2) 第一季度月平均劳动生产率 $\bar{c}=\dfrac{\bar{a}}{\bar{b}'}=\dfrac{\sum a}{\dfrac{b_1'}{2}+b_2'+b_3'+\dfrac{b_4'}{2}}$

$$= \frac{12\,700}{195.5} = 64.962\,(\text{百元/人})$$
$$= 6\,496.2\,(\text{元/人})$$

若 $\bar{c} = \frac{\bar{a}}{\bar{b}} = \frac{12\,700 \div 3}{(62 + 66 + 68) \div 3}$

$$= \frac{12\,700}{196} = 64.796\,(\text{百元/人})$$
$$= 6\,479.6\,(\text{元/人})$$

(3) 第一季度的劳动生产率 $c = \frac{\sum a}{\bar{b}'} = \frac{12\,700 \times 3}{195.5}$

$$= 194.885\,(\text{百元/人})$$
$$= 19\,488.5\,(\text{元/人})$$

或近似地计算 $\frac{12\,700}{65} = 195.385\,(\text{百元/人})$

$$= 19\,538.5\,(\text{元/人})$$

5. (1) 某炼钢厂连续 5 年钢产量发展情况如下表：

	第 1 年	第 2 年	第 3 年	第 4 年	第 5 年	平均
钢产量发展水平(千吨)	200	240	360	540	756	419.2
逐期增长量(千吨)	—	+40	+120	+180	+216	+139.0
累计增长量(千吨)(第 1 年为基期)	—	+40	+160	+340	+556	—
环比发展速度(%)	—	120	150	150	140	139.4
定期发展速度(%)(第 1 年=100)	—	120	180	270	378	—
环比增长速度(%)	—	+20	+50	+50	+40	+39.4
定基增长程度(%)(第 1 年=100)	—	+20	+80	+170	+278	—
环比增长 1%绝对值(千吨)	—	2	2.4	3.6	5.4	—
定基增长 1%绝对值(千吨)(第 1 年为基期)	—	2	2	2	2	—

(2)(略)

6.

年　份		1996	1997	1998	1999	2000	2001
增长速度(%)	环比	—	20	50	25	−6.7	30
	定基	—	20	80	125	110	173
发展速度(%)	环比	100	120	150	125	93.3	130
	定基	100	120	180	225	210	273

平均发展速度 $\overline{X}=\sqrt[5]{\dfrac{a_{97}}{a_{92}}}=\sqrt[5]{2.73}=122.2\%$

7. (1) 用几何平均法计算：$\overline{X}_{甲}=\sqrt[5]{\dfrac{130}{102}}=104.97\%$，

$$\overline{X}_{乙}=\sqrt[5]{\dfrac{130}{90}}=107.63\%，$$

$$\overline{X}_{丙}=\sqrt[5]{\dfrac{120}{102}}=103.30\%。$$

用方程式法计算：$\dfrac{580}{102}=5.68627$，

查表得 $\overline{X}_{甲}=104.3\%$，

$\dfrac{515}{90}=5.7222$，

查表得 $\overline{X}_{乙}=104.5\%$，

$\dfrac{580}{102}=5.6863$，

查表得 $\overline{X}_{丙}=104.3\%$。

(2) 以上两种方法所求得结果发生差异的原因主要在于两种计算方法的出发点不一样：用几何平均法求平均发展速度的公式

为：$\overline{X}=\sqrt[n]{\frac{a_n}{a_0}}$，是用年末水平作为公式的子项。而用方程法求平均发展速度的公式为：$\overline{X}^n+\overline{X}^{n-1}+\cdots+\overline{X}^2+\overline{X}=\frac{\sum_{i-1}^{n}a_i}{a_0}$，是用几年的总水平作为公式右边的子项。

8. (1)

日期	五项移动平均	日期	五项移动平均	日期	五项移动平均
1	—	11	2 146.4	21	2 353.6
2	—	12	2 162.0	22	2 361.6
3	1 989.4	13	2 134.4	23	2 372.0
4	2 007.6	14	2 098.4	24	2 389.8
5	2 012.6	15	2 115.8	25	2 405.6
6	2 030.2	16	2 135.0	26	2 422.8
7	2 078.6	17	2 157.4	27	2 446.4
8	2 107.2	18	2 232.0	28	2 469.2
9	2 103.0	19	2 324.2	29	—
10	2 131.6	20	2 337.2	30	—

(2) $y_c=2\,214.03+9.17t$。

9. (1)（略）

(2) $y_c=1\,562.5+121.2t+10.2t^2$。

(3) $y_{2002年}=2\,423.5$ 万元，

$y_{2003年}=2\,656.9$ 万元。

10. (1)（略）

(2) $y_c=36.3\times(1.21)^t$。

(3) 2002 年底人口数为 63.9 万人。

11. (1) 用月平均法计算季节比率见下页。

按月平均法季节比率计算表

单位：万条

年份 \ 月份	1	2	3	4	5	6	7	8	9	10	11	12	合计
1998	10	17	41	64	111	225	203	89	42	23	16	12	853
1999	16	20	58	90	139	235	198	96	53	28	16	17	966
2000	15	23	66	91	148	253	240	127	78	50	25	19	1 135
2001	16	23	69	96	155	265	250	132	81	52	26	20	1 185
合　计	57	83	234	341	553	978	891	444	254	153	83	68	4 139
月平均数	14.25	20.75	58.5	85.25	138.25	244.5	222.75	111	63.5	38.25	20.75	17	86.2
季节比率(%)	16.53	24.07	67.87	98.9	160.38	283.64	258.41	128.77	73.67	44.37	24.07	19.72	1 200.4

（2）用移动平均法计算季节比率：

年份	月份	销售量 y(万条)	12个月移动平均数(万条)	趋势值 y_c	y/y_c(%)
1998	1	10			
	2	17			
	3	41			
	4	64			
	5	111			
	6	225			
			71.1		
	7	203		71.35	284.50
			71.6		
	8	89		71.70	124.10
			71.8		
	9	42		72.55	57.90
			73.3		
	10	23		74.35	30.90
			75.4		
	11	16		76.60	20.90
			77.8		
	12	12		78.20	15.30
			78.6		
1999	1	16		78.40	20.40
			78.2		
	2	20		78.50	25.50
			78.8		
	3	58		79.25	73.20
			79.7		
	4	90		79.90	112.60
			80.1		
	5	139		80.10	173.50
			80.1		
	6	235		80.30	292.70
			80.5		
	7	198		80.45	246.10
			80.4		
	8	96		80.55	119.20
			80.7		
	9	53		81.00	65.43
			81.3		
	10	28		81.38	34.41
			81.4		
	11	16		81.80	19.56
			82.2		
	12	17		82.95	20.50
			83.7		

续表

年份	月份	销售量 y(万条)	12 个月移动平均数(万条)	趋势值 y_c	y/y_c(%)
2000	1	15		85.45	17.56
			87.2		
	2	23		88.46	26.00
			89.8		
	3	66		90.80	72.70
			91.8		
	4	91		92.75	98.11
			93.7		
	5	148		94.04	157.38
			94.4		
	6	253		94.48	267.73
			94.6		
	7	240		94.63	253.63
			94.7		
	8	127		94.67	134.15
			94.7		
	9	78		94.80	82.29
			94.9		
	10	50		95.13	52.56
			95.3		
	11	25		95.63	26.14
			95.9		
	12	19		96.42	19.71
			96.9		
2001	1	16		97.35	16.44
			97.8		
	2	23		98.00	23.48
			98.2		
	3	69		98.30	70.20
			98.4		
	4	96		98.50	97.46
			98.6		
	5	155		98.65	157.12
			98.7		
	6	265		98.75	268.35
			98.8		
	7	250			
	8	132			
	9	81			
	10	52			
	11	26			
	12	20			

除法剔除长期趋势后季节比率计算表见下页。

除法剔除长期趋势后季节比率计算表

单位：万条

年份＼月份	1	2	3	4	5	6	7	8	9	10	11	12	合计
1998	—	—	—	—	—	—	284.5	124.1	57.9	30.9	20.9	15.3	
1999	20.4	25.5	73.2	112.6	173.5	292.7	246.1	119.2	65.43	34.41	19.56	20.5	
2000	7.56	26.0	72.7	98.11	157.38	267.73	253.63	134.15	82.29	52.56	26.14	19.71	
2001	16.44	23.48	70.2	97.46	157.12	268.35	—	—	—	—	—	—	
合　计	54.4	75.0	216.1	308.2	488.0	828.8	784.2	377.5	205.6	117.8	66.6	55.5	
平　均	18.1	25.0	72.0	102.7	162.7	276.3	261.4	125.8	68.5	39.3	22.2	18.5	1 192.5
校正数	1.006 3	1.006 3	1.006 3	1.006 3	1.006 3	1.006 3	1.006 3	1.006 3	1.006 3	1.006 3	1.006 3	1.006 3	
季节比率(%)	18.21	25.16	72.45	103.35	163.73	278.04	263.05	126.59	68.93	39.55	22.34	18.62	1 200.0

第　六　章

一、1.（4） 2.（2） 3.（3） 4.（4） 5.（1） 6.（3） 7.（2）
8.（3） 9.（1） 10.（1）

二、1.（2）(5) 2.（1）(4)(5) 3.（1）(2) 4.（2）(4)
5.（3）(5) 6.（1）(3)(5) 7.（1）(2)(3)(4)(5)
8.（1）(2)(3)(4)(5) 9.（1）(3) 10.（1）(2)(4)

三、1.（1）略

（2）$\overline{K}_p = \dfrac{\sum p_1 q_1}{\sum p_0 q_1} = 112.28\%$

$\overline{K}_q = \dfrac{\sum q_1 p_0}{\sum q_0 p_0} = 115.60\%$

（3）$\sum p_1 q_1 - \sum p_0 q_1 = 3.0228$(元)

2. $$\overline{K}_p = \frac{\sum p_1 q_1}{\sum \frac{1}{k_p} p_1 q_1} = \frac{\sum p_1 q_1}{\sum \frac{p_0}{p_1} p_1 q_1} = \frac{750}{699.98} = 107.15\%$$

$$\sum p_1 q_1 - \sum \frac{p_0}{p_1} p_1 q_1 = 750 - 699.98 = 50.02\text{（万元）}$$

3. $\overline{K}_q = \dfrac{\sum k q_0 p_0}{\sum q_0 p_0} = 133.92\%$ （660.8 万元）

4. $\overline{K}_p = 106.27\%$

5.（1）$\dfrac{\sum p_1 q_1}{\sum p_0 q_0} = \dfrac{\sum q_1 p_0}{\sum q_0 p_0} \times \dfrac{\sum p_1 q_1}{\sum p_0 q_1}$

$144.44\% = 111.56\% \times 129.47\%$

2 000 万元 = 520.3 万元 + 1 479.7 万元

（2）$\dfrac{\sum q_1 m_1 p_1}{\sum q_0 m_0 p_0} = \dfrac{\sum q_1 m_0 p_0}{\sum q_0 m_0 p_0} \times \dfrac{\sum q_1 m_1 p_0}{\sum q_1 m_0 p_0} \times \dfrac{\sum q_1 m_1 p_1}{\sum q_1 m_1 p_0}$

$144.44\% = 105\% \times 106.25\% \times 129.47\%$

2 000 万元 = 224 万元 + 294 万元 + 1 499 万元

6. $$\frac{\sum x_1 \cdot \frac{f_1}{\sum f_1}}{\sum x_0 \cdot \frac{f_0}{\sum f_0}} = \frac{\sum x_0 \cdot \frac{f_1}{\sum f_1}}{\sum x_0 \cdot \frac{f_0}{\sum f_0}} \times \frac{\sum x_1 \cdot \frac{f_1}{\sum f_1}}{\sum x_0 \cdot \frac{f_1}{\sum f_1}}$$

102.62% = 112.89% × 90.91%

133.7 元 = 565.7 元 − 432 元

第　七　章

一、1. (4)　2. (3)　3. (4)　4. (3)　5. (3)　6. (1)　7. (4)　8. (3)　9. (3)　10. (2)　11. (1)　12. (1)　13. (4)　14. (4)　15. (2)　16. (4)

二、1. (1)(2)(3)(5)　2. (3)(4)(5)　3. (3)(4)　4. (1)(3)(5)　5. (3)(5)　6. (3)(4)(5)　7. (2)(3)　8. (1)(3)(4)

三、1. (1) $\bar{x} - t\mu_{\bar{x}} \leqslant \bar{X} \leqslant \bar{x} + t\mu_{\bar{x}}$

$918.99 \leqslant \bar{X} \leqslant 933.81$

(2) $p - t\mu_p \leqslant P \leqslant p + t\mu_p$

$0.12\% \leqslant P \leqslant 0.68\%$

2. (1) $n=88$

(2) $n=22$

3. $31.742 \leqslant \bar{X} \leqslant 34.918$

4. $p - t\mu_p \leqslant P \leqslant p + t\mu_p$

$0.68\% \leqslant P \leqslant 3.32\%$

5. $t = \frac{\Delta}{\mu_{\bar{x}}}$

$\bar{x} - t\mu_{\bar{x}} = 160.5 \quad (\bar{x} = 170)$

或　$\bar{x} + t\mu_{\bar{x}} = 179.5$

$t = 2.53$

$\therefore F(t) = 98.83\%$

6. $\overline{\sigma^2} = 154\,875 \quad n = 305$

7. $R = 1\,440 \qquad r = 24$

$\overline{x} = 50.11$(千克) $\qquad \delta^2 = 0.649\,1$(千克)

$P = 97.56\% \qquad \delta^2 = 0.015\,3\%$

$\therefore$ 49.78(千克) $\leqslant \overline{X} \leqslant$ 50.44(千克)

$97.06\% \leqslant P \leqslant 98.06\%$

8. $H_0: \mu = \mu_0 = 250$

$H_1: \mu \neq \mu_0 = 250$

$Z = 3.333\,3 > Z_{0.025} = 1.96$

$\therefore$ 否定原假设,该批产品不符合标准

第 八 章

一、1. (3) 2. (1) 3. (1) 4. (3) 5. (2) 6. (4) 7. (4) 8. (2) 9. (2) 10. (1)

二、1. (1)(2)(4) 2. (2)(3)(5) 3. (4)(5) 4. (2)(5) 5. (2)(5) 6. (2)(3) 7. (1)(3)(5) 8. (1)(2) 9. (2)(4)(5) 10. (2)(4)

三、1. $r = 0.956$

$y_c = 0.027 + 0.066\,8x$

2. (1) $y_c = 3.1 + 1.45x$

(2) $y_c = 1.47$

(3) $S = 0.424$

3. $y_c = -12.832\,6 + 0.580\,3x_1 + 0.762\,4x_2$

$y_c = 33.353\,4$

图书在版编目(CIP)数据

经济统计学简明教程/李洁明,祁新娥著.—上海:复旦大学出版社,2003.1(2016.10重印)
(新编经济学系列教材)
ISBN 978-7-309-03473-8

Ⅰ.经… Ⅱ.①李…②祁… Ⅲ.经济统计学-教材 Ⅳ.F222

中国版本图书馆CIP数据核字(2002)第092338号

经济统计学简明教程
李洁明 祁新娥 著
责任编辑/苏荣刚 徐惠平

复旦大学出版社有限公司出版发行
上海市国权路579号 邮编:200433
网址:fupnet@fudanpress.com http://www.fudanpress.com
门市零售:86-21-65642857 团体订购:86-21-65118853
外埠邮购:86-21-65109143
江苏省句容市排印厂

开本850×1168 1/32 印张11.5 字数295千
2016年10月第1版第11次印刷
印数51 701—54 800

ISBN 978-7-309-03473-8/F·757
定价:25.00元

复旦大学出版社经济管理类主要教材

复旦博学·大学管理类系列教材 管理学:原理与方法(第四版),**周三多**;管理心理学(第四版),**苏东水**;国际市场营销管理(第二版),**薛求知**;国际商务管理(第二版),**薛求知**;人力资源开发与管理(第三版),**胡君辰 郑绍濂**;会计学原理(第二版),**张文贤**;现代企业管理(第二版),**王方华**;企业战略管理(第二版),**王方华**;新编组织行为学教程(第三版),**胡爱本**;生产与运营管理(第二版),**龚国华**;生产与营运管理案例精选,**龚国华**;质量管理学(第二版),**龚益鸣**;货币银行学通论(第二版),**万解秋**;市场调查教程,**范伟达**;市场营销学(第二版),**王方华**;电子商务管理,**黄立明**;现代企业财务,**张阳华**;现代投资学原理,**万解秋**;现代企业管理案例选,**芮明杰**;中小企业管理,**杨加陆**;纳税会计,**贺志东**;有效管理IT投资,**黄丽华等译**;咨询学,博览学,公关经理教程,品牌学教程,**余明阳**;网络营销基础,**阴双喜**;市场营销创新,**张文贤**。

复旦博学·经济学系列 高级政治经济学—社会主义总论,**蒋学模**;高级政治经济学—社会主义本体论,**蒋学模**;世界经济新论,**庄起善**;世界经济新论习题指南,**庄起善**;国际经济学,**华民**;统计学原理(第三版),**李洁明**;国际贸易教程(第二版),**尹翔硕**;经济学基础教程,**伍柏麟**;经济思想史教程,**马涛**;《资本论》教程简编,**洪远朋**;经济博弈论,**谢识予**;经济博弈论习题指南,**谢识予**;古代中国经济思想史,**叶世昌**;劳动经济学——当代经济体制的视角,**陆铭**;经济社会学(第二版),**朱国宏**;新编公共财政学——理论与实践,**唐朱昌**;社会主义市场经济论,**顾钰民**;经济法原理,**胡志民**;计量经济学教程,**谢识予**;高级计量经济学,**谢识予**;产业经济学,**杨公朴 干春晖**。

复旦博学·金融学系列 国际金融新编(第三版),**姜波克**;国际金融新编习题指南(第二版),**姜波克**;现代公共财政学(第二版),**胡庆康 杜莉**;现代公共财政学习题指南,**胡庆康**;现代货币银行学教程(第二版),**胡庆康**;现代货币银行学教程习题指南(第二版),**胡庆康**;国际经贸实务,**胡涵钧**;国际金融管理学,**朱叶**;中央银行学教程,**童适平**;电子金融学,**杨青**;行为金融学,**饶育蕾**。

复旦博学·21世纪人力资源管理丛书 劳动经济学,**曾湘泉**;人力资源管理概论,**彭剑锋**;组织行为学,**孙健敏**;社会保障概论,**郑功成**;战略人力资源审计,**杨伟国**;组织文化,**石伟**;组织设计与管理,**许玉林**;工作分析,**付亚和**;绩效管理,**付亚和**;员工福利管理,**仇雨临**;职业生涯管理,**周文霞**;薪酬管理原理,**文跃然**;员工招聘与人员配置,**王丽娟**;培训与开发理论及技术,**徐芳**;人员测评与选拔,**萧鸣政**;国际人力资源管理,**林新奇**;员工关系管理,**程延园**。

复旦博学·财政学系列 税收筹划,**王兆高**;政府预算管理学,**马海涛**;国际税收,**杨斌**;比较税制,**王乔**;比较财政学,**杨志勇**。

复旦博学·广告学系列 现代广告学(第六版),**何修猛**;广告学原理,**陈培爱**;广告策划创意学(第二版),**余明阳**;广告媒体策划,**纪华强**;现代广告设计(第二版),**王肖生**;广告案例教程,**何佳讯**;广告文案写作教程,**丁柏铨**;广告运作策略,**刘绍庭**;广告调查与效果评估,**程士安**;广告法规管理,**吕蓉**。

复旦博学·会计、审计及内部控制系列 会计制度设计,**李凤鸣**;会计信息系统,**薛云奎**;政府与非盈利组织会计,**赵建勇**;会计理论,**葛家树**;中级财务会计,**张天西**;高级财务会计,**储一昀**;财务管理,**欧阳令南**;国际会计,**王松年**;财务报表分析,**陈少华**;基础会计,**王**

松年；管理会计，**吕长江**；成本会计，**王立彦**；审计，**蔡春**；银行外汇业务会计，**陈振婷 朱红军**；小企业会计：核算方法与税收筹划，**沈洪波 王建新**；房地产企业会计，**钱逢胜**；保险公司会计，**张卓奇**；证券公司会计，**瞿灿鑫**；审计理论与案例，**刘华**；内部控制案例，**朱荣恩**。

复旦博学·体育经济管理系列教材 赛事经营管理概论，**陈云开**；体育经济学概论，**钟天朗**；体育经营管理——理论与实务，**钟天朗**；体育产业概论，**曹可强**；新编体育管理学教程，**刘兵**；体育公共关系，**潘肖珏**；体育广告策略，**潘肖珏**；体育经纪人实务，**徐爱丽**；体育博彩概论，**李海**；体育市场营销学，**张贵敏**；体育人力资源开发与管理，**韩春利**；体育文化学，**王玉珠**；体育资源学，**谢英**。

复旦卓越·经济学系列 微观经济学，宏观经济学，金融学教程，**杨长江**等；应用统计学，**张梅琳**；国际商务单证实务，**刘伟奇**。

复旦卓越·21世纪物流管理系列教材 总顾问 **朱道立** 现代物流管理，**黄中鼎**；商品学，**郭洪仙**；供应链管理，**杨晓雁**；运输管理学，**刘小卉**；物料与库存管理，**朱丹**；仓储与配送管理，**邬星根**；物流设施与设备，**张弦**；物流管理信息系统，**傅永华**。

新编经济学系列教材 现代西方经济学（微观经济学）（第三版），**宋承先 许强**；现代西方经济学（宏观经济学）（第三版），**宋承先 许强**；现代西方经济学习题指南（微观）（第四版），**尹伯成**；现代西方经济学习题指南（宏观）（第四版），**尹伯成**；企业管理原理，**文大强**；零售经营实务，**文大强**；会计学基础，**胡锦明**；股份制经济学概论，**于纪渭**；投资经济学，**金德环**；房地产经济学教程，**王克忠**；微观经济学教程，**黄亚钧**；当代西方经济学流派（第二版），**蒋自强**；公共经济学教程，**华民**；社会主义市场经济学教程，**伍柏麟**；电子商务概论，**赵立平**；国际结算，**沈薇贞**；项目管理，**毕星**；保险学原理，**彭喜锋**；保险营销理论与案例，**姚海明**；发展经济学，**陈宗胜**；证券投资分析（第二版），**胡海鸥**；证券投资分析学习指导（第二版），**胡海鸥等**；制度经济学，**汪洪涛**；市场营销学（第三版）**徐鼎亚**；社会经济调查与分析，**李洁明**；《资本论》脉络（第二版），**张薰华**；涉外经济法新编，**施正康**；环境经济学概论，**严法善**；高级宏观经济学，**袁志刚**；高级微观经济学，**张军**。

MBA系列教材 公司财务，**欧阳光中**；管理沟通，**苏勇**；物流和供应链管理，**朱道立**；管理经济学，**袁志刚**；概率论与管理统计基础，**周概容**；市场营销管理，**芮明杰**；首席财务官，**王建新**；人力资源总监，**张文贤**；投资学，**陈松男**；跨国银行管理，**薛求知**。

通用财经类教材 投资银行学，**贝政新**；证券投资通论，**贝政新**；现代国际金融学，**刘剑**；金融风险与银行管理，**徐镇南**；中央银行概论，**万解秋**；现代企业财务管理（第二版），**俞雪华**；保险学，**姚海明**；国际经济学（第二版），**王志明等**；财务报表分析，**欧阳光中**；国际贸易实用教程，**徐立青**；网络金融，**杨天翔等**；实用会计，**张旭霞等**。